Dr Ghislaine Paris

Un désir si fragile

Les ressorts cachés de la sexualite féminine

LEDUC.S
EDITIONS

À Sophie, Amandine et Nicolas.

Remerciements

À toutes mes patientes.
L'histoire singulière et touchante de ces femmes m'a permis de tisser cette réflexion autour du désir.

À Patricia Delahaie, écrivain et journaliste, pour ses conseils éclairés.

À Jean-François, pour son soutien.

« Du latin desiderare *(de, valeur privative, et* sidus, sideris, *astre). Autrement dit, on ne désire que d'être privé d'astre. Quoi d'étonnant, pour combler ce manque, qu'on ait cherché à décrocher la lune ?*

Ainsi est né l'amour.»

Pierre Rey
Le désir

SOMMAIRE

AVANT-PROPOS

En tant que médecin sexologue, j'entends chaque jour dans mon cabinet de consultation des femmes exprimer leur souffrance face à un désir sexuel capricieux, endormi ou inexistant. Il peut être aussi meurtri, cassé, malmené ou traumatisé. Je sais parfaitement que ma position de thérapeute me fait voir l'envers du décor, celui des femmes qui souffrent. Cependant, je ne peux rester indifférente à toutes ces voix me répétant à longueur de journée : « j'ai un problème de désir… » Il fait écho, j'en suis sûre, à beaucoup d'autres. Cette plainte est même si fréquente qu'il pourrait s'agir d'un véritable phénomène de société.

Cette plainte insistante m'a poussée à écrire ce livre. Je veux témoigner de cette souffrance. Je veux m'en faire le porte-parole, l'amplifier, et encourager toutes celles qui cherchent des réponses à leur questionnement. Car, bien qu'il y soit question de souffrance, leur discours est plein d'espoir et de promesses. Les femmes veulent s'épanouir sexuellement et elles le disent très fort. Elles se sont réveillées. Elles ont une sexualité et elles veulent désormais lui donner une place. Auparavant, leur sexualité était trop muselée pour s'exprimer et la plainte restait faible. Qu'elle puisse se dire aujourd'hui, de plus en plus fort et de plus en plus souvent, est plutôt bon signe.

Mais les femmes tâtonnent. Elles se cherchent. Leur parcours est loin d'être facile. Elles se heurtent à des combats d'arrière-garde, parfois très virulents. Elles doivent être soutenues et déculpabilisées. J'ai très envie de les encourager dans cette tâche ardue qu'est la conquête de leur désir et d'une sexualité vivante. Pour cela, je dois comprendre en profondeur leurs difficultés et partager mes réflexions en espérant qu'elles aideront les femmes, mais aussi les hommes, à saisir ce qui se dit lorsqu'il est question du désir féminin. De plus, je suis moi-même une femme et au-delà de la réflexion personnelle, je me sens proche et complice de ces patientes. Je pressens qu'il est question, derrière leur demande, de l'histoire des femmes et de son évolution.

Nous parlerons dans ce livre de Brigitte, Mathilde, Jessica ou Catherine, sachant que leur histoire, à chaque fois singulière, renvoie à d'autres vécus. Que veulent dire ces femmes, qu'expriment-elles lorsqu'elles parlent de leur désir, lorsqu'elles se plaignent et cherchent des solutions ? Chacune est unique mais toutes ont en commun cette souffrance et cette interrogation. Que faut-il comprendre derrière cette difficulté ? Comment les aider ? À quel niveau doit-on se placer pour saisir ce qui se joue ? Est-ce une problématique individuelle, une crise de couple ou bien, à plus grande échelle, une mutation de la société ?

Nous tenterons de répondre à ces questions et, à partir de là, de comprendre les mécanismes du désir et les caractéristiques de la sexualité féminine. Mais, soyons bien clair, nous ne parlerons jamais de pathologie ou d'anormalité. Même si le sexologue est souvent médecin, il est là avant tout pour écouter et accompagner. L'erreur serait d'imposer un schéma normatif en faisant référence au discours ambiant ou pire, à ses propres convictions.

Je n'ai aucunement la prétention d'apporter des solutions définitives. C'est à chaque femme et à son compagnon de se pencher sur la délicate question du désir. Je peux simplement leur ouvrir la voie et les assister dans leur cheminement.

INTRODUCTION

La sexualité féminine a subi au cours des siècles une inhibition féroce. La culture et la religion ont voulu la réduire à néant en ne conservant d'elle que le strict nécessaire, la maternité. Malgré cet holocauste, elle est toujours vivante et renaît actuellement. Cette réémergence prouve ce que l'on savait déjà : la sexualité est une énergie trop importante pour qu'on puisse l'anéantir. Le refoulement reste partiel et le retour du refoulé inévitable.

Par ailleurs, on peut aller plus loin et penser que c'est la puissance même de la sexualité féminine qui a pu être la cause de son malheur. Trop intense, sans doute paraissait-elle menaçante pour la société, en particulier pour les hommes lorsque la communauté était organisée en patriarcat. La renaissance de la sexualité féminine pousse notre société à se réorganiser. Mais actuellement les discours sont falsifiés. Notre société prétend être sexuellement libérée, mais pour qui ? Elle propose aux femmes des modèles prêts à porter, simplistes et trop parfaits. Le fossé qui sépare cette pseudo-normalité de la réalité ne réussit qu'à générer de l'angoisse sans soutenir réellement les femmes ni les mettre sur la bonne voie. En effet, proposer des recettes ne permet pas aux femmes de définir leur sexualité ni de découvrir qui elles sont. Aussi risquent-elles aujourd'hui de passer d'une morale dominante à des modèles imposés sans atteindre le seul objectif valable : se définir et s'autonomiser.

La féminité toujours dévalorisée

Mais revenons au premier écueil sur lequel bute l'émergence et l'épanouissement du désir féminin : le poids massif de l'inhibition morale. Comment effacer d'un coup d'éponge des siècles d'interdits et de répression ? Cette entrave prend de multiples visages. Dès l'adolescence (âge critique par excellence où se finalise l'inscription dans une identité sexuelle), les femmes manquent de repères, l'identification à un modèle maternel étant souvent impossible ou très négative. Contrairement au garçons, très fiers de leur musculature naissante, les filles dévalorisent des changements corporels parfois assimilés à une prise de poids ou à une perte de liberté physique au regard de l'insouciance corporelle de leur enfance. Quant à l'émergence de la pulsion sexuelle, elle n'est pas toujours bien accueillie par la famille. Le refoulement et la culpabilité sont fréquents.

Les filles sont très souvent encouragées à demeurer dans une position sexuelle infantile. Elles vont privilégier le romantisme, un habillage intéressant de la pulsion sexuelle mais qui en méconnaît l'existence et la réalité. Surprotégées, les filles cherchent un compagnon prolongeant le cocon familial en leur prodiguant tendresse et câlins. L'expression d'un désir masculin adulte plus brutal, est alors vécue comme un danger. Le sexe apparaissant comme risqué et les femmes comme des victimes potentielles, elles adopteront une position défensive. La période qui entoure l'adolescence est riche en questionnements. Alors, beaucoup de jeunes femmes s'interrogent sur leur sexualité. Elles cherchent à comprendre qui elles sont et ce qu'elles veulent devenir. La période des premiers amours conduit bon nombre d'entre elles à réfléchir : « pourquoi cette relation ne se passe-t-elle pas comme je l'avais imaginé ? Pourquoi mon désir est-il différent de celui de mon compagnon ? Pourquoi a-t-il envie de relation sexuelle alors que moi je me contenterais bien de câlins ? »

Le deuxième écueil pour les femmes survient lorsqu'elles s'installent en couple sur le long terme. Que se passe t-il alors chez toutes celles qui n'éprouvent plus de désir sexuel ? La plupart ne s'en plaignent pas vraiment, même si au fond d'elles-mêmes, elles sentent bien que quelque chose s'est perdu. Cependant elles réalisent que le couple est en danger. En effet, actuellement dans notre société, l'épanouissement sexuel paraît obligatoire à la réussite de la vie à deux. Cette exigence difficile à satisfaire conduit à bien des échecs. Pourquoi les hommes conservent-ils leur désir malgré les contraintes de la vie commune, alors qu'il disparaît souvent chez leur compagne ? Nous y répondrons dans ce livre…

Cette difficulté surmontée (ou pas), très vite s'en présente une autre : la naissance des enfants. L'accouchement et l'irruption d'une troisième personne au sein du couple constituent un cataclysme. Le corps est bouleversé et les rapports entre l'homme et la femme modifiés. D'amants, ils deviennent parents. La nouvelle mère est obligatoirement confrontée aux représentations sociales de la maternité et à l'image que lui a renvoyée sa propre mère. Elle doit patiemment, durant les mois qui suivent la naissance de son enfant, reconquérir sa sexualité avec l'aide de son compagnon. Le désir féminin est soumis à rude épreuve et les échecs sont fréquents. L'attitude de l'homme est, en l'occurrence, fondamentale. Cependant, comme sa compagne, il souffre d'un manque de repères. La société a changé. Difficile pour lui de se référer à ses propres parents…

Mais d'autres difficultés attendent encore les femmes. Le vieillissement met en échec la séduction qui se confond avec la jeunesse. Là encore, les modèles sociaux imposent aux femmes des exigences contradictoires et impossibles à suivre : rester éternellement jeune et séduisante ou bien renoncer brutalement à sa sexualité. La ménopause, cette évolution naturelle, renvoie encore une fois la femme à son corps biologique si complexe.

Les femmes ne se connaissent pas

À travers ces vies de femmes surgissent des thèmes récurrents. Fréquemment, la féminité n'est pas valorisée. Beaucoup de femmes rêvent encore d'être des hommes tandis que l'inverse est très rare. Les objectifs des premières féministes étaient l'égalité. Il convient de saluer ce nécessaire combat d'avant-garde qui présentait néanmoins l'inconvénient de vouloir abolir les différences, de passer par le gommage du féminin. Heureusement, le mouvement s'est affiné depuis. Les femmes ont compris leurs erreurs. Pourtant, ces maladresses montrent qu'elles ne sont pas assez fières de leur sexe et que le discours social est encore très timide sur la féminité.

Les femmes ne se connaissent pas. Elles sont trop à distance de leur corps, de leur sexualité. Elles restent passivement à attendre que tout leur soit révélé. Paradoxalement, elles pensent que cela viendra d'un homme, alors que lui, et pour cause, n'y comprend pas grand chose. Les conséquences de cette passivité sont souvent catastrophiques. La sexualité masculine, très différente, n'est pas adaptée aux caractéristiques féminines. Lorsqu'elle s'impose, elle ne fait au mieux « aucun effet ». Au pire, elle est vécue comme une violence devant laquelle on se ferme. Cette position passive rejoint l'idée d'un infantilisme ou d'une immaturité dans laquelle les femmes ont été trop longtemps maintenues.

La pratique auto-érotique est plus rare chez les jeunes filles que chez les garçons. Elles méconnaissent leur corps et l'énorme potentiel de leur sensualité. En ne s'autorisant que des rêveries romantiques, en refoulant trop souvent les évocations plus sexuelles, elles restent en marge de la richesse de leur imaginaire.

Les femmes méconnaissent les caractéristiques de leur désir, son aspect cyclique, fluctuant, un peu paresseux. Elles attendent trop souvent qu'il surgisse naturellement en s'accrochant à des croyances très discutables telles que : seul le désir spontané est acceptable, aimer un homme et en être aimée suffit obligatoirement à le désirer.

Toute démarche active, visant à stimuler ce désir, est jugée artificielle et perçue très négativement. Ignorant quels sont les stimuli nécessaires à la naissance du désir, elles sont souvent incapables d'en jouer. Une fois passée la période passionnelle (pendant laquelle le désir s'exprime facilement), elles doivent bien constater son insuffisance ou sa disparition.

Le plaisir féminin est lui aussi complexe, moins systématique et plus difficile à obtenir que chez un homme. La méconnaissance de leur fonctionnement joue, là aussi, un mauvais tour aux femmes. Il est évident que désirer sera difficile si le plaisir n'est pas au rendez-vous. Cependant, cette explication est loin de résumer à elle seule l'ensemble de la problématique féminine du désir. Il serait bien dommage de la limiter à cette difficulté. La majorité des femmes qui viennent consulter le font pour un problème de désir. Et parmi elles, un certain nombre éprouvent sans problème du plaisir sexuel. Cependant, ce plaisir est souvent perçu comme peu intense ou présentant peu d'intérêt. Paradoxalement, la prise en charge des femmes désirantes qui ont quelques difficultés à atteindre un plaisir orgasmique est moins compliquée.

Ainsi, la problématique du désir féminin soulève la question même de l'identité sexuelle féminine, de sa place dans la société actuelle, de la perception qu'en ont les femmes et de leurs attentes en ce domaine. La simple phrase : « je n'ai pas ou plus de désir » exprime tout cela, et c'est pour cette raison qu'il n'est pas simple d'y répondre.

Les hommes ont perdu leurs repères

Que d'obstacles me direz-vous ! En effet, la tâche est ardue. La sexualité féminine peut s'épanouir dans le contexte social où nous vivons. Il faut bien sûr raisonner dans le cadre de notre époque et de notre culture, en ayant conscience que les paramètres seraient sinon complètement différents. Les hommes sont eux aussi victimes d'une grave crise identitaire. Ils ont perdu leurs anciens repères. Dans la vie, dès la naissance, on est défini, nommé, inscrit dans un sexe. On est un garçon ou une fille. Chaque sexe se définit par rapport à l'autre. Comment ne pas se sentir menacé si les paramètres déterminant le sexe opposé changent ? Ceci est d'autant plus grave pour les hommes qu'ils ont toujours eu, contrairement aux femmes, à prouver qu'ils appartiennent bien à leur sexe. Cette obligation permanente de preuves les rend particulièrement vulnérables. Naturellement inquiets face à leur virilité, le bouleversement des repères balisant l'autre sexe provoque chez eux une grande angoisse entraînant deux réactions possibles. Soit ils résistent aux changements sans bien comprendre pourquoi et il est impératif de les rassurer. Ils n'ont rien à craindre de cette évolution féminine. Au contraire, ils ont tout à gagner à avoir auprès d'eux une compagne active et désirante plutôt qu'une partenaire subissant passivement leur désir. Même si l'angoisse de performance est réactivée, cela en vaut la peine. Soit ils encouragent le changement mais dans la mauvaise direction. Ils considèrent que les femmes doivent avoir du désir et du plaisir à tout prix. Alors, il ne s'agit pas d'une motivation altruiste mais de la tentative désespérée, malgré tous ces bouleversements, de se rassurer sur leur virilité. Ils se sentiront des hommes s'ils réussissent à donner du plaisir à leur compagne. D'où l'importance pour eux qu'elles en aient. Même si en apparence cela constitue un progrès, on est en fait dans une impasse. Les femmes restent en ce cas dépendantes du pouvoir masculin. Elles ne s'approprient pas leur propre sexualité. Elles ne sont toujours pas sujets de leurs désirs. Néanmoins, les hommes et les femmes commencent à prendre conscience qu'ils peuvent vivre ensemble, sans forcément que l'un domine ou écrase l'autre. Malgré leurs différences, la sexualité masculine et féminine peuvent toutes deux s'exprimer et cohabiter.

Est-ce une utopie ou bien un grand pas en avant de la civilisation ? Parce que je suis optimiste et que j'ai l'habitude de faire confiance à l'énorme potentiel de l'être humain, je penche résolument pour la deuxième hypothèse. Tout cela est loin d'être abouti mais nous en prenons le chemin...

Malgré tous ces aléas, le désir féminin reste intense et puissant. Rien n'a réussi à le faire disparaître. Les femmes, actuellement, sont plus que jamais décidées à le faire entendre. Les hommes sont mieux préparés à cette émergence. Ils commencent (même si leur inquiétude persiste) à entrevoir leur intérêt et à prendre conscience qu'eux aussi ont du chemin à parcourir. La société actuelle semble mieux disposée à faire une place de choix à la sexualité féminine. Tous ces clignotants verts sont encourageants mais tout n'est pas résolu. Le désir féminin n'a jamais été aussi vivant. Reste à trouver des pistes pour déterminer comment lui permettre de s'épanouir et définir vers quels objectifs les femmes doivent tendre.

Première partie

LES BLOCAGES ET LES CROYANCES

La sexualité humaine n'a plus grand chose de naturel. Elle est essentiellement façonnée par la culture. Du côté des femmes, certaines croyances ont la vie dure. Venant du passé, elles influencent notre présent, suscitant des interrogations : le désir féminin est-il plus mental que charnel ? Les femmes ont-elles autant de plaisir que les hommes ? Sont-elles vraiment passionnées, romantiques ? Et qu'en est-il de ces fameuses hormones, dont on parle tant sans bien comprendre quel rôle elles jouent ?

Quelques cas de femmes vont nous permettre d'étudier comment et pourquoi le désir est parfois malmené, de saisir en profondeur les causes de ces difficultés et d'apporter une guidance à toutes celles qui s'interrogent. Tous ces vécus sont bien réels. Seuls de légers remaniements ont été apportés afin de permettre le respect du secret professionnel…

Il y a l'amour et… le sexe

« Parfois mon corps a du désir et ma tête est ailleurs ou bien je suis très amoureuse mais, physiquement, je ne ressens rien ». Anita s'excuse immédiatement pour ses propos qu'elle juge confus. Et pour cause, elle n'y comprend pas grand chose, elle est perdue. Cette jeune femme de 28 ans consulte car elle se trouve en décalage avec elle-même et avec son ami. Elle vit avec Éric depuis deux ans maintenant. Avant lui, elle a eu quelques aventures sans importance. Dès leur rencontre, elle a senti qu'il s'agirait d'une histoire forte et durable. Au-delà des premiers moments d'amour-passion, elle a vu se tisser entre eux des liens qui n'ont fait que se renforcer au fil du temps. Elle se sent bien avec lui, sécurisée, en confiance. Bien que de caractère différent, ils se comprennent mutuellement et savent bien communiquer. Tout irait pour le mieux, mais malheureusement après quelques mois sans nuages, Anita a commencé à éprouver des difficultés. Elle s'est aperçue qu'elle avait de moins en moins envie de faire l'amour, au point de fuir les occasions d'intimité. Ils ont mis du temps à réaliser qu'il y avait un problème. Et encore plus de temps à en parler ; mais Anita est inquiète, elle sent qu'Éric souffre.

La tête d'un côté, le corps de l'autre…

Au-delà de la simple frustration, c'est surtout le sentiment d'être repoussé par son amie qui lui est douloureux. Chaque refus est ressenti comme un rejet de lui-même, ce qui le blesse profondément. Anita perçoit son malaise, elle se culpabilise et tous ces sentiments négatifs envahissement progressivement le champ intime du couple et l'empoisonne. Depuis quelques mois, un climat lourd s'est installé entre eux. Leur relation est moins gaie, plus tendue. Chacun se retranche dans un silence pesant. Ils communiquent moins facilement et s'éloignent de cette connivence légère et ludique qu'ils avaient su créer. Au travail, dans la journée, Anita pense à Éric. Alors, elle est pressée de le revoir, s'imagine dans ses bras et avoue ressentir, à ce moment-là, du désir. Elle n'a aucun doute, elle l'aime. Mais, une fois à la maison, tout se complique. Ces idées sont à peu près identiques mais ses sensations corporelles lui échappent, son corps est contracté, bloqué, défendu. Elle se voit en train de donner à son ami un baiser froid et distant et d'éviter soigneusement les bras qui tentent de l'enlacer. Le contact l'agace et la crispe. Son discours est neutre, peu chaleureux. Elle évoque ses problèmes au travail, ou le menu du soir, ou le film à la télé de manière à éloigner toutes paroles appartenant au registre tendre et intime.

Éric, sans en être toujours très conscient, perçoit néanmoins le message ; il se tient à distance. Anita est encore plus troublée quand elle me raconte que la nuit, parfois, elle se réveille car elle a fait un rêve où de toute évidence elle a pris du plaisir sexuel avec un partenaire sans visage. Par ailleurs, il y a quelques jours, Éric l'a désirée fortement. Réticente d'abord, elle s'est ensuite laissé faire. Impossible de refuser tout le temps. Oh surprise ! Elle y a pris beaucoup de plaisir. Sa tête disait « non » mais son corps a dit « oui »

Anita s'étonne que faire l'amour soit si compliqué pour elle et si simple pour lui. Il a du désir, il l'aime, il l'exprime par des mots et son corps le dit aussi : il a des érections. Il le vit dans son corps comme dans sa tête, sans coupure, dans une totale intrication. Le corps occupe même le devant de la scène. Le désir physique étant plus concret, c'est pour les hommes cette expression physique qui lui donne son sens et sa puissance. D'où l'énorme désarroi chez ceux dont l'érection est défaillante. La perte de ce repère, au lieu d'être une simple panne mécanique, menace le désir lui-même. Peut-on être un homme désirant sans cette manifestation érectile indissociable. Comme Anita, mais pour des raisons différentes, il ne pourra pas répondre à la question difficile : le désir est-il mental ou charnel ? Pour lui, cette question n'a d'ailleurs aucun sens, car à ses yeux, tout est confondu. À l'inverse, pour la jeune femme, il y a une dissociation, un décalage entre le corps et la tête. Anita sent bien que c'est là que se situe le nœud de son problème.

C'est pour cela, comme de nombreuses jeunes femmes, qu'elle me pose la question à sa façon, dès le premier entretien. La légèreté de l'esprit est-elle à mettre en opposition avec la pesanteur du corps ? Où se situe le désir ? Mental ou charnel ?

Le rapport amoureux entre deux êtres illustre parfaitement la complexité de la réponse. Unicité, dualité ? Interaction corps-esprit ? Dans les premiers temps d'une relation, c'est indissociable.

Voyons Isabelle et Jean. Leur premier tête-à-tête a lieu ce soir. Ils se sont connus au travail. Jean a franchi le pas la veille en invitant Isabelle à dîner avant de l'emmener à un concert de jazz, sa passion. La jeune femme pénètre dans la salle de restaurant avec un peu de retard. Son visage est un peu crispé. Elle balaye la pièce du regard à la recherche de son ami ; il faut dire qu'elle est un peu myope et que par coquetterie elle n'a pas pris ses lunettes. Soudain elle le voit et s'avance vers lui. Il l'a lui aussi aperçue et se lève pour l'accueillir. Instantanément, leurs visages s'éclairent d'un large sourire. Pas celui convenu et neutre que l'on réserve aux relations polies, mais un sourire chaleureux et ouvert qui illumine leurs yeux et fait rosir leurs joues.

Entre eux, le courant émotionnel est presque palpable. Ignorant les tables voisines et incapables de se quitter du regard, ils s'isolent dans une bulle d'intimité. Légèrement penchés l'un vers l'autre, les bras ouverts, ils semblent vouloir se rapprocher et se toucher. Leurs mains proches, si elles n'osent encore s'effleurer, caressent souvent la nappe ou la serviette. Isabelle penche un peu la tête sur le côté quand Jean lui parle et ses lèvres s'entrouvrent. Ses yeux restent fixés sur son interlocuteur, exprimant ainsi son intérêt profond. Jean profite du prétexte de lui montrer un plat sur la carte pour frôler sa main et placer son bras contre le sien. Le visage, les yeux, la voix, les gestes et le corps tout entier participent au langage amoureux chez ce couple qui ne s'est encore rien dit. Le langage verbal ne viendra qu'après, peut être en fin de soirée, précédé et préparé par l'expression corporelle.

On saisit à travers cet exemple l'importance de cette communication au-delà des mots. Plaisir et brillance du regard, jeux de miroir : on regarde l'autre et on se voit dans ses yeux, visages tendus, vitrine émotionnelle qui reflète l'intensité du vécu intérieur, mouvements de son propre corps se confondant et faisant écho à la perception du corps de l'autre, et enfin plaisir du toucher qui regarde, découvre, parle, demande et donne.

Dans l'amour, c'est un corps de langage qui s'exprime. La dualité corps-esprit ne veut plus rien dire. On ne fait pas l'amour avec des mots mais pas non plus avec des mécaniques physiques bien huilées. Il y a dépassement du corps charnel vers le corps fantasmatique, imaginaire, le sien et celui de l'autre.

Dans cet exemple, entre la femme et l'homme, entre Isabelle et Jean, il n'existe aucune différence au stade de l'amour-découverte, de l'amour-passion. Leur désir est là, très intense. Peu leur importe de savoir s'il est corporel ou mental. La puissance du ressenti les submerge et renverse les barrières. L'être tout entier participe à ce magnifique ballet amoureux. Le blocage viendra plus tard quand la passion s'apaisera un peu. Le corps réagira plus modérément, bien sûr, mais la difficulté majeure viendra de la raison qui reprendra sa prépondérance. Pendant un moment, la passion a pu l'emporter. Mais rapidement, le contrôle des idées morales, les concepts philosophiques et religieux vont s'interposer et dicter leurs lois.

Un divorce qui vient de loin…

Pour comprendre les racines de cette séparation, l'évocation rapide de nos vieux concepts philosophiques et religieux me paraît incontournable. En apparence, l'unité corps-esprit ne semble faire aucun doute à notre époque qui a vu l'avènement des conceptions unicistes. L'individu se doit d'être pris dans sa globalité. Cependant, il semble que malgré tous nos efforts, nous soyons encore très marqués par la vieille conception dualiste.

Descartes, au XVIIe siècle, oppose corps matériel mécanique et physico-chimique à une âme spirituelle, immatérielle et immortelle. Platon avant Descartes distinguait déjà âme et corps avec une haine du physique qui va jusqu'à son élimination et son exclusion totale. Mais c'est la religion chrétienne en occident et plus généralement les religions monothéistes qui, à l'échelle du monde entier, vont avoir l'influence la plus déterminante. Le passage du polythéisme au monothéisme est globalement reconnu comme un progrès du monde civilisé. Pourtant, cette évolution s'est imposée par la violence, et a élevé une haine féroce contre tout ce qui relève de l'instinct naturel.

Il est bien sûr totalement indispensable d'encadrer et d'aménager les pulsions primitives sous peine de voir l'équilibre d'une société gravement menacée. Mais si cette limitation est excessive et devient un interdit rigoureux, elle risque d'être insupportable et inapplicable. L'être humain sera alors placé face à un problème insoluble. Ses instincts relèvent du corps qui est diabolisé. L'esprit est là pour permettre de s'élever et de dépasser cette contingence matérielle. L'homme est sommé de renier son corps assimilé à son animalité. Néanmoins, comme il a un corps et qu'il n'est pas (qu'il le veuille ou non) un pur esprit, il est condamné à échouer et à se sentir éternellement malheureux et coupable. C'est le destin que toutes les religions monothéistes réservent à l'être humain dont le corps est renié, où le sexe est coupable.

C'est l'apôtre Paul qui, le premier, va faire émerger l'idée du péché de chair. Il remplace la circoncision classique, petit sacrifice limité, par une circoncision symbolique plus étendue. C'est le renoncement au plaisir charnel et non plus seulement à un petit bout de peau. C'est le sacrifice spirituel qui détermine la suprématie de l'esprit sur le corps et le refoulement définitif de tout ce qui est corporel. Le corps est nié, il n'est plus que l'enveloppe de l'âme.

Dans le christianisme, la mortification du corps devient le préalable indispensable et la garantie du bien. Le sacrifice du corps, suivi de sa résurrection, implique qu'il soit idéalisé et appartienne au monde des idées. Mais pourquoi ces vieilles conceptions vont-elles toucher beaucoup plus profondément les femmes que les hommes ?

La religion est aussi garante de la stabilité sociale. Elle ne peut se permettre de nier complètement la sexualité tout en prêchant le « croissez et multipliez ». Il faut bien des relations sexuelles pour faire des enfants. Elle va donc admettre à contrecœur l'existence de cette fornication et reconnaître le désir qui pousse l'homme vers la femme. Mais attention, ceci dans un seul sens. C'est la prépondérance du mâle, seul dépositaire de la puissance de procréation. Cependant cet instinct devra être encadré dans l'institution matrimoniale. L'église en fera un sacrement. La femme, quant à elle, acceptera passivement de subir cet hommage uniquement pour le bonheur d'être mère, seule possibilité pour elle de se réaliser sexuellement. L'idéal féminin est la maternité et la virginité. La Vierge Marie incarne cette représentation, elle qui a pu réaliser l'exploit d'enfanter en évitant la souillure de l'acte sexuel. Le désir sexuel féminin est vécu comme une véritable menace de la cellule familiale et de la filiation. C'est la femme qui porte l'enfant et qui va donc être le chaînon nécessaire à la transmission du patrimoine et du nom. Pas question de lui permettre une quelconque errance sexuelle. Elle devra arriver vierge au mariage et rester strictement fidèle à son mari, sous peine d'engendrer des bâtards et de menacer l'institution familiale patriarcale. Son corps n'est que le réceptacle passif de la semence masculine dans le seul but, bien sûr, de mener la grossesse à son terme en nourrissant l'enfant. Dès lors, cette dichotomie corps-tête opposant le haut et le bas, l'instinctif et le civilisé va s'imposer à l'ensemble de l'humanité mais avec une rigueur et une sévérité particulière en ce qui concerne les femmes. On admettra en revanche implicitement chez les hommes l'existence du désir sexuel à condition bien sûr qu'il reste dans le cadre défini.

Mais la religion chrétienne, ainsi que les religions monothéistes en général, vont aller encore plus loin. La femme va incarner le péché, la tentation dont l'homme peut être à tout moment la victime. Voyez ce pauvre Adam, incapable de discernement, se laisser convaincre de croquer la pomme par une Ève habile et perverse. L'homme ne peut être que la victime de ces femmes tentatrices et démoniaques. On l'exhorte bien sûr à résister, mais la vraie coupable, c'est sa compagne. Elle possède le mal en elle, d'irrésistibles appâts stimulant les bas instincts de l'homme et contre lesquels son esprit devra lutter. C'est aussi pour cette raison qu'on va garder les femmes sous tutelle afin d'éviter que par leurs agissements elles ne pervertissent les hommes.

Cette théorie a des conséquences très graves sur les femmes. Elles sont montrées comme des êtres faibles et mauvais dont il faut se garder comme si elles avaient le vice dans la peau. Elles doivent être protégées d'elles-mêmes. Encore une justification pour que la morale masculine s'applique avec une sévérité toute particulière aux femmes. Point n'est question dans tout ça de la responsabilité et de l'autodétermination des conduites masculines. S'ils se laissent glisser vers des débordements sexuels, c'est à cause de leur instinct qui est reconnu comme très fort et de ces femmes qui les tentent. Il est donc logique, puisque la faute est féminine, de les punir. Il faut s'assurer qu'elles se feront les plus discrètes possible. Une femme « comme il faut » se doit de dissimuler tout ce qui pourrait attiser la convoitise de l'homme, elle doit baisser les yeux et cacher son corps. Si elle ne le fait pas, elle n'a que ce qu'elle mérite en cas de problèmes. Longtemps, les femmes violées ont été considérées comme des « aguicheuses » responsables d'avoir fait perdre aux hommes le contrôle de leurs pulsions.

Toutes les femmes sont des…

À quelques variantes culturelles près, toutes les religions monothéistes véhiculent ces idées-là.

Chez les musulmans, elles justifient le confinement des jeunes femmes et le port du tchador. Elles seront répudiées ou condamnées à mort si elles sont soupçonnées d'avoir perdu leur virginité avant le mariage ou d'avoir trompé leur mari. De plus, leur statut de mineure à vie les maintiendra dépendantes des hommes, qu'il soit père ou mari.

Anita a été victime il y a quelques mois d'une agression sexuelle dans la rue vers 22 heures. Elle regagnait son domicile après avoir dîné avec une amie lorsqu'elle a eu la malchance de croiser un groupe de jeunes hommes un peu éméchés. Elle n'a pas été violée mais molestée. Elle a subi des attouchements sexuels traumatisants. Très choquée, elle a porté plainte et les agresseurs peu discrets ont été immédiatement interpellés. Mais lors du procès, elle a subi un deuxième traumatisme, peut être encore plus grave que le premier.

Tout d'abord, le représentant de la loi a minimisé la gravité des faits, traitant le délit comme une simple altercation sur la voie publique. Mais surtout, les coupables, non seulement n'ont montré aucun remords, aucune prise de conscience des conséquences de leurs gestes sur la victime, mais ont essayé de démontrer qu'ils avaient des circonstances atténuantes. En effet, selon eux, Anita se trouvait seule dans la rue à 22 heures. Une femme convenable devrait sans doute être chez elle ou bien être accompagnée d'un homme. De plus elle portait une jupe assez courte et était jolie. En effet, comment demander à des hommes normaux qui ne sont pas « de bois » de résister, surtout quand ils ont un peu bu.

Latifa est une jeune fille de 19 ans d'origine maghrébine. Elle est née en France et vit en banlieue parisienne dans ce que l'on nomme une cité. Elle a deux frères de 17 et 22 ans et une petite sœur de 12 ans. Dès l'adolescence, on lui a signifié qu'elle n'était plus libre de sa conduite dont dépendait maintenant l'honneur familial.

Les règles sont claires. Elle sort le moins possible de chez elle, et si c'est le cas, elle doit être accompagnée si possible de ses frères, baisser les yeux dans la rue et mettre des vêtements qui dissimulent au maximum sa féminité. Plus question bien sûr d'avoir des copains garçons ; et la liberté ? Plus question de liberté ! À l'inverse, plus ses frères grandissent, plus ils ont le droit de disposer de leur vie. Ils sortent le soir, rentrant parfois fort tard dans la nuit. Les parents ne leur posent que rarement des questions. Ils respectent leur autonomie et acceptent de les voir devenir adultes. À l'inverse, plus Latifa grandit, plus l'étau répressif se resserre. L'autre jour, elle a surpris une conversation entre ses parents où il était question de son mariage. On l'a progressivement dépossédée de sa vie. Latifa vit cette situation comme une injustice, mais quel choix a-t-elle ? Si elle ne se conforme pas à ces règles, elle sera désignée par sa famille et par la communauté tout entière comme une fille perdue et sans moralité. Elle sera entachée par une faute qu'elle ne comprend pas. Comment pourra-t-elle vivre alors sans repère social, bannie et exclue par les siens.

Récemment, un jeune homme, au lycée qu'elle fréquente, lui a fait une cour assidue. Elle pense beaucoup à lui. Mais que doit-elle faire ? Elle est perdue. Son corps, sa sexualité lui appartiennent-ils ? Peut-elle en disposer ? A-t-elle le droit de désirer ce garçon ? L'autre jour, il a essayé de l'embrasser. Elle a ressenti un grand effroi, son corps s'est bloqué, tendu vers le refus, elle a eu un sentiment de dégoût comme si les agissements de son ami l'avaient salie. Cependant peu de temps après, des pensées coupables l'ont assaillie et elle regrettait amèrement de pas avoir profité de ce baiser. Devant cette ambivalence elle vient demander de l'aide car elle se sent bien jeune pour résoudre ce terrible problème qui, bien sûr, la dépasse largement.

Cet écartèlement entre pulsions corporelles et interdits de l'esprit provoque de nombreux blocages, y compris au sein de la vie de couple. Béatrice et Jean sont mariés depuis huit ans maintenant. Issus tous les deux de familles catholiques très pratiquantes, ils se sont connus à 20 ans dans le cadre protégé de leur cercle d'amis. Ils se sont courtisés deux ans avant de se fiancer et enfin de se marier. Béatrice est arrivée vierge au mariage, elle y tenait beaucoup. Ils ont eu deux enfants qui ont actuellement 6 et 4 ans. Mais il y a quelques mois, un coup de tonnerre est venu bouleverser ce tableau idyllique. Béatrice est tombée amoureuse d'un collègue de travail et a trompé son mari. Je les reçois tous les deux car ils sont en plein désarroi. Béatrice ne sait plus où elle en est. Ses convictions d'origine sont intactes : son mari, ses enfants, sa famille ont énormément d'importance pour elle. Mais avec son amant elle a découvert des sentiments, des sensations qu'elle ne connaissait pas : elle a découvert son désir. Comment l'oublier et faire comme avant ? Comment y renoncer ? A-t-elle eu tort de se marier sans en tenir compte ? Jean, lui non plus, ne comprend plus rien. Sa femme ne devrait-elle pas être comblée. Elle a un mari attentif et deux merveilleux enfants. Que lui faut-il de plus ? Il condamne cette infidélité coupable mais veut bien passer l'éponge sur ce moment d'égarement, ce coup de folie passagère. Néanmoins, le trouble persistant de Béatrice l'ébranle fortement. Il commence à penser qu'elle n'est peut être pas la femme qu'il a cru épouser, conforme à l'idée qu'il se fait de la compagne idéale ayant les qualités requises pour être une bonne mère et une bonne épouse. L'évocation du désir sexuel le révulse comme une incongruité, il se ferme rapidement et refuse tout dialogue.

Le travail avec ce couple paraît mal engagé et l'issue incertaine. Sans une profonde remise en question des représentations mentales de Jean et un approfondissement chez Béatrice de ce qu'elle a vécu, on ne pourra déboucher sur aucune solution satisfaisante. Ils peuvent, bien sûr, faire machine arrière et retrouver leur état antérieur en recouvrant soigneusement le problème, mais la brèche a eu lieu et il est fort à craindre qu'elle puisse se réouvrir à tout moment. Leur couple éclaterait alors dans un grand désarroi et une totale incompréhension. Le bilan serait très coûteux pour tous et provoquerait beaucoup de souffrances.

Impossible de parler de sexualité sans évoquer très succinctement les théories du père de la psychanalyse.

Freud va réaliser une véritable révolution de l'ensemble de nos conceptions de la psychologie humaine. Il va d'emblée, surtout au début de sa théorisation, établir un lien entre la biologie, la physiologie, c'est à dire le corporel, et les pathologies psychiques. Mais avec la science des rêves, il franchit un pas et s'éloigne du corps. Cependant il restera une source d'inspiration fondamentale : « l'anatomie, c'est le destin », dit-il.

Sa théorie d'organisation pulsionnelle, même si elle paraît de nos jours à certains un peu schématique et dépassée, reste d'une importance primordiale. En effet, Freud dit qu'il existe une correspondance entre les différents stades de développement psychologique de l'enfant et l'importance de certaines zones corporelles à ces mêmes périodes. Par exemple, l'enfant, dès les premiers mois de sa vie, va organiser son existence entre des phases de sommeil récupérateur nécessaire à sa maturation neurologique et des moments centrés sur l'alimentation. En tétant le sein de sa mère, il réussit, bien sûr, à apaiser un besoin physique, à se remplir l'estomac et à calmer sa faim mais, en même temps, il tisse ses premières relations affectives avec sa mère. On connaît l'importance de cette interaction qui va servir de base au développement relationnel et psychoaffectif de l'enfant et du futur adulte. Quand le bébé tète, toute sa concentration et tout son ressenti sont centrés sur sa bouche. Elle devient une zone clé lui permettant de se nourrir et d'être le support du bonheur de l'échange qu'il a avec sa mère. Elle est aussi un lieu de jouissance que l'on peut qualifier sans exagération d'érogène. Tout au long de la vie, elle conservera cette potentialité. On connaît l'importance de la bouche dans le rapport amoureux de même que dans d'autres comportements qui ont pour but de procurer du plaisir : boire, manger, fumer.

Freud a aussi démontré que le développement des différentes zones érogènes se faisait en s'étayant sur notre fonction physiologique. À partir du corps chair s'édifie un corps symbolique, imaginaire et érotique. La physiologie a servi de base pour que la psychanalyse advienne. Même si on peut lui reprocher aujourd'hui de peut-être s'en être trop éloignée. Le physique dans la théorie freudienne ne s'oppose pas au mental. Il y a un étayage et une intrication, la relation au corps restant le *primum movens*.

La psychanalyse a malheureusement évolué du côté d'une théorisation de plus en plus complexe aboutissant souvent à mettre le corps complètement hors jeu. Au point que certains analysants ont pu avoir l'impression que leurs propos étaient perçus comme une incongruité par l'analyste lorsqu'ils s'égaraient dans des considérations trop corporelles. D'autres patients vont, pendant la cure analytique, éviter soigneusement de parler de leur sexualité, jugeant le lieu inadapté. Paradoxe complet quand on sait que chez Freud la sexualité a été au centre de sa théorie. C'est le premier à avoir parlé de la sexualité infantile et du tout sexuel. On l'a, pour cela à l'époque, traité d'obsédé. Cette évolution vers la dépréciation du corporel est très importante quand on sait l'influence des théories freudiennes sur l'ensemble de nos conceptions modernes, même chez les non initiés.

Mais ce n'est pas le seul écueil. Freud était un homme, et de plus, il a évolué dans la société viennoise bourgeoise de son époque. Même s'il a pris bon nombre d'exemples féminins pour construire sa théorie, son point de vue est resté très influencé par sa vision masculine de la sexualité du moment. Il existe indéniablement un centrage phallocratique basé sur un modèle masculin transposable aux femmes. Même si plus tard, de célèbres femmes psychanalystes ont apporté une contribution importante en développant la théorie freudienne, néanmoins les premières bases étaient jetées. Freud lui-même reconnaissait que la féminité restait pour lui un continent noir.

Oui, on peut faire trop de sentiments…

« Quand il vient vers moi avec son désir, j'ai l'impression de n'être plus qu'un corps, un objet qu'il convoite, dont il va s'emparer et donc je le repousse ». Pourtant Marie est sûre d'aimer son mari et sait, sans aucun doute, que ses sentiments sont réciproques. Elle lui reconnaît beaucoup de qualités. Elle a de l'estime pour lui. Mais … quand elle sent qu'il a du désir pour elle, tout bascule. Elle n'a plus en face d'elle le même homme. Ce n'est plus l'être doux et respectueux qu'elle connaît bien. Ce regard intense qui fixe ses seins, son sexe, ses gestes un peu maladroits, ses mains qui la tripotent… pour elle, il devient une sorte de prédateur. « Je n'ai plus l'impression d'être un sujet humain mais un objet sexuel composé de morceaux d'anatomie faits pour assouvir les besoins d'un homme. » Marie semble dépossédée de son corps et elle le vit très mal.

Elle dissocie complètement les sentiments affectifs de son époux qui, dit-elle, s'adressent à sa personne, et son désir sexuel, qu'elle perçoit uniquement tourné vers son corps. Le désir est du côté de l'autre ; elle n'avoue que des sentiments et n'envisage pas une seconde son corps, à elle, comme pouvant être désirant. Elle se sent avilie, réduite à un état passif. Elle réagit violemment en repoussant son mari qui, bien sûr, ne comprend pas. Elle vit la relation sexuelle en prenant la place de l'objet du désir de l'autre et ne parvient pas à faire entrer son corps dans le ballet relationnel où il pourrait devenir sujet actif de son propre désir. Elle lui en veut à cause de son attitude, de son regard, de ses gestes. Personne n'aimerait se sentir réduite à ce rôle, mais en même temps, elle saisit dans son comportement une incohérence. Elle répète pour se rassurer que la sexualité n'est pas ce qu'il y a de plus important dans un couple. Mais elle sait aussi que cela existe et qu'elle ne peut se contenter de l'ignorer. Elle sent confusément qu'une partie importante d'elle-même lui échappe, qu'elle ne peut pas rester sur une position défensive ou seule l'attitude de l'autre est condamnable. Elle est trop intelligente pour se contenter de cela. Marie, même si elle affirme pouvoir se passer de sexualité, n'est aucunement prête à renoncer à son couple. Elle se présente comme une femme très romantique, émue aux larmes par les mélos où la scène finale se termine par un baiser scellant pour la vie l'union des amants. Elle avoue que, jeune fille, elle a dévoré quantité de romans à l'eau de rose. Elle se trouble lorsque je lui dis que, malgré tout, il s'agit là, sans aucun doute, de sexualité. Ses rêveries ou ses fictions mettent bien en scène des hommes et des femmes qui s'aiment même si le désir dans son expression concrète et charnelle est gommé. Il a subi un habillage sentimental qui le rend acceptable, convenable et civilisé.

Le cœur n'est certainement pas à exclure des relations amoureuses, mais il ne doit pas devenir l'unique approche de la sexualité, sous peine de réaliser une amputation catastrophique compromettant gravement la vie sexuelle. Cet aménagement, au lieu d'être une amélioration, une manière élégante d'introduire plus de sophistication, de finesse et d'élaboration dans la relation sexuelle, devient une mascarade grotesque éloignant les femmes de l'essence même de leur sexualité et dressant les deux sexes l'un contre l'autre.

Hommes et femmes se trouvent en effet piégés dans des représentations rigides, caricaturales et figées. Cette question récurrente, le désir est-il mental ou charnel, est au cœur des problèmes touchant la sexualité féminine. Chaque fois que le désir manque ou s'éteint, il est question de cette terrible césure corps-tête qui l'entrave et l'étouffe.

Aucun désir, pourtant j'aime ça !

« J'ai du plaisir à faire l'amour mais je n'en ai jamais envie » disent des femmes comme Magali, 30 ans. « Après, je suis contente. Je pense toujours, à ce moment-là, que je devrais faire l'amour plus souvent, que c'est bon pour moi. Je me sens détendue, j'éprouve un grand bien être. Nous sommes aussi plus proches, mon mari et moi. Il y a moins de tension entre nous ; les différends deviennent faciles à régler. Il est plus tendre et plus détendu lui aussi. Je suis bien consciente de tout cela et pourtant, c'est toujours la même chose. Invariablement, quelque temps plus tard, la magie s'estompe et je recommence à ne plus avoir envie. Faire l'amour à nouveau me semble inutile et fatigant. J'ai déjà si peu de temps pour moi ! Je préfère le consacrer à des activités qui, spontanément, me paraissent plus importantes. À mes enfants, encore petits, qui ont énormément besoin de moi, à mon travail qui me passionne et m'équilibre. Et puis, j'ai besoin aussi tout simplement de m'occuper de moi et, par exemple, le soir, de soigner mon corps, me détendre dans un bon bain ou tout simplement lire au fond de mon lit. Pour moi, la sexualité vient après. Elle n'a guère de place. Si je lui en donnais, il faudrait que je rogne sur le reste et je ne sais pas si j'y suis prête. »

Savoir anticiper le plaisir

Magali résume dans ce plaidoyer la situation de nombreuses patientes. Elle vient consulter en priorité pour l'équilibre de son couple. Elle craint que son manque de désir ne le menace alors qu'elle y tient énormément. Mais c'est aussi pour elle qu'elle fait cette démarche. Elle perçoit qu'au fond, il y a quelque chose d'illogique dans son ressenti ; quelque chose qui lui échappe et qu'elle voudrait comprendre. Longtemps, elle a évité de se confronter à ce problème en le niant. Elle a colmaté la brèche avec quelques clichés rassurants. « Les années passant, c'est normal, on a moins envie de faire l'amour » ou bien « La sexualité n'est pas l'essentiel, ce sont les sentiments qui comptent et puisqu'on s'aime, pourquoi s'inquiéter ? » ou encore « C'est bien connu, les hommes ont plus de désir que les femmes, il faut faire avec. »

Et puis les tensions sont devenues plus fréquentes, des conflits pour des riens qui avant ne faisaient pas problème. En même temps, la sexualité s'est compliquée de plus en plus : elle n'avait jamais envie. Elle a réalisé qu'elle évitait les situations d'intimité en allant, par exemple, se coucher très tôt, prétextant une fatigue importante et un grand besoin de sommeil. Un jour, elle en a vraiment pris conscience. C'était un dimanche matin, elle a bondi du lit très tôt. Lorsque son mari, triste et surpris, lui a demandé pourquoi elle était si pressée de se lever, elle s'est entendu expliquer qu'il fallait préparer le déjeuner des enfants (qui n'étaient pas encore levés). Elle refusait de les laisser traîner bêtement devant les programmes stupides de la télévision. À mesure qu'elle parlait, elle percevait le côté ridicule et faux de son discours. Elle était en train de mentir à son mari et surtout, de se mentir à elle-même. Elle a réfléchi toute la journée et pris la décision de venir consulter. Il fallait qu'elle comprenne, qu'elle clarifie ses positions et ses impressions contradictoires, qu'elle cesse de se leurrer avec des explications superficielles.

Le désir peut se concevoir comme une anticipation imaginaire du plaisir. En effet, une situation plaisante va se mémoriser et entraîner très logiquement le souhait de la vivre de nouveau. C'est la toute première expérience du bébé au début de la vie. Le plaisir qu'il aura pris lors de la tétée s'inscrira profondément en lui au cours des premières semaines de son existence ; plaisir, bien sûr, de l'apaisement de la faim, mais aussi de la douceur et de la chaleur de la relation tissée avec sa mère. C'est, après quelques heures de jeûne, lorsqu'il sera confronté au manque, qu'il va construire petit à petit son désir. À condition bien sûr que cette privation ne soit pas trop sévère et que l'expérience de la satisfaction soit rapidement renouvelée.

Chaque vécu positif va renforcer le désir mais, à l'inverse, toute situation déplaisante sera, elle aussi, mémorisée et pourra aboutir à l'évitement. Il s'agit d'un véritable mécanisme de conditionnement positif ou négatif bien connu dans l'apprentissage. Cependant les choses ne sont pas aussi simples. Magali, comme beaucoup d'autres femmes, éprouve un plaisir sexuel réel, et pourtant, l'envie de recommencer ne se déclenche pas pour autant. À l'inverse, d'autres patientes, qui n'accèdent pas à un plaisir abouti, s'inscrivent malgré tout dans une dynamique désirante. Comment comprendre ce paradoxe ?

Avoir une bonne image de la sexualité

Pour que le désir naisse, il faut anticiper son plaisir mais aussi avoir une image positive de la sexualité. Sur le moment, Magali ressent une satisfaction sexuelle mais elle précise rapidement qu'elle a d'autres pôles d'intérêt dans la vie : ses enfants, son travail, etc. La sexualité arrive tout naturellement en queue de liste. Bien sûr, si on lui pose la question directement : « Pensez-vous que la sexualité est importante dans un couple ? » elle répondra avec sa raison. Elle sait qu'elle doit y tenir une place prépondérante. Mais si nous écoutons son discours spontané, elle dit l'inverse.

On voit resurgir l'importance des principes éducatifs qui bercent souvent l'enfance et l'adolescence des femmes. Magali n'a jamais vu ses parents très démonstratifs. Elle est sûre qu'ils tenaient l'un à l'autre, qu'ils éprouvaient l'un pour l'autre respect et tendresse, mais elle n'a jamais perçu une quelconque trace de désir chez sa mère. Si, par surprise, son père lui déposait un baiser dans le cou, elle le repoussait vivement en le sommant d'être raisonnable et de toute évidence, elle était une femme raisonnable.

Mère irréprochable, elle a élevé trois enfants tout en étant institutrice. Lorsque Magali, à l'adolescence, a commencé à regarder du côté des garçons, sa mère l'a rapidement recadrée : « Pense plutôt à tes études, tu auras bien le temps pour toutes ces sottises plus tard. » Ce plus tard, elle ne sait pas très bien où le situer. En effet, Magali fait des études de pharmacie longues et difficiles. Après, vient l'installation, source de nombreux soucis ; puis arrivent les enfants. Un jour qu'elle se plaint à sa mère de sa charge de travail, celle-ci lui répond qu'être mère consiste à accepter tous ces sacrifices, que là est son devoir. Mais où situer la sexualité dans cette représentation du monde ? Nulle place pour elle. Disqualifiée, elle passe à la trappe systématiquement. Lorsque malgré tout, lors d'une relation sexuelle, une femme ressent du plaisir, il est mémorisé mais peu valorisé. Il est perçu comme une satisfaction superficielle sans importance, voir légèrement dérangeante puisqu'elle ne cadre pas avec l'ordre établi. Les femmes vont alors s'empresser de l'oublier ou de la classer dans les expériences secondaires.

Par ailleurs, l'accès au plaisir sexuel nécessite d'être dans un état particulier, un état modifié de conscience, une sorte de transe. Pour comprendre cette notion, on peut faire le parallèle avec une expérience relatée par Gérard, homme raisonnable et plutôt introverti de 52 ans. Il s'est décidé l'année dernière à aller avec sa femme et sa fille faire un voyage à Rio à l'occasion du carnaval. Ce projet l'effrayait beaucoup. La perspective de la foule, du bruit, de l'agitation et des dangers potentiels l'inquiétait énormément. Mais sa femme en rêvait depuis longtemps. À leur arrivée, Gérard vit toutes ses craintes se confirmer. Sa seule envie ? S'enfermer dans sa chambre et n'en plus sortir. Tous ces « guignols hystériques et bariolés » qui s'agitaient lui paraissaient absolument ridicules. Mais pour fêter leur 25e anniversaire de mariage, il a fait un effort, s'est armé de courage. Le lendemain, ils se sont lancés dans la fête et là, il s'est passé quelque chose d'extraordinaire.

Contre toute attente, à mesure que le temps passait, il a senti son corps se détendre et ses appréhensions s'évanouir. Il s'est laissé petit à petit porter par la musique et par les gens qui dansaient autour de lui. Tout son être s'est mis à vibrer, gagné par les rythmes. Après une faible résistance, un résidu des inquiétudes de la veille, il s'est laissé glisser dans cette transe collective avec un plaisir proche de l'extase. Il tenait serrées les mains de sa femme et de sa fille en percevant qu'elles ressentaient la même chose. Cette communion familiale, de même que le corps à corps étroit avec la foule, ont décuplé son émotion.

Pendant un moment, il a eu l'impression de faire l'amour avec l'humanité entière. Après quelques heures, ils sont rentrés à l'hôtel un peu hébétés, vidés, exténués comme après un orgasme. Cette expérience est restée pour lui inoubliable. Il n'aurait jamais soupçonné qu'il pouvait se laisser gagner, lui si raisonnable, par cette folie et qu'il allait adhérer sans retenue à un phénomène qui, quelques heures auparavant, lui avait paru si ridicule.

Dans la vie quotidienne, nous sommes dans la plupart des cas calmes, raisonnables et à peu près capables de la maîtrise de nos émotions. Si à ce moment-là, on évoque un état d'excitation et de plaisir sexuel, on a du mal, à froid, à ne pas se sentir en décalage avec cet émoi. Il est très difficile de se projeter dans ce ressenti, même si on a eu l'occasion de le vivre quelquefois.

En général, pour les femmes, le passage d'un état de calme à une forte excitation sexuelle demande beaucoup de temps. À l'inverse, chez les hommes, cette mutation est beaucoup plus rapide. Cette lenteur féminine renforce la difficulté d'accès à une évocation positive du plaisir. Elle explique vraisemblablement l'impression que beaucoup de femmes ont, comme Magali, du côté laborieux et coûteux en énergie de la sexualité. Cette expérience de plaisir reste difficile d'accès, un peu comme une folie qu'il n'est ni facile ni forcément important de renouveler. Mais surtout, elle n'est pas raisonnable et, pour beaucoup de femmes, c'est un élément rédhibitoire.

De plus, leurs compagnons, déjà dans un état modifié d'excitation sexuelle, vont, en l'exprimant, se trouver en décalage avec elles. Les gestes, les paroles de l'amant tombent souvent à plat ; ils ne correspondent pas à l'état d'esprit de leur compagne. Cette inadéquation est à l'origine de bien des malentendus. Elle peut engendrer un véritable blocage. La femme est bousculée dans sa progression qui risque alors de s'arrêter. On prend ainsi la mesure de la fragilité du désir et de la difficulté à faire cohabiter les deux sexes harmonieusement.

Identifier l'excitation sexuelle

« L'excitation sexuelle chez une femme, je ne sais pas trop ce que c'est, mais chez un homme, c'est sûr, c'est l'érection » dit Catherine, exprimant ainsi l'embarras de bien d'autres femmes. En revanche, pour Laurent, c'est plus clair. Pour lui, l'excitation sexuelle et le désir se confondent. L'érection occupe le devant de la scène. Une érection qui, sans problème particulier, survient systématiquement et rapidement dans une situation sexuellement stimulante. L'homme retiendra préférentiellement cette manifestation physique sans souvent chercher à comprendre ce qui lui a donné naissance. Si bien que lorsqu'un homme perd son érection, il devient souvent laborieux de saisir l'origine du trouble. S'agit-il d'un problème physique contrariant la mécanique érectile ou d'une émotion s'opposant au désir ?

Pour les femmes la perception est bien différente. Lorsque je demande à Catherine si elle ressent pour Laurent, son compagnon, une excitation sexuelle, elle reste perplexe. Elle me parle longuement des sentiments très forts et du plaisir pris à être dans ses bras. Si j'insiste, elle admet que le rythme de son cœur s'accélère et que son visage, peut être, rougit légèrement, mais cette concession se limite à des parties corporelles nobles : le cœur qui symbolise le siège des sentiments et le visage qui est l'interface relationnelle avec l'autre. Il est rarement question du sexe. À peine évoque-t-on parfois une sensation de chaleur locale. Chez beaucoup de femmes, la perception des sensations physiques d'excitation sexuelle est très difficile à cerner.

Au niveau des organes génitaux on a, au féminin, le pendant de l'érection masculine. Il se produit comme chez l'homme, suite à une impulsion venant du cerveau, une dilatation des vaisseaux périvaginaux. Ce phénomène va entraîner un afflux sanguin et donc une augmentation de la chaleur locale ainsi qu'un passage de la lymphe sanguine à travers la paroi vasculaire. En inondant le vagin, elle provoquera sa lubrification. Mais chez les femmes, ces manifestations sont souterraines, peu visibles, difficilement quantifiables, à l'inverse de l'érection. Elles coexistent avec une émotion forte. Cette dernière seule est retenue alors que l'excitation corporelle passe à la trappe.

À l'inverse, chez l'homme, c'est le phénomène physique qui est le plus marquant et qui va représenter l'excitation et le désir sexuel. Cette différence est fondamentale pour comprendre certaines difficultés féminines. La sexualité chez les femmes souffre souvent d'un excès de mentalisation et d'abstraction.

Entièrement tournée vers l'émotion, les sentiments, Catherine néglige gravement l'expression concrète de son excitation sexuelle. Elle méconnaît ses réactions corporelles et a du mal à faire le lien entre son corps et ses émotions. D'emblée, on saisit la séparation qui s'opère. D'un côté, le corps matériel dévalorisé, et de l'autre, l'esprit surinvesti.

Dès lors, pour Catherine va se produire une difficulté majeure. Si son désir est là, il restera flottant, abstrait, ne trouvant aucun support pour s'exprimer. Le chemin vers le plaisir sera d'autant plus laborieux, comme si la coupure corps-tête réalisait un véritable barrage. Ce désir évanescent, errant sans racine, aura tout naturellement beaucoup de difficultés à persister. Il aura tendance à s'anémier, à s'étioler. Il perdra son intensité car il n'aura pas pu s'incarner, s'enraciner dans le corps.

Psychiquement aussi, on peut parler d'un état d'excitation mentale. Les pensées sont préférentiellement focalisées sur la sexualité qui capte momentanément toute l'attention. La fonction sexuelle occupe le terrain, reléguant les autres préoccupations en arrière plan. À ce niveau aussi peut se produire une résistance. Beaucoup de femmes vont ressentir une culpabilité devant cette focalisation. Anne décrit très bien cette expérience : l'autre jour, elle se trouvait tendrement enlacée à son mari. Elle était heureuse et détendue. Les enfants étaient couchés. Elle pouvait s'abandonner à ce moment d'intimité. Elle se sentait glisser tout doucement dans la volupté, sous les baisers ardents de son compagnon quand, tout à coup, elle a perçu un petit bruit venant de la chambre de ses fils âgés de 18 mois et 3 ans. Brutalement, les priorités se sont inversées et toute sa vigilance s'est centrée sur un danger potentiel. Impossible de faire passer son plaisir avant ses enfants. Le résultat ? Désastreux bien sûr. L'ardeur des caresses de son mari n'a pas pu la réchauffer. Il a terminé le voyage seul et triste. Ils se sont endormis tous les deux déçus, sans un mot.

Difficile lâcher-prise

À mesure que l'excitation augmente, il se produit un éveil, une attention particulière pour tous les stimuli sexuels. La perception et la sensibilité s'exacerbent. Le moindre frôlement va être perçu avec une grande intensité. L'interprétation de cette hyperesthésie est fondamentale pour le vécu sexuel.

Laurent en parle facilement. À mesure que grandit l'excitation sexuelle, il sent dans son sexe cette montée en puissance, cette tension forte n'ayant qu'un seul but : l'apaisement par la décharge orgasmique. Par expérience, il sait qu'à cette sensation aiguë succédera un plaisir fort puis un grand bien-être. Il n'a aucun mal à associer toutes ces phases et à les percevoir très positivement. À coup sûr, il aura envie de recommencer.

Pour Catherine, c'est plus compliqué. Elle raconte qu'au début tout va bien, son cœur bat un peu plus vite, elle est bien dans les bras de Laurent, elle se sent aimée et éprouve un grand bien-être. La douceur des caresses et des baisers la comble. Mais soudain, tout s'accélère. L'intensité du regard de son amant, ses gestes plus violents la heurtent. Mais surtout, les caresses déclenchent chez elle des sensations aiguës « comme des décharges électriques ». Son cœur s'affole, des vagues de perception la submergent, son corps se tend, durcit, devient presque douloureux. Elle sent qu'elle perd pied, qu'elle va être dépassée et là, souvent, elle stoppe tout. Elle préfère la douceur du début. Son excitation retombe et elle s'échappe.

Pour Catherine, cette expérience reste inquiétante. Le plaisir orgasmique et l'apaisement ne sont pas venus la couronner. Elle en gardera un souvenir mitigé, tempéré de crainte. Elle reconnaît qu'elle est un peu déçue. Elle a entrevu quelque chose sans pouvoir aller au bout. Elle s'est sentie en décalage avec son amant ; lui, a traversé le miroir mais sans elle. Pourtant, elle a peur de franchir le pas. Cette intensité, cette tension perçue presque douloureusement l'effraie. Elle redoute de baisser sa garde, de se laisser aller. Il faut qu'elle garde le contrôle ; on lui a tellement répété que la maîtrise de soi était une qualité première. Que se passerait-il si elle lâchait prise ? Peut-être son amant la verrait-il comme une femme dépravée, à la sexualité débridée et sans retenue ? Ce n'est pas un hasard si elle insiste, pendant l'acte sexuel, pour que les lumières soient éteintes... Quand je lui demande ce qu'elle craint, elle ne sait que répondre. Encore cette vieille histoire de femmes qui doivent résister aux hommes. Ou alors, craint-elle que Laurent ne profite de la situation ? Le danger est d'autant plus angoissant qu'il reste flou.

Émotionnellement, ce sont les hommes qui n'ont pas le droit de se lâcher. En revanche, sexuellement, ils n'ont que peu de frein. Pour les femmes, c'est l'inverse. D'ailleurs, quand Catherine et Laurent font l'amour, elle éclate en sanglots. Ce qui représente sans doute pour elle l'équivalent émotionnel d'une décharge orgasmique. Peut-on confondre excitation sexuelle et désir ? Les deux notions sont indissociables mais différentes. Le désir est plus un état psychologique, une attente, une espérance de quelque chose de mal défini qui manque. C'est une tension qui nous pousse vers un objectif à atteindre.

En résumé, on peut dire que pour accéder au désir il faut mettre en œuvre quatre processus cognitifs : un, avoir pris conscience de l'excitation sexuelle et l'avoir reconnue comme telle. Deux, la vivre avec volupté, sans inquiétude ni culpabilité. Trois, faire le lien entre cette excitation et le plaisir ultérieur qui en sera l'apothéose. Mais surtout, et c'est l'essentiel, donner une signification positive à tout ce processus et, d'une façon générale, à la sexualité.

Pas de désir sans fantasme

Catherine répond vivement à la question très directe, un peu provocante, que je lui ai posée : « Avez-vous des fantasmes sexuels ? » Elle est gênée comme si j'avais proféré une incongruité. Puis, elle rajoute : « Non, je n'ai pas de fantasme ! Mon mari m'a quelquefois parlé des siens mais moi, j'en suis sûre, je n'en ai jamais eu ». Bien sûr, nous abordons depuis quelques entretiens des parties très intimes de sa vie. Elle vient me parler de sa difficulté à avoir du désir et du plaisir, une difficulté ayant pratiquement toujours existé. Elle a 40 ans aujourd'hui. Elle a appris brutalement, il y a un mois, que son mari l'avait trompée. Une liaison passagère, sans lendemain. Pourtant, elle a provoqué une grave crise au sein du couple. Ce séisme de forte amplitude a mis à vif les points de fragilité de leur union et les souffrances de chacun.

Jacques, le mari de Catherine, a compris qu'il s'était sans doute laissé tenté par sa jeune collègue de travail à cause d'une insatisfaction latente. Avec sa femme, les rapports sexuels sont rares. Souvent, elle se refuse à lui. Quand elle accepte bon gré mal gré, il a l'impression qu'elle se force et n'y prend aucun plaisir. Selon lui, la relation sexuelle est un partage de plaisir qui devrait les rapprocher. Dans la réalité, il s'agit d'une satisfaction solitaire, peu gratifiante, qui est de plus gâchée par la vague culpabilité d'avoir contraint sa femme. Jacques et Catherine n'en avaient jamais parlé auparavant. Savaient-ils même que c'était un problème avant que l'adultère, ce passage à l'acte, ne le révèle brutalement ?

Catherine reconnaît que pendant toutes ses années, elle n'a pas pris de plaisir à l'amour. À ses yeux, c'était sans importance, le bonheur de sa famille et de ses deux enfants était l'essentiel. La sexualité n'était qu'un passage obligé auquel elle se résignait sans trop se poser de questions. Les hommes, pensait-elle, avaient des désirs, des besoins sexuels qu'il fallait bien satisfaire. Tout cela était dans l'ordre des choses. Pas de quoi s'inquiéter. La liaison de Jacques a été un électrochoc. Sa première réaction ? La souffrance, la colère et une incompréhension totale. Comment avait-il pu, pour une histoire de fesses, mettre en péril ce qui lui était le plus cher, à savoir sa famille ?

Puis, les premières émotions s'étant un peu calmées, elle s'est mise à réfléchir. Elle a réalisé qu'il était malheureux et qu'il manquait quelque chose d'essentiel à leur couple. Elle a commencé à se remettre en question. Pourquoi n'avait-elle jamais eu réellement de désir pour son mari, elle qui se prenait, il n'y a pas si longtemps, pour une épouse parfaite ?

Le fantasme, un simple rêve éveillé…

Cette réflexion l'a amenée à consulter. Elle avait beau tourner tout cela dans sa tête, elle ne s'en sortait pas toute seule, elle avait besoin d'aide. Sentant durant les entretiens une écoute bienveillante et respectueuse, elle s'était progressivement détendue jusqu'à la question abrupte et choquante à propos des fantasmes. Lorsque je lui demandai pourquoi, elle m'expliqua que, pour elle, les fantasmes étaient forcément des pensées perverses. L'idée même d'en avoir la gênait beaucoup. Ensemble, nous avons donc pris le temps d'en donner une définition plus précise.

Le fantasme est une production de l'imaginaire, une sorte de rêve éveillé dont la vocation est de provoquer une satisfaction, un plaisir. On l'associe la plupart du temps à la sexualité mais il existe aussi des fantasmes non sexuels. On peut rêver de faire le tour du monde à la voile, de gagner au loto ou bien de tordre le cou à son voisin. Ces scénarios conscients ne sont jamais, sauf cas pathologiques, confondus avec la réalité.

Lorsque Pierre rêve de piloter un avion de chasse, cet ingénieur en informatique de 45 ans, plutôt sédentaire, sait très bien qu'il s'agit d'un rêve qu'il n'a aucune chance de réaliser, si ce n'est virtuellement, sur son ordinateur. Ces rêves peuvent être plus ou moins proches du réel. Lorsque Karine s'imagine la star d'un défilé de mode, elle sait qu'un jour, peut être, la fiction pourrait devenir réalité.

Pour Stéphane, rêver qu'il est devenu Directeur Général de

son entreprise et qu'il en profite pour licencier en l'humiliant son chef de service est une profonde jouissance. Dans la réalité, Stéphane est sous ses ordres et supporte quotidiennement ses brimades en silence sachant que toute rébellion risquerait de lui faire perdre son emploi. Le rêve de Stéphane est construit à partir d'un problème qu'il vit dans son quotidien. À partir de cette base réelle, il brode un scénario très improbable.

Le fantasme dans la vie de tous les jours remplit différentes fonctions.

Pour Pierre, ses rêves donnent un peu de relief à une réalité un peu trop terne. Ses fantasmes lui apportent un plaisir peu coûteux, lui permettant de supporter plus facilement les contraintes d'une vie raisonnable.

Pour Karine, ils peuvent l'aider à se projeter dans l'avenir, définir ses ambitions, leur donner une direction, un sens. Le plaisir qu'elle en retire lui procure la force de se battre pour atteindre ses objectifs, l'encourage à persévérer dans ce milieu difficile de la mode.

Enfin, le fantasme permet à Stéphane d'évacuer un peu les frustrations qu'il accumule dans son milieu professionnel. Cela l'aide à supporter la relation difficile qu'il entretient avec son chef de service et l'empêche de céder à la tentation d'un passage à l'acte qui lui coûterait sa place.

Le sexuellement correct

L'être humain est capable de s'auto-érotiser par la pensée en créant des fantasmes. Cette production est une représentation mentale, consciente, susceptible de provoquer une excitation et un plaisir sexuel. Elle peut survenir spontanément ou bien être le résultat d'une démarche plus volontaire.

Pendant un cours d'anglais ennuyeux, l'esprit de Jérôme s'est laissé glisser dans une rêverie érotique dont il a été tiré brutalement par une question du professeur.

D'autres fois, le fantasme naît d'une démarche active visant à provoquer une excitation sexuelle précédant ou accompagnant très souvent une activité masturbatoire.

Loïc se souvient qu'adolescent, alors pensionnaire, il attendait avec impatience le moment du coucher et, enfin seul, dans le noir, il pouvait construire des scénarios où, acteur principal, il rencontrait de merveilleuses créatures. Ces rêveries se terminaient fréquemment par une masturbation. Apaisé, il s'endormait rapidement.

Mais alors, comment peut-on expliquer que malgré une aptitude certaine à la rêverie, beaucoup de femmes, comme Catherine, affirment ne pas avoir de fantasmes sexuels ?

Plus jeune, elle reconnaît qu'il lui arrivait quelquefois de laisser voguer son imagination ; mais précise-t-elle aussitôt, il s'agissait toujours de « scénarios très romantiques ». Il n'était jamais question d'acte sexuel, tout juste s'autorisait-elle l'évocation d'un baiser et sans jamais, bien sûr, aller plus loin.

Catherine est très surprise quand je lui explique qu'il s'agissait d'un fantasme.

Les représentations imaginaires mettaient effectivement en scène un homme et une femme. Il s'agissait sans conteste de relations sexuées et leur évocation provoquait bel et bien chez la jeune fille de l'époque un émoi, un plaisir que l'on peut sans hésiter qualifier d'excitation sexuelle.

Beaucoup de femmes, comme Catherine, censurent leurs rêveries. Elles en gardent la partie acceptable, celle qui concerne les sentiments amoureux et les situations romantiques. En revanche, elles éliminent tout ce qui pourrait évoquer d'une façon trop directe, trop crue, la sexualité. Les émois corporels sont jugés « vulgaires, dérangeants ». Donc, ils sont gommés, ne laissant apparaître que les émotions ; c'est le refoulement du corps au profit de la tête. En ce cas, l'acte sexuel proprement dit n'est pas mis directement en scène, il est seulement suggéré par des scénarios sentimentaux politiquement corrects. Néanmoins, malgré tous ces efforts de maquillage, ces productions imaginaires appartiennent au registre sexuel et provoquent bel et bien une excitation sexuelle et un plaisir certain.

Catherine admet sans difficulté qu'adolescente, elle passait de longs moments à rêvasser, activité très répandue chez les jeunes filles de cet âge.

Quand on interroge les garçons, il semble que la rêverie, si elle existe aussi, est moins longue et que son contenu est différent. Contrairement aux filles, la mise en scène du corps est quasiment systématique. De plus, elle s'accompagne pratiquement toujours d'une activité masturbatoire, elle, bien réelle. L'activité fantasmatique féminine étant moins reliée au corporel, elle ne débouche pas souvent sur une satisfaction sexuelle. Elle reste suspendue, pensée errante, sans racine, sans incarnation. Ceci explique que la rêverie soit si présente dans la vie des adolescentes mais sans être, pour elles, forcément reliée à la sexualité.

Tous les fantasmes sont un peu « pervers »

Catherine suit avec attention ce raisonnement mais insiste: « je croyais que dans les fantasmes, il était toujours question de scénarios pervers. »

Elle me donne comme références des lectures qu'elle a pu faire et qui l'ont confortée dans cette opinion. Elle affirme que chez elle, même si elle admet la rêverie, il n'a jamais été question de ça. Catherine a raison. Lors de notre maturation sexuelle, nous traversons successivement, pendant notre enfance, différentes phases où nous rencontrons toutes les pulsions dites perverses existant dans la sexualité humaine. C'est Freud qui le premier, en décrivant l'enfant, a parlé de pervers polymorphe. On comprend qu'il ait fait scandale à cette époque où le petit homme était assimilé à un ange asexué et pur.

Lorsque nous observons nos chers petits ou que, très honnêtement, nous replongeons dans de très lointains souvenirs, nous sommes obligés de donner raison au père de la psychanalyse. Les enfants sont tous à certains moments sadiques, masochistes, exhibitionnistes, voyeuristes, fétichistes... Mais évidemment, nous ne sommes pas dans le registre de la perversion adulte. Il s'agit d'une sexualité infantile très éloignée de celle, mature, des grandes personnes.

Nous passons par ces différents stades sans nous y arrêter, mais nous en gardons des traces soigneusement enfouies dans un coin de notre psychisme. La construction de nos fantasmes à l'âge adulte s'alimente de ce terreau pervers. Mais là aussi, la censure joue parfaitement son rôle. Suivant le degré avec lequel elle s'applique, on aura des scénarios très différents.

Dans certains cas, l'évocation de la pulsion perverse est évidente. Victor explique qu'il est très excité lorsqu'il s'imagine enchaîné à la merci d'une ou de plusieurs femmes particulièrement sadiques. Cet aveu le fait rire. Il sait parfaitement que jamais, dans la vie réelle, il ne souhaiterait se trouver dans cette position. Il n'est pas inquiet et ne craint pas d'être anormal en ayant ce type de pensée. Cette position lui permet sans doute d'accueillir ses pulsions perverses sans les censurer.

Pour Céline, c'est autre chose. Ses rêveries sont très différentes de celles de Victor. Elle s'imagine courant dans un champ fleuri, au printemps, vêtue d'une longue robe blanche. Elle tient la main d'un homme merveilleux et ils s'allongent tous deux dans l'herbe haute.

Il est très difficile, à première vue, d'associer une idée de perversion à cette scène bucolique et romantique. Mais une analyse plus fine montre le contraire. Céline insiste beaucoup sur la pureté. Les fleurs et la robe blanche ont cette fonction. N'est ce pas pour masquer le désir sexuel qui est présent en arrière plan et qui la gène ? Il ne faut pas oublier qu'elle est avec un homme merveilleux. Lorsque je pousse Céline à commenter cette scène, elle me dit qu'elle apprécie particulièrement être dans la nature, s'aimer dehors aux yeux de tous est beaucoup plus excitant que d'être enfermé dans une chambre à coucher. Même si dans son rêve elle n'évoque pas un rapport complet et se contente de donner la main à son amoureux, on peut très facilement imaginer une scène plus sexuelle et une tendance exhibitionniste chez Céline. Lorsqu'elle m'explique cela, sa dernière phrase déclenche une rougeur discrète des joues et elle proteste à peine lorsque je lui fais part de mon analyse. Elle est un peu troublée et déstabilisée.

À chacun ses scénarios…

Catherine n'est pas complètement convaincue. Elle admet s'être adonnée à la rêverie quand elle était adolescente. Mais aujourd'hui, adulte, cela ne se produit plus. Malheureusement, c'est vrai, elle ne rêve plus. Comme beaucoup de femmes, elle considère que c'est une perte de temps, indigne d'une personne adulte et responsable. Cette idée vient de son éducation. Elle s'est bien sûr renforcée quand, mère de famille, il a fallu faire face à de nombreux devoirs et contraintes. Elle devait affronter de longues journées partagées entre ses obligations familiales et professionnelles. Elle a appris à gérer strictement un temps devenu précieux. Est-il raisonnable, dans ce contexte, de le perdre à rêvasser ?

Il est bien normal que des éléments concrets, obligatoires, s'imposent et relèguent une activité dont l'intérêt est moins évident. Cependant, en se privant de son activité fantasmatique, Catherine a perdu du même coup un moyen essentiel pour alimenter son psychisme en énergie sexuelle. En tarissant cette source, elle s'est privée d'une force importante.

Elle comprend mieux à présent la place et le rôle de l'imaginaire dans la genèse du désir. Elle est décidée à revaloriser cette activité et à tenter de lui retrouver une place. Bien sûr, il n'est pas question de retourner à ses rêveries adolescentes, mais de construire un univers fantasmatique adapté à son âge et à son contexte de vie. « Ce travail », elle devra le faire seule, car l'imaginaire appartient à chacun de manière très personnelle. Même s'il existe de grands thèmes communs se retrouvant dans toutes les cultures et à travers toutes les époques, chaque scénario dépend strictement de chaque individu, de son histoire et de sa personnalité.

Catherine, pratiquement convaincue, m'oppose un dernier argument. Cette activité fantasmatique, si elle est très personnelle et intime, ne pourra pas forcément être partagée avec son mari. Peut-elle sans difficulté accepter l'idée de provoquer en elle une excitation sexuelle, sans que l'origine soit l'amour de son compagnon ? N'est ce pas un peu le tromper, le trahir que de prendre du plaisir seule, avec des scénarios dont il pourrait être absent ?

Je la rassure immédiatement. Il convient à nouveau d'insister sur la différence fondamentale entre le réel et l'imaginaire. Rêver que nous tordons le cou à un supérieur hiérarchique ne fait pas de nous des meurtriers. La vocation du fantasme n'est pas d'être réalisé. On peut même craindre que son passage dans le réel (que ce soit en le mettant en actes ou même seulement en mots pour le faire partager) risque de lui faire perdre sa substance, de le vider de sa valeur excitatoire. Il existe toujours une déception, un décalage entre l'émotion créée par un fantasme et celle ressentie si on essaye de le vivre.

On peut faire le parallèle avec la fréquente insatisfaction de l'artiste qui considère souvent que son œuvre ne reflète qu'imparfaitement l'émotion qu'il a voulu transcrire. Il a conscience en même temps qu'une réalisation parfaite n'est sans doute pas possible.

Contrairement à la réalité, le fantasme n'obéit à aucune loi, qu'elle soit matérielle ou morale. Cette liberté est la condition fondamentale pour donner à la production imaginaire toute sa richesse. En revanche, si le fantasme n'est pas fait pour être réalisé, il peut être joué, un peu à la manière des enfants qui font semblant « pour de faux » comme ils disent. Ils savent bien, lorsqu'ils jouent à la guerre, que si l'ennemi les tue, ils se relèveront. Cela ne les empêche pas de ressentir de fortes émotions.

Le couple peut s'adonner à ces jeux, en s'inspirant des fantasmes de chacun, mais attention, il y a une limite. La production imaginaire étant très personnelle et très différente d'un individu à l'autre, il n'est pas certain que l'excitation produite chez l'un suscite la même émotion chez l'autre. Ce partage est aléatoire. Si ce n'est pas le cas, forcer l'autre à jouer, c'est le contraindre à une activité sexuelle sans intérêt voire fort désagréable. Le jeu peut alors se transformer en cauchemar.

Rêver nous permet de réaliser un compromis entre nos pulsions sauvages, souterraines, pas très civilisées, et notre morale ou notre éthique personnelle, qu'elle soit philosophique, religieuse, ou les deux. Le fantasme est un arrangement peu coûteux, sans conséquence dans la réalité mais qui, comme une soupape de sécurité, permet d'éviter les effets négatifs des tensions trop fortes.

Dans la sexualité, le fantasme issu de notre univers pulsionnel s'arrange avec nos interdits, tout en apportant une énergie libidinale très utile pour que le désir sexuel puisse rester vivant. Parce que la réalité et le fantasme ne sont pas confondus, la rêverie ne rentre pas en compétition, ni ne menace la sexualité dans le couple. Bien au contraire, la stimulation du désir sexuel sera réinvestie dans la relation pour la fortifier.

Les contraintes morales sont, bien sûr, fondamentales dans une société humaine. Elles vont cadrer, limiter l'expression de la sexualité. Si, par extension, ces restrictions touchent aussi l'imaginaire, on risque de fortement anémier le désir. Évidemment, la censure peut, on l'a vu, rendre le fantasme plus acceptable, mais une censure trop sévère va conduire à sa disparition, à son refoulement pur et simple.

Pour rassurer complètement Catherine, je lui suggère que, sans aucun doute, son mari a aussi une activité fantasmatique et que ça ne fait pas de lui un être pervers mais au contraire un homme désirant et aimant.

Le fantasme doit rester imaginaire

Malgré tout, certains points restent pour Catherine encore obscurs. Elle a lu que certaines femmes avaient des fantasmes de viol et elle s'explique difficilement que l'évocation de ces actes violents et traumatisants puisse provoquer une excitation et favoriser un plaisir sexuel. Cet exemple la conforte dans l'idée qu'il y a quelque chose de malsain, d'inquiétant, voir de dangereux dans l'activité fantasmatique. Mais je lui rappelle qu'il n'est pas question de prendre le contenu du fantasme au pied de la lettre. Comme nos rêves, ils se composent de faits, d'images qui ont un sens caché, symbolique, souvent très différent du contenu réel. Les femmes qui évoquent le viol n'ont dans la réalité aucune envie d'en subir un. Cet acte serait vécu comme une violence horriblement traumatisante. Sa fonction excitatoire est présente uniquement dans le fantasme. D'ailleurs, n'oublions pas que dans ce cas, c'est la rêveuse qui, seule, est à l'origine du scénario ; elle est à la fois le metteur en scène, le scénariste, l'acteur et le spectateur. L'homme violeur n'est qu'un acteur qui lui obéit. Elle peut à tout moment, au gré de sa volonté, changer le déroulement de l'histoire. Cette mise en scène, dans bon nombre de cas, lui permet de vivre un plaisir sexuel sans culpabiliser. La contrainte lui donne l'illusion de ne pas être responsable de ses désirs : c'est l'autre qui la force, elle ne fait que subir.

Le second bénéfice du fantasme de viol est également l'expiation. Prendre du plaisir est permis puisqu'il est racheté par la souffrance. Elle est violentée, battue, lourd tribu qui lui donne la possibilité d'accéder à la jouissance sans culpabilité. En fait, il ne s'agit pas d'un vrai tourment (dans la réalité, il serait insupportable), mais l'idée de la punition est elle-même érotisée et source de jouissance. Ce montage est encore un compromis entre la pulsion et la morale qu'il n'est évidemment pas question de vivre pour de bon.

Toutes ces réflexions permettent à Catherine de comprendre que le fantasme n'est ni une pratique réservée à quelques pervers, ni quelque chose de dangereux. Ce n'est pas non plus une simple fantaisie apportant un peu de piquant à la sexualité. Elle a compris que l'activité fantasmatique était un des piliers principaux de l'érotisme humain. La sexualité est non seulement la rencontre de deux corps sexués mais aussi celle de deux subjectivités, de deux univers imaginaires. L'être humain a besoin, naturellement, de ces productions pour alimenter son désir sexuel. Elles permettent également de supporter les limites du réel, élargissant le champ sexuel et dégageant un espace de liberté indispensable au désir, incompatible avec le cadre limitant mais nécessaire de la morale.

Le fantasme de base, bien que répétitif, n'entraîne jamais de lassitude. Il permet toujours une stimulation du désir, sans doute, justement, parce qu'il n'est jamais satisfait. Une des raisons majeures expliquant la moindre fréquence du fantasme chez les femmes est sans aucun doute leur plus grande inhibition sexuelle. Elles ont également plus souvent des fantasmes sentimentaux où il existe un contexte relationnel d'amour et d'affect et qu'elles n'identifient pas comme tels.

L'évocation de l'imaginaire au cours d'une consultation où il est question de trouble du désir est fondamentale. Cela permet de comprendre quelles sont les représentations mentales de la patiente concernant sa sexualité mais surtout de lui donner l'autorisation et de lui montrer l'intérêt d'une activité fantasmatique en la déculpabilisant et en la revalorisant.

La masturbation chez les filles et chez les garçons

On peut difficilement parler de fantasme sans évoquer la question délicate et controversée de la masturbation, pratique qui, malgré sa forte répression au cours de l'histoire humaine, a toujours existé.

Si, à la puberté, la grande majorité, pour ne pas dire la totalité des jeunes garçons y a recours, il n'en est pas de même pour les filles. On ne retrouve pas cette différence de comportement chez les très jeunes enfants qui découvrent leur corps et le plaisir qu'il leur procure, de façon identique, qu'ils soient filles ou garçons. D'où vient cette évolution divergente ?

Sur le plan historique, les causes de la répression de la masturbation ne sont pas les mêmes pour les hommes et pour les femmes. Du côté masculin, c'est l'onanisme qui est réprouvé, c'est-à-dire la perte, la dilapidation de la précieuse semence qu'est le sperme, fait pour procréer. Les religions en général, et la morale chrétienne en particulier, condamnent cette pratique. Seule une fécondation potentielle justifie l'acte sexuel. La pratique solitaire, dont le seul but est le plaisir, est donc hautement déviante.

Le sperme a également été très longtemps assimilé à un liquide vital, au même titre que le sang. Gaspiller cette énergie affaiblissait l'homme, allant jusqu'à mettre en danger sa santé physique et mentale. Cette théorie qui parcourt les siècles a survécu jusqu'à nos jours. Il n'est pas rare d'entendre encore certains affirmer qu'un homme qui se masturbe risque une baisse de ses performances intellectuelles ou sportives !

On peut, bien sûr, le dire aussi des femmes mais il existe des raisons particulières à la répression de l'auto-érotisme féminin. Lorsqu'elles se masturbent, dans la plupart des cas, elles ne stimulent pas leur vagin mais leur clitoris. Cet organe a été longtemps considéré comme un pénis miniature. On a eu peur, par le passé, que s'adonnant à cette pratique, les femmes puissent se passer des hommes, qu'elles deviennent des femmes phalliques se suffisant à elles-mêmes et se détournant, de ce fait, de leur fonction procréatrice. La suprématie masculine serait alors menacée. De plus, on craignait que ces « mauvaises habitudes » ne les entraînent dans une sexualité incontrôlable et débridée.

Réapparaît là le mythe de la femme immature, incapable de maîtriser ces pulsions, et relevant pour cette raison d'une répression musclée. Le clitoris a été longtemps considéré comme un organe dangereux, capable d'inciter les femmes à la débauche sexuelle ou à la déviance. À certaines époques de l'histoire, on n'a pas hésité à le brûler ou à le couper. Les pratiques de l'excision dans certaines cultures relèvent de la même logique. Une vraie femme ne peut avoir qu'un vagin pour recevoir le sexe et la semence de l'homme et un utérus pour devenir mère. Le clitoris, organe du plaisir est inutile.

Les hommes craignent de voir leur virilité menacée par cet organe qui rappelle le pénis. C'est toute l'angoisse et la fragilité de l'identité masculine qui s'exprime au travers de cette peur. On comprend aisément que l'interdit frappant la masturbation féminine n'ait pas le même enjeu. Agnès me rapporte les propos de sa mère l'ayant surprise, à 13 ans, en train de se caresser : « Si tu caresses trop ton bouton de rose, il va grossir et on ne saura plus si tu es une fille ou un garçon. Personne ne voudra se marier avec toi et peut-être que tu ne pourras pas avoir d'enfant. »

Agnès a pris très au sérieux cette mise en garde. Elle se sentait déjà vaguement coupable mais sa mère venait de lui fournir une vraie bonne raison de s'inquiéter. Par la suite, elle a regardé sa tante différemment. Cette dernière, un peu androgyne, ne pouvait avoir d'enfant. Ses parents en parlaient à mots couverts. Cette tante s'était-elle trop masturbée quand elle avait son âge ? Jérémie, lui, raconte une histoire bien différente. Lui aussi, surpris par son père alors qu'il était censé travailler son devoir de mathématiques, fut légèrement réprimandé. Mais ce dernier prit un air complice, lui signifiant qu'il acceptait tacitement l'expression de la sexualité de son fils, reconnaissant ainsi son appartenance à la communauté masculine. Néanmoins, il émit quelques réserves : il ne fallait pas qu'il se disperse trop, ses études étaient plus importantes et elles méritaient qu'il y consacre toute son énergie.

Dans le premier cas, la menace est terrible. C'est l'identité féminine elle-même qui est en jeu. Dans le second, c'est plutôt l'inverse : se masturber pour un garçon le conforte dans sa virilité. Mais il existe encore d'autres explications à ces différences. On a vu précédemment que, chez la jeune fille, le corps était souvent refoulé, la sexualité restant au niveau mental. Cette désaffection corporelle privilégie les rêveries romantiques en ignorant les sensations physiques. L'auto-érotisme est alors purement cérébral, éliminant du même coup la notion de masturbation. Pourtant, on voit parfois le corps, malgré tout, entrer en scène dans des pratiques archaïques de pression ou de serrement des muscles des cuisses. Ces manœuvres sont à peine conscientes. Elles sont rarement assimilées à une véritable masturbation. Myriam m'explique qu'adolescente, elle s'allongeait à plat ventre sur son lit en frottant son ventre sur un coussin pendant que son esprit vagabondait. Elle n'a jamais fait le lien entre cette pratique et la sexualité. Elle avoue tout au plus : « ça me détendait... »

Apprendre à jouer avec son désir

Quelles sont les conséquences de ces différences comportementales entre filles et garçons ? Il n'est pas rare qu'une jeune fille arrive à sa première relation sexuelle avec une totale méconnaissance des réactions de son corps. Elle attend passivement que l'homme les lui révèle. Malheureusement, souvent jeune, inexpérimenté et connaissant mal le fonctionnement féminin, tout simplement parce qu'il est du sexe opposé, il est très mal placé pour y parvenir. L'homme, centré sur le coït, privilégiera la pénétration alors que la femme a un vagin encore immature et peu réactif. Le clitoris sera négligé, voire ignoré. Dans cette situation, il est évident que la jeune femme a peu de chance d'atteindre l'orgasme.

Une théorie contemporaine de l'avènement de la psychanalyse soutenait l'existence de deux types de sexualité féminine : l'une immature et infantile, clitoridienne, et l'autre, digne d'une femme adulte et épanouie, vaginale. Se masturber était donc considéré comme un comportement régressif. La femme, en restant fixée sur des attitudes infantiles, ne pouvait accéder à une sexualité adulte, coïtale, la seule ayant droit de cité. Le jugement n'est pas si sévère pour les hommes, le pénis servant autant à la masturbation qu'au rapport sexuel. Actuellement, il est admis que l'orgasme est identique qu'il ait pour origine une pénétration, une stimulation clitoridienne ou même simplement un fantasme.

En conclusion, il apparaît que l'auto-érotisme, qu'il soit fantasmatique ou masturbatoire, est une expérience primaire fondamentale permettant une maturation harmonieuse de la sexualité. La masturbation mène à l'autonomie sexuelle d'une personne, femme ou homme. C'est une étape importante et structurante, créant des conditions favorables au partage de l'expérience sexuelle avec un partenaire. On fait d'abord l'amour avec soi avant d'être capable de le faire avec un amant.

La pratique solitaire introduit la notion de disposition au désir. Il est fondamental pour une femme d'apprendre à le faire naître et monter, d'accepter qu'il s'éloigne et de le voir revenir, de savoir l'accueillir et le retarder. Pouvoir jouer avec son désir permettra ensuite de pouvoir partager ce jeu avec l'autre. Le préalable semble être la capacité à se concentrer sur soi pour pouvoir, dans un deuxième temps, intégrer l'existence du désir de l'autre. L'auto-érotisme permet l'apprentissage de ce jeu où, au départ, le partenaire est imaginaire. Dans ce cas, il ne s'agit pas d'une masturbation archaïque, instinctive, furtive, cherchant seulement la détente d'une tension, mais au contraire d'une pratique beaucoup plus élaborée reposant sur les fantasmes.

Le désir, d'abord mental, va provoquer une série de réactions corporelles appelant alors, et seulement alors, la caresse. Inverser ce schéma en commençant par une stimulation physique ne permet d'obtenir au mieux qu'une réaction purement réflexe, peu satisfaisante et, au pire, rien du tout. Plus tard, l'adulte, même épanoui, a besoin de se retrouver, de se ressourcer dans cette expérience personnelle. C'est une communion avec soi-même, avec un espace de liberté sans contrainte. Il y trouve l'énergie qui lui permettra d'alimenter sa relation à l'autre.

Ces notions sont fondamentales en ce qui concerne les femmes pour qui, semble-t-il, il reste à faire un gros travail d'autonomisation de leur sexualité. Elles doivent sortir à tout prix de leur position passive et devenir responsables de leurs désirs et de leur plaisir.

LA PASSION, SINON RIEN…

« Il y a quelques mois, lorsque j'ai rencontré Éric, j'étais passionnément amoureuse. Mais depuis que nous vivons ensemble, j'ai de moins en moins de désir pour lui. » Séverine se désole car ce n'est pas la première fois qu'elle fait cette expérience. C'est d'ailleurs la répétition de ses échecs relationnels qui la pousse à venir me consulter. « Je suis un cœur d'artichaut, me dit-elle, et ça ne me plaît pas. » Elle ajoute, les larmes aux yeux : « Je ne serai peut-être jamais heureuse en couple. » Elle a 25 ans. Avant, il lui semblait normal d'être insatisfaite. Elle n'avait tout simplement pas rencontré la bonne personne. Elle était jeune, belle. Elle avait le temps. Pas de quoi s'inquiéter.

Cette dernière histoire l'a ébranlée. Elle en était si sûre : Éric serait l'homme de sa vie ! Il correspondait en tout point à ses rêves. Physiquement très séduisant, il était aussi aimant, attentionné, sérieux et sécurisant. Il était pour Séverine l'incarnation du prince charmant. D'ailleurs, elle en avait parlé largement à sa meilleure amie Béatrice. Cette dernière (une habituée des histoires amoureuses de sa copine) l'avait patiemment écoutée, sans faire trop de commentaires. À peine s'était-elle permis une pointe d'humour concernant la liste déjà longue des « princes charmants ». Cette réflexion n'avait pas plu à Séverine. Elle l'avait mise sur le compte de la jalousie. En effet, son amie était en couple depuis trois ans déjà et ne paraissait pas vivre une relation vraiment passionnée.

Cependant, lorsque quelques mois plus tard elle s'est confiée à nouveau en exprimant son désarroi, Béatrice n'a pas été très tendre. C'est elle qui a parlé de « cœur d'artichaut » et d'inaptitude au bonheur. Séverine a été très touchée par ces paroles. Passée la première réaction de colère face à la « cruauté » de son amie, elle a réalisé que sa situation était vraiment préoccupante.

La logique du tout ou rien

Lorsque j'analyse avec elle les différentes histoires vécues, de grandes similitudes apparaissent. L'enthousiasme initial est toujours présent. Au début, l'homme rencontré paraît parfait. Il correspond à ce que Séverine attend. Invariablement, cela déclenche en elle un sentiment amoureux très vif et un désir très fort. Mais après un temps, qui varie de quelques semaines à quelques mois, se produit inévitablement la désillusion. Les certitudes s'évanouissent. La magie s'envole. L'autre apparaît dans une réalité décevante comparativement à la perfection du début.

Pour Séverine, ce changement signe la disparition de l'intérêt et du désir. La seule solution qui s'impose à elle ? La rupture. Elle n'a pas d'autre issue, jusqu'à la prochaine rencontre où l'histoire, à nouveau, va se répéter. Je lui montre que son système repose sur une logique du tout ou rien. Elle est soit dans la perfection, soit dans une réalité imparfaite qu'elle rejette. N'y aurait-il pas une position intermédiaire qui, tout en s'alimentant de la magie du début, pourrait s'accommoder d'une réalité qui n'est pas forcément si négative ?

Séverine m'écoute en fronçant le nez. Ce scénario ne l'enthousiasme pas. « Mais il faudrait que je renonce à mes rêves », suppose-t-elle. Oui, j'ai bien peur qu'il s'agisse un peu de cela. Mais faire le deuil de certains rêves, n'est-ce pas devenir adulte ? Il ne s'agit pas d'un renoncement total. On garde ses rêves au fond de soi comme une richesse, un patrimoine, mais on y croit bien moins. On sait parfaitement que la réalité est autre. L'acceptation de cette faillite, de ce manque, de cette imperfection caractérise le dépassement de l'âge infantile, condition obligatoire pour pouvoir construire sa vie d'adulte.

Séverine, elle, veut continuer d'y croire. Elle s'y accroche. L'étape passionnelle la conforte dans l'existence de sa représentation idéaliste. En effet, la passion est un leurre qui nous permet de voir l'autre comme l'être parfait, celui qui correspond totalement à nos attentes. Malheureusement, il s'agit là d'un merveilleux mirage qui, en s'évaporant, laisse la place à une réalité certes moins belle, mais beaucoup plus vraie. Ce refus du réel mène Séverine à une impasse. Rompre est la seule solution lui permettant de garder son rêve intact. La rencontre suivante sera sûrement la bonne ! Elle continue d'espérer mais se condamne finalement à errer toute sa vie en quête d'un paradis qui n'existe pas.

Les mirages de la passion

J'essaie d'expliquer à Séverine ce qui se passe dans la passion, cet état très particulier qui marque souvent le début d'une relation amoureuse. La personne qui est l'objet de cet amour passionné présente certaines caractéristiques qui vont résonner « en soi », toucher des points sensibles de l'inconscient. À partir de là, il se produit un déclic et un processus quasi délirant de construction d'un personnage imaginaire se met en marche. Une partie seulement de cet objet d'amour sert de support à la projection de l'amant, seule cette partie est réelle, tout le reste n'est que fiction. Ce personnage aimé est ignoré dans sa réalité. Il n'est pas choisi pour ce qu'il est mais pour ce qu'il produit en soi, c'est à dire un amour idéal. Le passionné le voit tel qu'il veut qu'il soit et non comme il est vraiment. Ses défauts sont gommés.

La passion prend naissance à l'intérieur du sujet et se nourrit de ses fantasmes et de ses représentations mentales. La partie réelle de l'autre sert de support à ses projections imaginaires. Malgré tout, il faut admettre que l'état passionnel ne nous laisse pas indifférents. À travers la littérature, de Shakespeare à Madame Bovary, ainsi que pour toute autre forme de fiction, nous voyons bien que les récits contant la passion amoureuse nous touchent, nous attirent et exercent même sur nous une véritable fascination. Ils nous donnent à voir l'idéal de l'amour le plus pur, celui qui serait plus fort que la mort, et il est bien normal que nous nous laissions convaincre un instant qu'il existe. N'avons-nous pas besoin quelquefois d'adhérer à ce mythe de l'amour absolu? La passion, outre une rencontre, ne correspond-elle pas à une énergie importante nous permettant de sortir un peu d'un destin trop terne et sans relief ? Et de répondre au besoin d'infini, nécessaire à tout être humain ?

De fait, la passion se situe aux marges de la folie, cette frontière incertaine entre les paroxysmes émotionnels qu'elle déclenche et le délire des états psychiatriques avérés. Dostoïevski, par exemple, nous donne de très bonnes descriptions de l'intensité de ce ressenti. Le sens étymologique du mot passion évoque, en latin, l'idée de souffrance, souffrance physique évoquée dans la passion du Christ mais aussi maladie de l'âme décrite par Kant. Pour certains, comme Descartes, la passion dépend du corps et va agir négativement sur l'âme. Conflit âme/corps, conflit entre raison et passion, le passionné est un être soumis, aliéné, qui ne s'appartient plus. Il a perdu le contrôle de lui-même. Cette idée peut faire peur.

Il est sans doute sage de considérer tout simplement la passion comme une turbulence utile et une formidable expérience, source d'énergie positive, mais en se gardant de la confondre avec l'amour et de vouer sa vie entière à la quête permanente de cet état d'exaltation. J'explique à Séverine que dans l'amour, il peut y avoir après cette phase initiale une autre étape. Il faut, pour cela, prendre correctement ce virage, accepter le changement. Passer de l'éphémère au long terme suppose un investissement personnel, une recherche. Les émotions perdent de leur intensité mais peuvent gagner en profondeur. La réalité n'est pas forcément rébarbative. Elle a l'avantage d'être authentique. La relation s'enracine sur des bases solides et non plus sur les sables mouvants du mirage. On peut construire sa relation à l'autre pierre par pierre, dans le long terme. Le temps n'est plus un ennemi. Il devient un allié.

Entretenir le désir

Mais que devient le désir ? Bien sûr, il perd son caractère intense et spontané. Il convient donc de le stimuler, de l'entretenir pour qu'il perdure. Au grand feu de paille dégageant une vive chaleur et beaucoup de lumière doit succéder le rougeoiement de la braise nécessitant des soins attentifs et constants. « Mais je croyais que le désir devait être spontané, que la sexualité était naturelle », me dit Séverine.

Nous ne sommes pas que des lapins ou des ratons laveurs à la sexualité animale, dite « naturelle ». Notre cortex est bien trop développé pour que nous soyons proches de notre instinct de mammifère. Même si, dans la phase passionnelle, le désir est spontané, il est le produit de représentations mentales complexes bien éloignées du comportement animalier. La notion d'effort semble peu compatible avec l'idée qu'on peut se faire du désir ; pourtant, celui-ci paraît être le prix à payer si l'on souhaite vivre une relation amoureuse dans la durée. Sinon, on est obligé d'accepter sa vie sexuelle comme une succession d'expériences de courte durée.

Mais, existe-t-il une différence face à ce problème entre les hommes et les femmes ? Le désir masculin est plus incarné, plus solide et plus constant. Il résiste mieux à la tempête passionnelle. Bien sûr, lui aussi, après l'orage émotionnel, va décroître. Mais il se maintient le plus souvent à un niveau suffisant pour ne pas mettre en danger l'avenir du couple. Du côté féminin, on a vu qu'il existait fréquemment un clivage entre la tête et le corps. Ce défaut d'incarnation et cet investissement massif dans le mental vont rendre le désir particulièrement fragile après la disparition de la passion. L'habillage romantique souvent présent, qui trouve naturellement une place dans l'exaltation passionnelle, est moins compatible avec la vie amoureuse au quotidien. Par ailleurs, nous avons vu que l'inhibition, le contrôle moral, philosophique ou religieux touchent plus sévèrement la sexualité féminine. Quelquefois, seule la passion, grâce à sa force exceptionnelle, permet de faire sauter ce verrou. En dehors de cette situation, les portes se referment et empêchent l'émergence du désir.

Catherine est dans ce cas. Cette jeune femme de 32 ans a eu une éducation religieuse très stricte. La sexualité était un sujet tabou dans la famille. À la notion de plaisir, on opposait systématiquement les efforts et le travail qui seuls l'autorisaient. Pour Catherine, désirer un homme n'était pas concevable. Ses rêves d'adolescente s'organisaient autour de l'idée du mariage et de la maternité. Lorsqu'elle rencontre Pierre, il se produit un séisme. Leur amour naît sur un mode passionnel qui va transformer la jeune femme. Elle, si réservée, va pendant quelques temps sortir littéralement d'elle-même. Elle évoque en rougissant cette période de folie où elle était capable de téléphoner à son ami en pleine nuit pour lui dire son amour.

Catherine à ce moment de sa vie découvre le désir. Il est intense, envahissant. Il occupe ses pensées quasiment en permanence. Elle ne vit plus normalement, dort et mange à peine. Son entourage s'inquiète. Sa mère la croit malade. Catherine présente Pierre à ses parents. Ils se fiancent puis se marient l'année suivante. Ils vivent ensemble depuis cinq ans maintenant. Leur petite fille a 2 ans. Et ils viennent consulter parce que Catherine n'a plus de désir sexuel. Pierre m'explique que déjà, à l'époque du mariage, il avait disparu. Leur voyage de noces à Venise, malgré les gondoles, a été très sage. Catherine me dit qu'elle a retrouvé la raison, la sagesse et j'ajouterais, la forte inhibition qui maintenait sa sexualité à distance.

L'étape passionnelle avait levé momentanément un couvercle qui s'est ensuite pesamment refermé. Elle est revenue à ses représentations antérieures où le désir sexuel n'avait pas sa place. Pierre a du mal à comprendre pourquoi, s'il a existé, il a maintenant disparu. Le sien aussi a perdu en intensité. Il a reçu également une éducation assez stricte. Néanmoins, étant homme, il a toujours imaginé dans sa vie une place pour la sexualité. L'absence du désir de son épouse le gène et l'inquiète. Il n'imagine pas une sexualité hors mariage mais, à 35 ans, il ne se voit pas non plus renoncer définitivement à l'amour.

Pour sa femme, à l'inverse, son éducation ne l'a pas préparée à une vie sexuelle. Sa position d'épouse et de mère la comble. Le désir du début lui paraît à présent déplacé et incongru. C'était tout au plus une folie passagère qu'avec le recul, elle a du mal à comprendre.

Catherine associe le désir à la passion, seul moment où elle l'a connu. Elle m'explique que cet état lui fait plutôt peur. Il est synonyme, pour elle, de perte de contrôle. Il a donc une connotation très péjorative. Elle considère même qu'il est incompatible avec la vie rangée et raisonnable d'une mère de famille. Le travail sera sans doute long avec Catherine pour qu'elle puisse dissocier désir et passion et pour que la sexualité ne soit plus synonyme pour elle de culpabilité et de danger. Pour Séverine comme pour Catherine, il sera nécessaire de comprendre les liens et les différences existant entre désir et passion.

Si, lors de l'étape passionnelle, le désir sexuel est souvent intense, il peut cependant survivre à l'extinction de ce vécu éphémère ; il change alors de caractéristiques. Moins constant, plus fragile, il n'est plus aussi spontané. Il nécessite d'être entretenu pour perdurer. Moins puissant, il ne résiste parfois pas à l'inhibition sexuelle. La sexualité féminine, plus romantique, mentalisée et inhibée, est plus exposée que celle des hommes à cette problématique.

Un jour, mon prince viendra...

Le désir peut se définir dans les deux sexes comme la recherche de la satisfaction de la pulsion sexuelle. Cette force est un élan vital. Il a pour objectif l'assouvissement d'un appétit, telle la faim poussant l'être humain à se nourrir quand son corps le réclame. La double question qui se pose immédiatement est de savoir si cette quête existe aussi bien chez la femme que chez l'homme et si elle se manifeste de la même manière.

Le désir naît d'un manque

Une première notion apparaît comme fondamentale : le désir naît d'un manque. Retournons, pour comprendre cela, à l'aube de notre vie. Marion est une petite fille née il y a tout juste trois semaines. Elle a pris son dernier repas il y a quelques heures déjà. Après un sommeil paisible, la sensation de faim l'envahit progressivement. Son estomac le lui rappelle impérieusement et douloureusement.

Elle commence à grogner puis, petit à petit, se met à crier et à s'agiter avec une énergie qui laisse deviner l'ampleur de sa faim. Son visage est rouge et crispé et ses petits poings serrés tremblent de colère. Sa mère, qui a clairement compris le message va, sans trop tarder, la mettre au sein.

Après une phase d'absorption gloutonne pendant laquelle Marion reste très concentrée sur son activité, elle se détend très progressivement. Son corps et les muscles de son visage se relâchent. Le rythme de la tétée ralentit. Il ne fait aucun doute que Marion éprouve un grand plaisir ; la faim est moins impérieuse, elle cesse d'occuper le devant de la scène. Le bébé laisse le lait tiède et sucré remplir sa bouche. Cette chaleur, cette douceur et l'odeur de sa mère l'envahissent. Elle vit intensément ce grand moment de bonheur qui est bien plus, on s'en doute, que la simple satisfaction d'un besoin alimentaire.

Le plaisir oral est une des premières étapes de la construction de sa sexualité infantile qui va s'inscrire dans sa mémoire comme une expérience fondatrice. Marion va rester longtemps au sein de sa mère, n'ayant plus du tout faim, mais continuant quelque temps, avec la complicité maternelle (qui, elle aussi y trouve un grand plaisir) à suçoter le bout du mamelon. Puis, apaisée, elle s'endort. Alors, c'est à peine si l'esquisse d'un sourire béat trouble la quiétude de son visage.

On est d'emblée frappé par la similitude qui existe entre cette scène adorable d'amour maternel et ce qui se passe entre deux amants. Marie et Jean ont pensé toute la journée l'un à l'autre. Ils doivent se retrouver le soir après plusieurs jours de séparation. Ils sont très amoureux. Lorsque Marie arrive enfin chez son ami, son cœur bat très fort. Ils n'ont vraiment pas envie de discuter. Ils tombent dans les bras l'un de l'autre. Leurs gestes sont fébriles, leurs visages tendus par le désir. L'intensité de la force qui les pousse l'un vers l'autre est palpable. Après l'enchaînement des gestes de l'amour viendra le plaisir orgasmique et puis l'apaisement. La relation continuera encore quelque temps dans un échange de tendresse puis ils s'endormiront dans les bras l'un de l'autre.

Mais revenons à Marion. Elle aura maintes fois l'occasion de vivre cette expérience. Elle sera progressivement capable en puisant dans sa mémoire d'imaginer le plaisir qui l'attend. Cette possible anticipation est fondamentale. Elle lui permettra de se satisfaire elle-même, de patienter et donc d'être déjà indépendante de sa mère. Il se créera une distance entre le besoin et sa satisfaction immédiate. Il s'agit d'un grand progrès dans la maturation de ce nourrisson qui jette les bases de son activité fantasmatique future. Mais surtout, l'ensemble de ce processus va créer le désir.

… Et le désir renaît

Cette expérience fondamentale sera renouvelée tout au long de notre vie avec, bien sûr, des différences suivant l'âge. Nous ne resterons pas au stade de Marion, qui pour l'instant désire uniquement le contact avec sa mère, mais nous retrouverons les mêmes ingrédients : la pulsion très forte, instinctive, le plaisir de la satisfaction de cette pulsion et le désir découlant automatiquement du manque, car la satisfaction ne peut être permanente.

Tout se passe comme si, durant toute son existence, l'être humain cherchait l'apaisement d'un manque qui malheureusement restera toujours inassouvi dans une quête du Graal jamais achevée. C'est le mythe de la séparation du tout, chaque partie cherchant, sa vie durant, à retrouver sa moitié. C'est aussi le mythe du paradis perdu, référence religieuse ou bien évocation du nid utérin douillet que l'on quitte un jour à regret, puis que l'on cherche inlassablement à retrouver.

Cette puissance formidable va pousser un être vers l'autre avec une intensité qui nous dépasse. C'est la recherche frénétique du plaisir où l'orgasme peut être vu comme le point final, appelé aussi « petite mort », car elle laisse les amants sans désir et presque sans vie. Heureusement ou malheureusement, le désir va renaître inlassablement tel le Phœnix de ses cendres, et la quête reprendre.

Toutes les sociétés humaines, y compris les plus archaïques, ont toujours bâti un cadre bien défini pour contenir cette force, car son aspect difficilement contrôlable est déstructurant. En effet l'individu, dans sa recherche du plaisir, va délaisser les intérêts de la communauté pour ne plus se soucier que de son propre devenir ; les amoureux sont seuls au monde. Ils se suffisent à eux-mêmes. La terre peut s'écrouler, ils n'en ont que faire.

Les femmes, par leur fonction maternante, assurent la base essentielle de la cellule familiale et donc de la construction sociale. Elles doivent, plus que les hommes, être détournées de cette folie sous peine de menacer les fondations et donc la stabilité de la société. De ce fait, on leur a enseigné de tout temps à contenir et à modérer leur désir. Le seul qui leur soit permis, où elles peuvent mettre un peu d'intensité, est le désir d'enfant. Celui-ci est légitime et encouragé.

Mais revenons à Marion et observons si sa mère réagit

avec elle comme elle l'a fait avec son frère Nicolas, qui a deux ans de plus. À la naissance, c'est un bébé solide de presque quatre kilos. Solide, robuste, sont des termes tout à fait adaptés pour un garçon. Les parents sont fiers de leur progéniture. Lorsqu'il a faim, il vocifère bruyamment et sait se faire entendre. Sa mère répond rapidement à sa demande. Elle trouve rassurante cette détermination toute « masculine » et le père ne manque pas de souligner fièrement qu'il a du caractère. Ce comportement est bien accueilli par les parents. De ce fait, il va être plutôt encouragé.

Pour Marion, c'est un peu différent. Elle est légèrement plus petite que son frère. Elle pèse seulement, si l'on peut dire, trois kilos cinq cents ! Lorsqu'elle réclame son repas, sa mère ne se précipite pas pour la mettre au sein ; elle lui parle d'abord, l'invitant à être patiente et raisonnable, la calmant un peu avant de la nourrir. Peut-être Marion apprendra-t-elle plus vite que son frère à ne pas chercher à satisfaire immédiatement sa pulsion ? Peut-être pourra-t-elle ainsi imaginer et créer un espace entre envie et plaisir ? Ce ne sont bien sûr que des suppositions, un grand nombre de paramètres entrant également en jeu.

Plus tard, Marion deviendra une femme ; elle aura du désir, mais il sera sans doute moins impérieux, plus médiatisé par la parole, plus soutenu par la rêverie que celui de l'homme qui partagera sa vie. Marion n'a pas moins d'appétit que son frère mais, très tôt déjà, elle va apprendre dans la relation à ses parents un comportement légèrement différent de celui de Nicolas.

Une mère « bien dans son sexe »

Certaines femmes éprouvent plus le désir d'être désirées qu'un désir réel. On ne peut entrer dans le jeu complexe du désir avec l'autre que si l'on se sent désirable. Pour ce faire, il faudra un peu s'aimer soi-même. Les bonnes relations que la petite fille tisse avec ses parents sont essentielles. D'abord, elle a besoin du regard bienveillant de sa mère. Une mère qui est à l'aise avec sa propre féminité donnera à sa fille une image positive du sexe féminin.

Marianne m'a confié qu'elle trouvait sa mère épatante lorsqu'elle était enfant. « Je la voyais belle, intelligente. Elle avait le don d'aimer et d'être aimée. Je n'avais qu'une hâte, sortir de mon cocon pour que la chrysalide devienne un beau papillon comme elle ; j'avais hâte de grandir. » Clotilde avait une mère bien différente. Beaucoup plus sévère avec elle qu'avec ses jeunes frères. Elle lui a expliqué très tôt qu'être une femme consistait à souffrir toute sa vie. Pour elle, la féminité était une malédiction vécue avec résignation. Son destin était de subir son mariage et d'élever dignement ses enfants. Elle la mettait en garde pour qu'elle s'y prépare et ne s'illusionne surtout pas. Nulle trace de désir ni de plaisir dans tout cela. Elle n'avait que des devoirs.

Une femme « bien dans son sexe » vivra sereinement les différentes étapes de sa vie sexuelle : puberté, grossesse, accouchement, ménopause, soit tous ces moments marqués par le sang qui rythment la vie d'une femme. Ces derniers, à l'inverse, pourront être vécus comme autant de drames angoissants scellant le destin féminin.

Cathy est une grande jeune femme d'origine martiniquaise. Elle a mené une vie sereine jusqu'à l'âge de 12 ans. Là, ses malheurs ont commencé. Elle était au courant du secret des règles (même si sa mère ne lui en avait jamais parlé, ses copines s'en étaient chargées). Elle avait presque hâte de les avoir car, pour elle, c'était devenir grande. Or, il est bien naturel qu'une petite fille ait envie de grandir.

Le jour où elle a vu les premières taches de sang sur sa culotte, elle s'est précipitée en criant, très euphorique, dans le salon où se tenait sa mère. Une gifle l'a stoppée nette dans son élan. Ce geste était grave car elle n'était pas habituée à être corrigée. Elle est restée sans voix. Qu'avait-elle fait de si répréhensible ? Sa mère l'a envoyée sévèrement dans sa chambre en la priant de se laver. Vite, il fallait effacer les taches qui désormais, dans son esprit, seraient associées à la honte d'être salie. Sa mère est ensuite venue lui parler. Vingt ans plus tard, Cathy se souvient encore de chaque mot prononcé. Finie l'insouciance, elle n'était plus une petite fille. Il fallait qu'elle fasse attention, qu'elle se méfie des hommes, se cache, ne se promène plus en petite tenue y compris à l'intérieur de la maison, en présence de son père ou de ses frères. Une longue série de contraintes perturbantes pour une gamine de 12 ans furent énoncées. Devenir femme, c'était donc cela ! Ce qu'elle a lu sur le visage de sa mère l'a inquiétée. À partir de cet instant, on est devenu plus sévère, plus exigeant avec Cathy. Très souvent, elle s'est surprise à envier le sort de ses deux frères qui ne semblaient pas avoir les mêmes soucis. Contrairement à elle, plus ils grandissaient, plus ils gagnaient en autonomie et en liberté. Cathy me confie qu'à partir de ce moment, elle s'est sentie coupable aux yeux des siens et notamment de sa mère. Mais quelle faute avait-elle commise? Peut-être, simplement, était-ce d'être née fille ?

Comment le père valorise la fille…

De même, le regard du père sur sa fille est fondamental. C'est le premier homme dans la vie d'une femme et souvent, celui qui restera longtemps le plus important. Il doit porter sur sa fille un regard désirant mais, bien sûr, sans transgresser l'interdit de l'inceste. Le père doit valoriser la féminité de sa fille tout en lui signifiant son immaturité. Elle doit pouvoir rester à sa place d'enfant, une place différente de celle que tient sa mère. Cette frustration, tempérée par l'amour qu'il lui porte, est la promesse de la réussite future de sa sexualité.

Armelle vient consulter car sa vie sexuelle ne se passe pas très bien. Elle a 27 ans. Pendant son adolescence, elle n'est pas beaucoup sortie. Toute son énergie était consacrée à ses études, fort bien réussies d'ailleurs. Elle est aujourd'hui ingénieur en électronique et satisfaite de son premier emploi. De cette vie studieuse, elle ne se souvient pas avoir souffert. À la maison, les consignes étaient claires : le travail scolaire avant tout. Le reste n'était qu'amusements et frivolités à dédaigner. Effacée, la mère n'avait pas souvent la parole face à un père très autoritaire. Elle semblait toujours l'approuver tacitement. Armelle, fille unique, adhérait à ce modèle sans se poser de question. Tout ce qui pouvait toucher à la sexualité ou faire référence à sa féminité était gommé. Les sorties avec les garçons étaient interdites. Les vêtements étaient neutres et choisis en fonction de leur côté « pratique ». Il n'était pas question de maquillage ni de produits de beauté. Même sa coupe de cheveux devait être courte afin de ne pas exiger trop de soins.

La mère d'Armelle travaillait comme secrétaire comptable dans l'entreprise de son mari. Elle était perpétuellement dévalorisée par son conjoint qui, plus généralement, dénigrait les femmes. Sans le formuler tout à fait, Armelle a compris que pour plaire à son père, elle devait gommer sa féminité. Peut être est-ce pour cela qu'elle a entrepris des études scientifiques plus prisées par les garçons. À l'adolescence, elle a refoulé l'émergence de sa sexualité. Peu attrayant, le modèle maternel n'a pas rendu possible une identification féminine. Lorsqu'elle rencontre son ami, elle est perdue. Lui l'aime et la désire en tant que femme. Il lui parle de sa séduction, de sa sensualité… des mots dont elle a du mal à saisir la signification. Elle sent confusément qu'il y a là tout un domaine à découvrir, mais de vieux réflexes, bien ancrés, la bloquent et la maintiennent à distance de son désir. Il faudra travailler longtemps avec elle sur ses cognitions, c'est-à-dire sur ses représentations mentales, pour qu'elle en prenne conscience et qu'elle s'autorise à voir les choses autrement.

L'histoire de Sandra est très différente. Le père de cette jeune femme de 24 ans est un homme très séduisant et même plutôt séducteur. Il a été marié trois fois. Il a eu deux enfants de chacune de ses compagnes et sans doute, en parallèle, de nombreuses maîtresses et des aventures réelles ou imaginaires auxquelles il fait souvent allusion. Sandra est l'aînée de cette tribu dont le père est le patriarche. Tout converge vers lui. Il clame haut et fort qu'il est le plus heureux des hommes lorsqu'il est entouré de ses femmes et de ses enfants. Souvent d'ailleurs, il organise des fêtes réunissant toute la famille.

Le regard désirant du père sur la mère

Depuis que Sandra est adolescente, son père a changé avec elle. Avant, la petite gamine asexuée l'intéressait peu. Lorsqu'elle a eu quatorze ans, il a commencé à lui acheter des vêtements, à la conseiller sur ses tenues, son maquillage. Un peu plus tard, elle l'a quelques fois accompagné dans des soirées avec sa compagne, à peine plus âgée qu'elle. Pendant ces sorties, et lorsqu'il était un peu éméché, il les tenait par la taille en les présentant comme « mes deux femmes ». Une fois, après un slow sensuel, il déposa un baiser sur la bouche de Sandra. Ce fut une douche froide.

Aujourd'hui, Sandra est une jeune femme très sexy. Elle est en permanence dans la séduction et multiplie sans mal les aventures car elle est très mignonne, très attirante. Mais elle m'avoue se sentir « vide ». Ça n'accroche jamais vraiment. Aucune histoire n'a d'importance car, à part l'envie de séduire, elle n'éprouve ni réel désir sexuel ni réel plaisir. Tous ces hommes qui passent dans sa vie sont comme des fantômes sans consistance qui la laissent amère. Mais depuis quelque temps, elle ne veut plus voir son père ; elle a envie de prendre de la distance. Elle ne le supporte plus. Elle pressent que sa sexualité est problématique et que son père y est pour quelque chose.

Dans ces deux derniers exemples, pourtant très différents, la place de la mère n'est pas très enviable. Aucune des deux filles n'a envie de lui ressembler, d'autant qu'elles n'ont pas eu l'exemple d'une relation épanouie dans le couple parental. En revanche, s'il y a une bonne entente entre les deux parents, la fille pourra, dans un jeu triangulaire, anticiper par identification le désir sexuel qui sera le sien quand elle sera une femme adulte. Elle aura hâte de grandir pour devenir comme sa mère. Et hâte de grandir surtout pour être désirée comme celle-ci l'est par son mari. « Quand je serai grande, je serai aussi belle que maman et je me marierai avec papa », dit la petite fille.

Évidemment, une fois adulte, elle n'aura aucune envie d'épouser son père mais elle gardera à l'esprit ce premier schéma de référence pour aimer un homme et vouloir lui plaire. Si elle a pu saisir le regard désirant que le père porte sur la mère, elle abordera avec confiance sa vie sexuelle et ne doutera pas trop de sa capacité de séduction. Elle se sentira potentiellement désirable, soutenue par l'image de sa mère et par le regard de son père. Elle pourra donc à son tour désirer.

Les avatars de l'hystérie

Lorsque se produit une faille dans cette construction idéale, des femmes se trouvent piégées dans la poursuite d'un seul objectif : vérifier inlassablement qu'elles sont désirables et même tout simplement qu'elles sont des femmes. C'est la question qui se pose dans la névrose hystérique. Dans l'hystérie, la séduction passe au premier plan et va paradoxalement éteindre le désir. Il y a un désir et un plaisir importants à séduire mais un désir et un plaisir très modérés à faire l'amour. La souffrance de ces femmes peut s'exprimer auprès d'un psychologue, d'un psychiatre ou d'un sexologue, si elles ont réalisé que l'origine de leur problème est d'ordre psychologique. Elle peut aussi s'exprimer à travers des symptômes corporels divers, en apparence fort éloignés de la question sexuelle.

Les médecins, qu'ils soient généralistes ou spécialistes, sont souvent désarmés devant ces problèmes auxquels leur formation ne les prépare pas suffisamment. Ils peuvent éluder la question en jugeant ces plaintes sans intérêt pour un homme « sérieux » ayant d'aussi solides connaissances scientifiques.

Ils peuvent encore vouloir y répondre en s'acharnant à prendre en charge la part somatique du problème. En résulte souvent une escalade dans les investigations biologiques, radiologiques et les traitements. Ceux-ci s'avèrent parfois très agressifs et sans aucun résultat. On est bien loin alors de la sexualité, du désir, du plaisir.

Le psychanalyste Lucien Israël dans son livre *L'hystérique, le sexe et le médecin* nous dit : « La vie sexuelle est nouée par des liens qui échappent à la conscience du sujet, bien que tous les éléments pour les entendre soient livrés dans le discours. La sexualité apparente, celle où se jouent les actes sexuels, n'est que l'émergence de tout le réseau inconscient qui se trame autour des désirs. » Nier cet aspect des choses équivaut à occulter la dimension humaine de la sexualité. Sexualité et inconscient paraissent indissociables et les problèmes sexuels ne peuvent être abordés sans tenir compte de cet éclairage.

L'hystérie est là (plus qu'aucune autre affection) pour nous rappeler les liens étroits existant entre le corps, le psychisme et la sexualité. Cette névrose oblige le soignant, quel qu'il soit, à s'interroger sur la place qu'il doit prendre lorsqu'il est appelé à l'aide pour guérir un symptôme. L'histoire de l'hystérie à travers les siècles est intimement liée à la médecine, au corps de la femme et à sa sexualité.

Hippocrate explique l'hystérie comme la migration de l'utérus qui monte au cerveau, y provoquant de grandes perturbations, et ceci à cause d'une continence sexuelle mal supportée. On voit apparaître dans cette description les fantasmes masculins des médecins de l'époque vivant les organes génitaux féminins comme menaçants. L'hystérie est présentée comme une maladie en rapport avec une sexualité féminine inquiétante, responsable de troubles du corps et de l'esprit.

À partir du Moyen Age, la religion va occuper une place prépondérante. Le corps, vécu comme impur, devient seulement « l'enveloppe de l'âme », tandis que la sexualité féminine et ses débordements seront l'œuvre de démons et l'hystérique, une sorcière qu'il faut brûler. Avec le Dr Charcot, la médecine récupère l'hystérique. Il va la décrire minutieusement en essayant de la faire entrer dans un cadre scientifique (préoccupation qui hante encore de nos jours bon nombre de médecins ou d'hommes de science). Ces descriptions de symptômes concernent surtout les manifestations corporelles. À aucun moment, Charcot n'a donné la parole à ses patientes. C'est ce qu'a fait Freud. Grâce à cela, l'hystérie a été le point de départ de la révolution psychanalytique. Cette écoute lui a permis de découvrir l'existence de l'inconscient et de comprendre que les symptômes de l'hystérique étaient porteurs d'un message.

Plus récemment, on a tout simplement fait disparaître l'hystérie de la classification internationale des maladies psychiques. Certains ont évoqué des raisons scientifiques. D'autres soutiennent que le terme était galvaudé et qu'il avait pris une connotation trop péjorative pour les femmes. Parallèlement à cette disparition, on constate, paradoxalement, une certaine hystérisation de la société. En effet, la séduction et le culte de l'apparence sont devenus des valeurs essentielles. Ceci explique sans doute qu'à l'hystérie spectaculaire de l'époque de Charcot se soit substituée actuellement une pathologie plus discrète et plus difficile à comprendre. Néanmoins, une constante demeure qui interpelle le sexologue : il est toujours question de sexualité et de désir. L'hystérie, même disparue, ne continuerait-elle pas à produire du sens ?

Quand le corps parle…

Mme B. est une charmante jeune femme de 29 ans, mariée et mère d'une petite fille de 4 ans. Elle entre dans le cabinet du médecin d'un pas assuré, arborant un visage souriant. Les volants de sa robe de mousseline blanche l'accompagnent dans un mouvement gracieux lorsqu'elle se laisse choir sur la chaise avec un profond soupir. Un parfum délicat se répand autour d'elle. Elle est très élégante, presque trop. Des boucles brunes encadrent un visage parfaitement maquillé. Un lourd collier assorti à des boucles d'oreilles enserre son cou et orne un large décolleté où l'on peut deviner plus qu'apercevoir une poitrine palpitante parmi les petits volants transparents de sa robe.

« Docteur, je suis venue vous voir car je souffre atrocement. » Cette phrase déclenche immédiatement une petite réaction négative chez le praticien, une souffrance « atroce » cadrant mal avec la première impression que dégage cette jeune femme. Mais son regard intense, chargé d'émotion, porteur à lui seul d'une demande insistante, force l'attention du médecin. Suit une longue et minutieuse description de la topographie complexe de ses céphalées. « La lumière me gêne quand elle est trop vive, je ne puis lire trop longtemps. L'excès de bruit et d'émotion déclenche des crises. J'ai du mal à m'occuper de ma petite fille. Mon mari la prend en charge quand il ne travaille pas, mais il est très pris et n'est pas assez près de moi. J'ai dû faire appel à ma mère qui est venue habiter quelque temps à la maison mais elle a fini, elle aussi, par me fatiguer. Les relations avec mon entourage deviennent difficiles. Ils ne me comprennent pas. Mon mari se plaint que je ne m'occupe plus beaucoup de lui, que je ne le désire plus… Comment le pourrais-je dans l'état où je me trouve ? »

Lorsque, interrompant cette scène dramatique, le médecin propose de réaliser quelques examens, le refus est immédiat. « J'ai déjà fait tout cela et ces investigations n'ont rien donné. » Puis, sur le ton de la confidence : « Je dois avouer que je suis allée voir plusieurs de vos confrères mais ils n'ont rien trouvé et n'ont pas été capables de me soulager. Vous êtes ma dernière chance et d'après le bien que l'on m'a dit de vous, je vous crois capable de me guérir. Vous êtes une femme et pour cela, vous saurez me comprendre. »

Cette consultation sera la première d'une longue série où, peu à peu, cette patiente va abandonner son symptôme devenu inutile à mesure qu'elle va réellement prendre la parole. Elle pourra dire sa souffrance et son questionnement vrai avec des mots, sachant que ceux-ci seront entendus.

Mais on peut imaginer d'autres scénarios. Le médecin, très agacé, prescrit une médication agressive ou des examens paracliniques très coûteux et intrusifs. Ou bien, le praticien, persuadé du caractère non organique du symptôme, donne un placebo accompagné d'une parole faussement rassurante et s'empresse de passer au consultant suivant qui, sans nul doute, le mettra moins mal à l'aise.

Cette consultation pourtant nous apprend beaucoup. L'apparence de la patiente n'est pas anodine. Son corps est arrangé avec soin, le maquillage, les vêtements, rien n'est laissé au hasard, comme une mise en scène parfaitement orchestrée. Quelque chose est donné à voir et cette production interpelle l'interlocuteur, lui demandant de regarder. Cette manière de s'afficher est une tentative de communication. Elle se fait grâce au corps et au-delà des mots. Cette mise en scène est nécessaire comme elle pourrait l'être au théâtre. Si on ne la prend pas comme telle, elle peut provoquer l'agacement, le rejet.

Dans les mots qu'adresse cette jeune femme au médecin, on peut discerner deux choses : la douleur physique et la plainte. La première ne semble là que pour véhiculer, mettre en scène la seconde. S'occuper de la douleur physique et méconnaître la plainte serait une erreur grossière. En effet, c'est dans cette dernière que se trouve l'essentiel du message. Le corps n'est plus qu'un support. Déjà dans cette première consultation, au-delà de la douleur, des mots parlent de difficulté relationnelle, de problème de couple, de sexualité, de perte de désir et du désir d'être aimée. Son corps est utilisé comme un appât pour séduire, pour être regardé et non comme une source de plaisir. Toute l'apparence est érotisée à l'exclusion du sexe qui, paradoxalement, reste froid, sans désir. Le corps est en position centrale ; c'est lui qui souffre et prend la parole pour dire quelque chose. Mais ce message n'est pas toujours clair et prend souvent du temps pour être décodé. On pourrait dire que la plainte corporelle fonctionne un peu comme une métaphore ; le sens réel est caché derrière une image symbolique.

C'est souvent le seul moyen dont dispose la patiente pour s'exprimer. Il est donc logique qu'elle ne soit pas prête à l'abandonner facilement. S'acharner uniquement sur les symptômes physiques, non seulement est vain, mais va être vécu comme une agression. On voit là le malentendu susceptible de s'installer entre une femme qui vient se plaindre et le médecin qui est maître d'un savoir sur le corps souffrant et est formé pour agir avec des actes médicaux. Il est bien difficile dans ces conditions d'admettre une position inversée : c'est le corps de la patiente qui est porteur de savoir et c'est le médecin qui doit apprendre quelque chose ! On comprend aisément que ces patientes dérangent, qu'elles soient souvent rejetées. Elles mettent en échec les soignants et remettent en cause la puissance médicale. En outre, elles soulèvent des questions fondamentales sur la sexualité, ce qui peut être vécu par le médecin comme complexe et angoissant, car le renvoyant à ses propres interrogations.

L'étude de l'exemple particulier qu'est la névrose hystérique apporte un éclairage intéressant sur les difficultés sexuelles féminines. Elle permet d'éviter la confusion entre la séduction et le désir, et de comprendre que l'aspect extérieur hypersexué de ces patientes cache souvent une grande souffrance. Ce n'est pas un hasard si elles sont souvent traitées « d'allumeuses » et ne tiennent pas leurs promesses. Elles suscitent le désir mais courent toujours après le leur.

La femme enfant et son prince charmant

Il s'agit dans ce cas d'un désir sans aboutissement sexuel. La jeune fille désire plaire, séduire et être séduite. Mais cette démarche est totalement désincarnée. Il ne sera jamais question du sexe corporel.

Imaginez l'effet produit si l'on évoquait l'érection du prince charmant ou l'orgasme de la princesse ; cette irruption du corps serait déplacée et incongrue. Citons un extrait de *Cendrillon* écrit par Charles Perrault : « La fée donna à Cendrillon un léger coup de baguette magique, et la jeune fille se trouva habillée d'une ravissante robe de bal garnie de splendides bijoux et chaussée de mignonnes pantoufles de vair. Quand elle pénétra dans la salle, on cessa de danser. "Qu'elle est jolie !" s'exclamait-on de tous côtés. D'où vient cette princesse inconnue ? Jamais on n'avait vu une robe aussi belle ni des bijoux aussi merveilleux. Elle faisait la révérence avec une grâce incomparable. Les invités eurent un frémissement d'admiration et s'arrêtèrent de parler pour mieux la regarder. Le prince, ébloui par sa beauté, ne la quitta pas de la soirée, lui fit mille compliments et ne dansa avec personne d'autre. »

Dans ces contes, la beauté est purement esthétique. Elle est grâce apprêtée, très éloignée de la sensualité corporelle qui provoque le désir. Il s'agit d'une élégance froide, d'une perfection où rien ne dépasse.

Les parures et les vêtements sont décrits avec minutie. Le corps est souvent réduit à la chevelure, aux yeux et au sourire. C'est tout juste si l'on ose quelquefois évoquer une taille fine mais alors seulement pour souligner la beauté d'une robe. L'amour est idéal, absolu et éternel entre deux personnages éthérés. Il n'est fait aucune place au désir. La preuve, lorsque le prince après une valse déclare sa flamme à la princesse, l'histoire s'arrête : « Ils se marièrent et eurent beaucoup d'enfants. » Il ne se passera plus rien, la suite n'existe pas. Cette représentation est très adaptée au monde de la petite fille. Elle ne convient plus à l'âge adulte. Quand elle persiste, c'est que l'évolution du sujet s'est arrêtée. Katia est une jeune fille d'origine russe de 25 ans. La première fois que je l'ai rencontrée, j'ai aussitôt pensé à une très jolie poupée. C'est une « grande petite fille », avec de beaux cheveux blonds tombant en boucles sur ses épaules et de grands yeux bleus bordés de cils recourbés, rappelant un personnage de dessin animé. Katia vient consulter car depuis quelques mois, elle a un copain dans sa vie. Au début tout allait bien. Il lui faisait une cour assidue. Elle en était très heureuse. Depuis, les choses ont changé : il devient trop pressant. Il voudrait lui faire l'amour souvent et qu'elle vienne vivre avec lui. Elle lui cède de temps en temps, mais n'y prend aucun plaisir : « ça gâche tout, c'était si bien avant ! »

L'idée de vivre en couple l'effraie mais il lui en a donné envie lorsqu'il a parlé d'aménager et de décorer leur appartement « comme une maison de poupée ! » Une « poupée » ? Sans doute est-ce ainsi qu'il la voit, lui aussi. Il a évoqué un projet de mariage. Des heures, elle en a discuté avec une amie très proche qui lui ressemble beaucoup. Elle doit reconnaître que la perspective de la cérémonie avec la belle robe blanche la tente énormément. Mais pourquoi faut-il que les hommes aient envie de sexe ? Car pour elle (ceci ne fait aucun doute), il s'agit bien d'une spécificité masculine.

Elle est issue d'une famille modeste. Son père est un brave homme qui a beaucoup travaillé. Pourtant, son défaut était de boire trop. Quand il rentrait ivre à la maison, il exigeait de sa femme, assez brutalement, un acte sexuel. Katia assistait en silence à ces scènes où elle entendait sa mère chercher vainement à se dérober. Un soir, son père est même venu dans la chambre de sa fille. Heureusement, il s'est contenté d'uriner contre la porte de son placard mais le souvenir de son effroi et de son dégoût reste très vivace. À la suite de cet incident, sa mère a placé un verrou sur la chambre de sa fille.

Lorsqu'elle est devenue adolescente, les deux femmes se sont rapprochées et la jeune fille a reçu les confidences de sa mère.

Même si le discours tenu n'a jamais été directement négatif, il est clair pour Katia que la sexualité est peu attractive et que seuls les hommes, pense-t-elle, y trouvent du plaisir. « Il faut que j'en profite avant le mariage », dit-elle. Pour elle, « avant le mariage » est la période du conte de fées. Ensuite, on entre dans l'ère des devoirs et des contraintes : élever les enfants et satisfaire le mari juste assez pour qu'il ne soit pas tenté d'aller voir ailleurs. Avec cette image des rapports amoureux, comment s'étonner que le désir manque...

Avec Katia, le travail consistera en un long cheminement vers sa maturation et vers une prise de conscience de sa propre sexualité. La violence des souvenirs infantiles sera commentée et digérée pour laisser la place à d'autres représentations du couple tandis que le discours et les théories maternels seront explicités et remis en question.

Le mythe de *La Belle au bois au dormant*

Une autre forme d'immaturité est illustrée par le mythe de *La Belle au bois dormant.* Le prince réveille la princesse avec un baiser. C'est à lui que revient toute la responsabilité du succès, à lui seul de fournir les efforts pour y parvenir. En effet, dans la plupart des récits, le prince doit vaincre mille difficultés : muraille à franchir, dragon à terrasser... Ainsi prouvera-t-il qu'il est à la hauteur, une préoccupation qui tourmente beaucoup d'hommes. Comble de passivité, la princesse se contente elle d'être belle, de dormir, et d'attendre qu'il vienne l'éveiller.

De même, beaucoup de femmes pensent que leur désir sexuel doit être révélé magiquement pour pouvoir s'exprimer. Elles n'ont rien à faire, croient-elles, qu'à attendre patiemment de trouver « la bonne personne », celle qui en sera capable. Si cela n'arrive pas, c'est bien sûr la faute de l'autre : il s'y prend mal ou il n'est pas l'élu. La patience est une vertu qui a toujours été encouragée chez les filles. Quant au mythe de l'être unique qu'il faut impérativement rencontrer pour vivre le grand amour, il est encore très vivace. Là encore, le désir actif reste du côté masculin. L'homme subit une pression énorme, car s'il faillit, non seulement il sera responsable de l'échec mais il n'aura pas prouvé sa virilité. On comprend, vu l'importance de l'enjeu, l'angoisse que cela peut générer.

Catherine et Guillaume viennent consulter en couple. Lui a 29 ans ; malgré sa taille imposante, il se tient tassé sur sa chaise. Il semble légèrement en retrait et ne prend pas la parole. Elle, est une jeune femme brune de 27 ans. On est immédiatement frappé par son visage un peu sévère et sa tenue élégante mais stricte, ne témoignant d'aucune fantaisie. Secrétaire dans une entreprise depuis quelques années déjà, elle commence à avoir des responsabilités. Ses employeurs sont satisfaits ; elle est active et efficace. Elle précise immédiatement que pour elle, le travail est très important.

Ils vivent ensemble depuis trois ans maintenant et elle a toujours souffert d'une absence de désir sexuel. Ils ont vu récemment une émission à la télévision qui leur a permis d'aborder le sujet. À la suite d'une discussion houleuse (où ils ont pris conscience de leurs divergences), ils ont décidé de consulter.

Pour elle, c'est une démarche difficile car parler sans détours de sexualité la gêne beaucoup. Elle m'explique que l'amour est quelque chose de magique et qu'aborder le sujet trop directement risque de « rompre le charme ». Je lui réponds qu'elle n'a pas tout à fait tort mais que, dans son cas, le charme agissant peu, on ne risque rien.

Très vite, je sens qu'elle nourrit à l'égard de son ami une certaine rancœur. Celle-ci éclate en fin de séance : « Les hommes sont égoïstes, ils cherchent uniquement à assouvir leur désir sans se soucier de l'autre. » Elle attendait beaucoup de lui lorsqu'ils se sont connus. Elle pensait que c'était l'homme de sa vie et donc, qu'il allait trouver naturellement les mots et les gestes pour l'amener au plaisir.

Au début, elle a pris patience. Elle en a parlé à son gynécologue qui l'a rassurée : il est normal qu'au début d'une relation le plaisir ne soit pas toujours au rendez-vous. Elle a même un peu simulé pour ne pas trop l'inquiéter mais, maintenant, elle en a assez ! Il faut qu'il fasse quelque chose.

Cette jeune femme n'a jamais eu d'activité auto-érotique qu'elle juge « infantile et malsaine ». Son imaginaire, lui aussi, est amputé : « La rêverie est inutile », dit-elle, puisqu'elle vit dans la réalité une relation qui devrait la combler. Lorsque je lui suggère d'expliquer à son compagnon ce qu'elle souhaiterait, elle est un peu choquée. Un homme amoureux doit être capable de « deviner ça ».

À aucun moment elle n'aborde le problème sous un angle personnel. Elle est très surprise lorsque je lui propose, pour la prochaine consultation, de la revoir seule, dans un premier temps, pour travailler sur sa sexualité. Je lui explique que son désir doit d'abord naître en elle, avant de pouvoir se porter sur quelqu'un. Il sera toujours temps, lorsqu'elle aura un peu avancé personnellement, de reconsidérer les attentes et les dysfonctionnements du couple. Pour l'instant, cette démarche à deux me paraît prématurée…

Plus qu'un échange, la relation amoureuse est surtout le partage de deux vécus. Même si les amants ont une impression de fusion, le ressenti de chacun reste très personnel puisqu'il concerne deux sujets qui ont une histoire, une personnalité et surtout un sexe différents. L'être humain développe d'abord seul sa capacité à prendre du plaisir. Il va se satisfaire quelques temps de cette phase d'auto-érotisme puis tout naturellement, aspirera à partager cette expérience. Il sera alors prêt à vivre sa sexualité en couple. Sans cette étape préalable, tout partage est compromis. Comment, en effet, imaginer prendre du plaisir à manger avec des amis si l'on est incapable d'apprécier seul, un bon repas ? À l'inverse, un fin gourmet cherchera à se régaler en compagnie de personnes qui lui sont chères. Vouloir découvrir désir et plaisir sans passer par cette étape personnelle est vain. L'autre, dans le couple, ne doit pas être l'unique responsable de son échec.

La lecture du conte de *La Belle au Bois Dormant* amène une autre question. Qu'advient-il après le baiser révélateur ? La suite de l'histoire est très succincte et certaines jeunes femmes s'en arrangent très bien. Joëlle me raconte un rêve éveillé qu'elle fait souvent avant de s'endormir. Adolescente, elle a vu le film *Sissi impératrice* avec Romy Schneider. Elle s'imagine assistant à un bal de l'époque, vêtue d'une robe de satin blanc. Elle est, bien sûr, invitée par un beau jeune homme. Toute la soirée, ils dansent ensemble des valses romantiques, les yeux dans les yeux, étourdis de bonheur et d'amour. Sa rêverie se termine lorsqu'il l'entraîne dans le jardin et lui dépose (dans une étreinte sublime) un baiser sur les lèvres. Elle préfère en rester là car elle ne voit pas de suite intéressante à l'histoire. Elle recommencera souvent ce rêve et il s'arrêtera toujours au même endroit.

Ce qui procure du plaisir dans ce cas, ce n'est pas le contenu sexuel de la relation, mais plutôt le sentiment d'être l'élue, d'être belle, désirable et d'avoir été choisie. Ces femmes sont dans la même position que la petite fille rêvant d'être l'unique objet d'attention de ses parents et tout particulièrement, de son père. Le désir s'arrête là ; il n'est évidemment pas question d'une sexualité plus affirmée.

Le vrai mâle et son épouse…

On prétend parfois que le mariage provoque la disparition du désir. C'est vrai dans certains cas. Nous avons vu l'importance du manque dans la genèse du désir. Le mariage, par la stabilité et la sécurisation qu'il procure, ne va pas dans ce sens. Comment peut-on continuer à vibrer pour quelqu'un si l'on considère, sans doute à tort, qu'il sera toujours présent quoi qu'il arrive, disponible à tout moment, sans qu'il ne soit plus nécessaire de faire un quelconque effort pour le séduire ?

Gourmande, comme beaucoup, j'apprécie particulièrement le chocolat. Cette année, pour Noël, certains patients m'en ont offert pour me remercier. Délicate attention, rien d'extraordinaire jusque là. Mais très vite l'accumulation des boîtes dans l'armoire, au lieu de me réjouir, m'a coupé l'appétit. Je n'ai plus touché une friandise jusqu'au printemps. Heureusement, depuis, mon désir est revenu.

Mais en arrière plan, une autre scène se joue dans le mariage. Il n'y a pas si longtemps, le but de la vie d'une femme était de se marier et d'avoir de beaux enfants. L'accès à ce statut de femme était dépendant de la réalisation de ce projet. De son côté, l'homme devait démontrer sa puissance sexuelle et sociale pour s'inscrire dans son identité virile. Cela signifiait réussir professionnellement et bien gagner sa vie. Cette position lui permettait d'acquérir des biens représentant symboliquement sa puissance : un bien immobilier et plus tard une voiture, de préférence de forte cylindrée. L'argent servait aussi à subvenir aux besoins de la famille, qui était le fondement de la société. Il devait assurer le bien-être des enfants et protéger les femmes, considérées comme faibles et dépendantes. Au dix-neuvième siècle et au début du vingtième, c'était faillir pour un homme de voir son épouse contrainte à travailler pour des raisons financières. Cela signifiait qu'il n'était pas capable de « tenir sa place ».

L'homme devait également démontrer sa puissance sexuelle. Un vrai mâle était désirant et conquérant. Ayant eu, bien évidemment, des aventures avant le mariage, il pouvait être tenté d'en avoir après. Justement, l'union matrimoniale était censée cadrer une sexualité supposée très active. Elle lui assurait une stabilité mais lui imposait un cortège de devoirs et d'obligations.

Pour une femme, le mariage était une affaire sérieuse. Cela signifiait avoir la reconnaissance sociale, être mise sous la protection d'un homme, se faire appeler Madame et donc être respectée. Le rôle de mère prenait alors toute son importance. C'était une véritable fonction, un tribu à payer pour avoir sa place dans la société. Une femme mariée, sans enfant, n'avait parcouru que la moitié du chemin.

Ce qui frappe immédiatement, c'est la place très différente que tient la sexualité dans les deux sexes. Gardant toute son importance chez l'homme, elle passe complètement à la trappe chez les femmes. L'absence de désir chez l'homme menace sa virilité alors que chez sa compagne, être respectable ne nécessite pas d'avoir une vie sexuelle intense, c'est même plutôt le contraire. Dans cette organisation particulière, les femmes devaient résister à la demande pressante de leurs soupirants. À force de persévérance, elles réussissaient à les contraindre au mariage. Ils se laissaient piéger par un miroir aux alouettes et les femmes parvenaient ainsi à leurs fins. Après la période des premières amours, la réalité apparaissait dans le couple. Plus de désir chez la femme occupée et comblée par son statut d'épouse et de mère de famille. Plus de désir chez l'homme déçu par ce leurre et confronté aux devoirs de la vie familiale. Désuet et triste tableau qui laisse malheureusement des traces encore bien ancrées dans notre société dite « libérée ».

Peur de passer pour une fille « facile »...

La résistance est un thème qui, actuellement, revient souvent dans l'histoire des femmes. Elles ne parviennent pas à laisser émerger leurs désirs sexuels, tout occupées à résister à celui de leur compagnon. Elles doivent bien se garder de céder, sous peine de ne pas être respectées et de voir la relation s'arrêter là, l'homme ayant obtenu ce qu'il voulait. Une patiente me confiait que, lors de ses premiers flirts, sa mère l'avait sévèrement mise en garde : « Attention ma fille, les garçons n'ont qu'un but, satisfaire leurs désirs sexuels. Si tu leur cèdes, tu es perdue, aucun ne te respectera plus. » Voilà une perspective peu encourageante. Cette mère, sans doute bien intentionnée, n'a pas envisagé de parler du désir et du plaisir que sa fille pouvait ressentir. Il n'était pas question de cela.

Maria a une histoire particulière. Ses parents, d'origine portugaise, sont immigrés de la deuxième génération. Elle a reçu une éducation assez traditionnelle, les filles devant se préserver jusqu'au mariage. En apparence, elle se moque de ces idées. Elle a un ami depuis un an maintenant et elle avoue ne parvenir que difficilement à faire l'amour avec lui. Il doit montrer beaucoup de persévérance et lui faire une cour acharnée pour partager un moment de réelle intimité avec elle. Elle cède toujours à contrecœur, sans y prendre vraiment plaisir. Il faut du temps et du travail pour qu'elle réussisse à identifier ce qui la gêne. Elle reconnaît avoir peur des conséquences ; il pourrait penser qu'elle est une fille facile...

Adolescente, sa mère lui a fait des confidences. À 19 ans, elle a connu un jeune homme dont elle était très amoureuse. Elle a eu des relations sexuelles avec lui. Ses parents l'ont appris et, sans en parler à leur fille, ils sont allés dans la famille du garçon demander réparation. Le jeune homme n'a plus voulu la revoir et l'histoire a fait le tour de la petite ville où ils habitaient. Elle a dû vivre longtemps sous les moqueries des jeunes de son âge. Profondément blessée, elle s'est pendant des mois repliée sur elle-même. Quelques années plus tard, elle a fini par épouser un vague cousin présenté par ses parents. Ce mariage sans amour a nourri sa désillusion et a fini de l'ancrer dans ses convictions : « surtout ne pas céder au désir des hommes ! » Voici le message douloureux que cette mère n'a cessé de transmettre. La fille a entendu sa détresse. Adolescente, elle a été frappée par le récit des malheurs maternels et, même si elle sait que les temps ont changé, elle reste piégée par cette méfiance à l'égard des hommes qui empêche son désir d'émerger librement.

Une si mauvaise image du couple

Catherine, elle, a 27 ans. C'est une jolie jeune femme brune, mariée depuis deux ans et enceinte de trois mois. Elle attend son premier enfant. Elle vient consulter car elle est inquiète pour son couple. Elle se réjouit de cette grossesse, même si « le bébé lui a un peu forcé la main ». Elle ne prenait pas de contraception car les relations sexuelles étaient rares et son mari, vigilant. Mais un jour, l'attention s'est relâchée et le bébé s'est annoncé. Pourtant, ce n'est pas ce qui la tracasse. Elle sait que la venue d'un enfant peut entraîner quelques difficultés. Or, elle trouve déjà que leur couple ne va pas bien.

Pendant les deux années précédant leur mariage, l'entente a été plutôt bonne. Étudiants tous les deux, ils vivaient dans une ville de province où ils partageaient leur appartement avec un autre couple. Leur vie était légère et festive. Ils sortaient. Ils avaient beaucoup d'amis. Leur diplôme d'ingénieur en poche, ils ont migré vers la région parisienne pour trouver du travail. Et là, ils se sont mariés. « L'amusement c'est fini. On en a bien profité avant, maintenant il faut être sérieux », constate-t-elle.

La sexualité, pour elle, est associée à quelque chose de léger et de futile, comme le serait un loisir sans importance. La vie raisonnable commence avec le mariage, qui marque aussi l'entrée dans la vie d'adulte. Plus question de rire, il faut faire face aux devoirs et aux contraintes !

Elle prend l'exemple de ses parents commerçants. Tous deux ont mené une existence de labeur sans donner l'impression de s'amuser. Entre eux, pas de démonstration d'amour, ni même de tendresse. Le travail était omniprésent. En fait, on lui a tellement répété que la vie n'était pas une partie de plaisir qu'elle le croit et... qu'elle le vit. En arrivant à Paris, son mari et elle ont acheté un appartement hors de prix. Leur budget s'est réduit comme peau de chagrin, de même que les loisirs et les vacances. Ils ont peu d'amis. Tout leur temps est consacré au travail. Plus de place pour le plaisir, et moins encore pour le désir qui nécessite encore plus d'énergie.

Mais une partie d'elle se rebelle : « Et si on pouvait voir la vie autrement ? » Elle ne parvient pas à se résigner à un destin aussi sombre. Voilà pourquoi elle consulte aujourd'hui. Ce bébé est peut être une chance, une sorte d'électrochoc qui lui redonne envie de se battre pour être heureuse. Nous allons mettre à profit les quelques mois qui la séparent de la naissance de son enfant pour comprendre que répéter l'histoire de ses parents n'est pas une fatalité. Et que la sexualité n'est pas un amusement futile mais, au contraire, une des affaires les plus importantes de notre vie qu'il est légitime de vouloir réussir.

La faute à la pilule, aux hormones ?

« Depuis que je prends la pilule, je n'ai plus de désir, c'est sans doute hormonal ! » Nathalie a déjà fait son diagnostic. Ne trouvant que cette explication, elle ne comprend pas pourquoi son gynécologue, après avoir fait quelques essais de changement de pilule, l'adresse à… un sexologue. Cette jeune fille de 21 ans m'explique tout cela sans détour. Elle est directe comme son regard et sa poignée de mains vigoureuse. Elle fait des études scientifiques et aborde la vie d'une façon très pragmatique. « Quand j'ai un problème, j'en cherche la cause et ainsi je peux souvent le résoudre », me dit-elle avec assurance. Voici 18 mois, elle a rencontré son ami. Au début, pour des raisons géographiques, ils ne se voyaient que tous les 15 jours.

Les premiers mois ont été très passionnés. Elle avait alors beaucoup de désir. À la rentrée, ils ont pu se rapprocher et, par commodité, ils ont décidé de partager un appartement. Commençant une vie sexuelle très régulière, ils ont abandonné les préservatifs et Nathalie a pris une pilule contraceptive. Mais très vite, elle a constaté que son désir diminuait alors que pour Frédéric, son ami, rien ne changeait. D'abord, elle a mis cela sur le compte de la fatigue. À l'époque, elle travaillait beaucoup et l'échéance de ses examens la stressait. Pour lui faire plaisir et ne pas l'inquiéter, elle se forçait un peu à faire l'amour mais, le temps passant, la situation n'a fait qu'empirer. Elle s'est mise à appréhender ses avances, à redouter les moments d'intimité. Le changement de pilule n'ayant provoqué aucune amélioration, elle a accepté de consulter pour tenter de résoudre cette énigme.

Les variations du désir féminin

D'emblée, Nathalie me pose une question très directe. « Y a-t-il un lien entre le désir sexuel et les hormones ? » Ma réponse : « Oui, mais… ». En effet, s'il est indéniable que les hormones sexuelles jouent un rôle dans la genèse du désir, leur participation reste modeste et partielle. Il existe, en outre, une multitude d'autres paramètres tout aussi importants. C'est de la résultante de tous ces facteurs très différents que naît ou pas le désir.

Les hormones du désir, chez l'homme comme chez la femme, semblent être surtout les androgènes. Les hommes en sécrètent dans leurs testicules. Une plus petite quantité (dans les deux sexes) est aussi produite par les glandes surrénales. Du côté masculin, la production est assez stable. Chez les femmes, d'autres hormones sexuelles (telles que les estrogènes et la progestérone) sont sécrétées par les ovaires, de la puberté à la ménopause, suivant un cycle qui varie sur une période d'environ 28 jours. La première grande différence à noter entre les deux sexes est une variation au cours du mois, variation qui aura un impact certain sur la qualité du désir sexuel.

Dans la première partie du cycle, le taux d'estrogènes augmente et atteint son maximum au 14ème jour, c'est-à-dire au moment de l'ovulation. C'est souvent à ce moment là que le désir féminin est à son maximum. En effet, les muqueuses génitales sont bien lubrifiées, recouvertes d'une glaire abondante permettant une sensation agréable lors de la pénétration. Tout se passe comme si la nature avait pour finalité la procréation en favorisant l'acte sexuel pendant la période de fertilité maximale.

Dans la deuxième phase du cycle la sécrétion d'une autre hormone féminine, la progestérone, prend le relais et augmente à son tour. Elle prépare la muqueuse utérine pour la nidation et, en même temps, le désir décroît. On constate également assez souvent un regain du désir juste avant les règles. Est-ce dû à un phénomène hormonal ou bien psychique ? Difficile de répondre à cette question, ce qui illustre bien la complexité des mécanismes en jeu. Mais on peut supposer que la brutale chute hormonale survenant à ce moment-là pourrait être à l'origine de ce sursaut. Peut-être s'agit-il aussi d'une réaction psychologique au besoin de réassurance, d'une aspiration à se sentir aimée et désirée à une période du cycle où les femmes se sentent souvent anxieuses et fragilisées. On sait maintenant que cette petite phase dépressive prémenstruelle est bien réelle et qu'elle est due aux modifications hormonales, mais en ce qui concerne le désir, le lien de cause à effet est moins simple.

La pilule contraceptive intervient très peu au niveau hormonal, si ce n'est en gommant l'ovulation et donc, en estompant la perception des variations durant le cycle menstruel. De même qu'une femme sous pilule ressentira beaucoup moins la dépression prémenstruelle, sa courbe de désir sera aplatie avec moins de pics vers le haut, et moins aussi vers le bas. On peut très bien imaginer que ces modifications peuvent être perçues par les femmes et influencer indirectement la qualité du désir.

Une patiente, Mme P., m'explique qu'habituellement, avant la prise de pilule, elle ressentait très bien ce qui se passait en elle. Percevant une légère tension de ses ovaires et l'augmentation de la lubrification de ses muqueuses génitales, elle repérait parfaitement sa période d'ovulation. Lors de la deuxième phase de son cycle, ses seins augmentaient légèrement de volume et devenaient plus sensibles puis son ventre gonflait un peu à son tour. Durant les derniers jours précédant les règles, un malaise diffus l'envahissait : jambes lourdes, prise de poids, seins tendus, ventre ballonné et humeur morose. Elle apprécie bien sûr le confort que lui assure la prise de la pilule : disparition de ces symptômes gênants et règles moins abondantes. Mais elle avoue que la perte de ces repères la perturbe un peu. Son corps lui paraît moins vivant. Elle se sent « moins proche de sa féminité ». Est-ce là l'une des causes expliquant l'effet potentiellement négatif de la pilule sur le désir ?

Dissocier l'amour des bébés

Chez Mme F. le discours est très différent. Cette femme de 38 ans est mère de quatre enfants. Pour elle, sexualité et procréation sont intimement liées. Durant sa vie, elle a toujours vécu les relations sexuelles avec beaucoup d'intensité sachant qu'elles pouvaient être potentiellement fécondantes. Pendant de nombreuses années, le couple a utilisé des méthodes contraceptives plus aléatoires comme le retrait ou les préservatifs. Elle savait fort bien que ces moyens n'étaient pas totalement fiables. Tant mieux, cette part d'incertitude lui permettait de penser, en faisant l'amour, qu'elle était peut-être en train de faire un bébé. En revanche, la pilule contraceptive, présentée comme une méthode très performante, ne laisse plus aucune place au fantasme de grossesse. Même si, aujourd'hui, Mme F. est raisonnablement décidée à ne plus avoir d'enfant, la prise de cette pilule reste pour elle difficile à accepter psychologiquement. De plus, elle ressent une vague culpabilité à ne faire l'amour que pour le plaisir. Elle n'en avait pas vraiment pris conscience. C'est au cours de l'entretien que la mise en mots l'a éclairée sur l'origine de sa perte de désir. Elle est très surprise de constater le hiatus existant entre notre raison consciente et nos émotions profondes, raison et émotions se contredisant parfois.

Pour Mme B., le vécu est encore différent. Elle a été marquée par l'expérience de sa mère qui a eu un enfant très jeune, à l'âge de 17 ans, d'un homme qu'elle n'aimait pas. Elle a ressenti la prise de la pilule contraceptive comme étant un moyen efficace d'éviter ce type de drame. Elle n'était plus condamnée, comme les générations précédentes, à subir la fatalité des grossesses non désirées. Pouvoir maîtriser son destin, son corps, son sexe a été une énorme révolution. Dès lors, la sexualité n'était plus associée à la procréation. Pour Mme B., cette libération lui donnait la possibilité d'accéder sans entrave à son désir et à son plaisir. C'était pour elle une étape décisive, symboliquement très importante dans la conquête par les femmes de leur liberté. On voit à travers ces différents exemples que même si, de toute évidence, le climat hormonal a une influence sur la vie sexuelle, la relation est loin d'être simple.

Mais revenons à Nathalie. Tous les cas cités plus haut ne paraissent en rien lui correspondre. En analysant plus en profondeur le contexte qui a entouré sa perte de désir (exercice auquel cette jeune femme se prête volontiers), on retrouve plusieurs éléments troublants : les premiers mois de sa vie amoureuse ont été vécus sur un mode passionnel, prolongé et entretenu par l'espacement et la brièveté des rencontres. La rareté de ce temps intime lui donnait un caractère magique. Toutes les difficultés bien réelles de la vie à deux étaient gommées. L'année suivante, lorsqu'ils ont vécu ensemble, tout a changé. Leur relation amoureuse s'est installée dans la durée.

Ce passage de la passion intense et éphémère à une inscription dans le long terme n'est pas toujours facile. Affronter la vie commune nécessite un apprentissage et des ajustements qui ne se font pas sans heurts. Ce virage, s'il est mal négocié, peut conduire un couple à la rupture. Nathalie reconnaît que ce sont surtout les circonstances pratiques qui les ont conduits à vivre ensemble. Peut être n'étaient-ils pas tout à fait prêts. Elle admet également que cette période a correspondu pour elle avec une intense période de stress dû à ses études. C'était une année décisive. Elle devait présenter des concours difficiles. Le contexte n'était pas très favorable. Ils n'ont pas eu le temps de gérer en douceur cette étape délicate. Pour Nathalie, la prise de pilule a symbolisé son installation dans une vie de routine et de contraintes. Dans ces conditions, comment s'étonner de la perte de désir ?

Cette analyse la laisse perplexe, et lors de l'entretien suivant, 15 jours plus tard, elle semble avoir digéré tout cela. Elle avoue y avoir beaucoup réfléchi. Son ami et elle en ont longuement parlé. Elle est toujours sûre de l'aimer et de vouloir vivre avec lui. Mais elle a compris aussi qu'il fallait repenser ensemble les paramètres de leur vie amoureuse.

Le désir comme la rose…

Cette jeune fille volontaire, battante, a saisi que la réussite d'un couple demandait des efforts qu'elle est prête à fournir. Contrairement à ce qu'elle pensait auparavant, le désir, s'il est spontané et toujours présent dans la phase passionnelle, se fait ensuite capricieux et plus aléatoire. Il est aussi très fragile et le moindre grain de sable peut le faire disparaître. De ce fait, il doit être préservé avec beaucoup d'attention. Elle termine l'entretien en évoquant *Le Petit Prince* de Saint-Exupéry. Pour elle, le désir est comparable à la rose qu'il soigne sur sa planète. Capricieux et fragile, il doit être protégé, soigné, faire l'objet de toutes les attentions. Il est unique pour chacun, même si, comme pour les roses, il en existe des dizaines et des centaines d'autres apparemment identiques. Cette métaphore est très belle. Elle prouve que Nathalie a compris. À présent, elle n'a plus besoin de moi…

Les femmes ont bien sûr des glandes qui fabriquent des hormones. Cette activité sécrétoire est régulée par une commande centrale située dans notre cerveau, au niveau de l'hypothalamus et de l'hypophyse. Mais il ne faut surtout pas oublier qu'au-dessus de cet axe endocrinien se situe le cortex cérébral, siège de nos émotions, de nos pensées et de nos sentiments. Cet étage supérieur chapeaute et influence en permanence ces niveaux inférieurs. À l'inverse, il ne faut pas méconnaître l'existence d'une rétroaction. Notre niveau hormonal détermine un état corporel qui va agir à son tour sur nos émotions.

Caroline m'explique qu'elle est obligée d'admettre qu'elle n'est pas la même suivant la période de son cycle menstruel. Autour de la phase d'ovulation, elle se trouve plus séduisante. Elle a très envie de sortir, de rencontrer des personnes de l'autre sexe et d'exercer son pouvoir de séduction. Elle admet même en riant qu'elle ne choisit pas les mêmes tenues vestimentaires et qu'elle ne se maquille pas de la même manière suivant la période de son cycle. Elle reconnaît qu'elle est plus sensible à tous les stimuli sexuels et attache plus d'importance à la sexualité. À l'inverse, dans la dernière partie de son cycle, cette énergie retombe. Elle se trouve beaucoup moins attirante. Elle juge toute cette agitation sexuelle bien futile. Constater cette corrélation et admettre cette influence biologique sur ses pensées la dérange beaucoup. Elle qui pensait que la supériorité du cerveau permettait à l'homme de se dégager complètement de son animalité !

Ces observations nous apprennent deux éléments essentiels. Le premier confirme encore une fois, l'intrication extrêmement complexe en matière de sexualité entre le corporel et le psychique. Les deux forment un entrelacs si serré qu'il est indémêlable. Le second affirme qu'il existe chez la femme (à la différence de l'homme) un rythme menstruel qui influence fortement la relation amoureuse. Tenir compte de ces caractéristiques féminines permet souvent de comprendre l'origine de certains troubles ou dysfonctionnements de la vie amoureuse et du désir féminin. Le désir masculin est à peu près constant, celui des femmes est variable, fluctuant, et donc beaucoup plus aléatoire. Ces différences expliquent bien des incompréhensions.

Sans bébé, malade, abîmée…

Maria me dit : « Je ne suis plus une femme, on m'a tout enlevé, on m'a vidée comme un poulet. » Indépendamment des différentes étapes physiologiques de la vie génitale féminine, le corps sexué peut être agressé par des processus pathologiques. Maria est une femme de 46 ans. Elle vient de subir une ablation de l'utérus. Elle souffrait depuis quelque temps de règles très abondantes dues à de volumineux fibromes. L'opération a été pratiquée il y a maintenant 6 mois et lors de la dernière visite, son chirurgien a été totalement rassurant : la cicatrice et l'examen gynécologique étaient parfaits. Maria avoue qu'elle appréhendait beaucoup ce toucher vaginal, l'intrusion médicale dans son intimité lui rappelant, bien sûr, la violence chirurgicale. Pour le médecin, le dossier est clos. Tout va bien. Maria, elle, reste perplexe. Elle a très peu souffert après l'intervention. À part quelques petits saignements, les suites ont été simples. Mais, au lieu de la tranquilliser, ce silence du corps l'a inquiétée. Que s'est-il passé exactement dans son ventre, dans son sexe ?

On m'a fait une « totale »

Le terme « hystérectomie totale » renforce son trouble. Hystérectomie est un mot appartenant au jargon médical et non au langage courant. De ce fait, son sens reste opaque. Que lui a t'on enlevé exactement ? Quant à l'adjectif « total »… Si on lui a fait une « totale », alors, lui a-t-on tout enlevé ?

Depuis l'intervention, les relations sexuelles n'ont pas repris avec son mari. Elle n'a plus aucun désir. Elle est même réticente lorsqu'il s'approche d'elle. Pourtant, la sexualité leur apportait satisfaction et équilibre. Ensemble depuis 22 ans, ils avaient su, au fil du temps, surmonter les orages de la vie commune et tisser entre eux des liens de complicité et d'harmonie.

Dans leurs métiers respectifs, ils jouissaient de la stabilité qu'apportent généralement l'expérience et la maturité. Leurs deux enfants de 21 et 19 ans avaient dépassé la période difficile de l'adolescence. Ils se dirigeaient tout naturellement vers leur vie d'adulte.

Bref, tout allait bien. Et puisque Maria est tout à fait rétablie, sa vie heureuse devrait pouvoir reprendre son cours mais elle reste inquiète. Cette opération qui, au départ, lui avait semblé anodine, l'ébranle fortement. Sa réaction ne lui paraît pas logique. Le chirurgien lui a expliqué qu'on allait lui enlever l'utérus et qu'en conséquence, elle ne pourrait plus avoir d'enfant. Elle n'aurait plus de règles. Cela fait bien longtemps que Maria ne veut plus d'enfant. Ses deux garçons élevés, elle commence tout doucement à penser plutôt à des petits-enfants.

Concernant les règles, ces pertes menstruelles signifiaient pour elle désagrément, fatigue et maux de ventre. Elle pensait sincèrement que leur disparition serait un soulagement. Elle s'aperçoit aujourd'hui que rien n'est simple. Au-delà de leurs inconvénients, les règles symbolisaient son appartenance à la communauté féminine. C'était une habitude prise depuis l'adolescence. Leur disparition signe la fin d'une époque, un renoncement, l'entrée prématurée dans l'après, dans la vieillesse, le troisième âge, à l'image de sa mère ménopausée depuis bien des années.

L'impossibilité définitive de procréer produit le même effet. Elle n'a plus aucun désir réel d'enfant et elle était bien consciente que, depuis quelques années, sa fertilité était très réduite. Malgré tout, avoir un bébé était encore possible. Si son ventre ne peut plus porter d'enfant, peut-elle se sentir vraiment femme ? La disparition de son utérus, même si cela fait bien longtemps qu'il ne sert plus à rien, lui donne le sentiment de ne plus être une femme à part entière. Elle se perçoit comme étant amputée, castrée.

Son angoisse est d'autant plus forte que sa connaissance de l'anatomie des organes génitaux est assez floue. Ses descriptions sont très imprécises. Elle prête à l'utérus une place énorme, disproportionnée. Elle ne voit pas de véritable séparation entre le vagin et l'utérus. En conséquence, elle s'imagine que l'opération va créer dans son ventre un vide, une béance comme une énorme blessure. Comment, pourrait-elle, dans ces conditions, supporter une relation sexuelle ? La pénétration du sexe masculin, non seulement ne pourra procurer de plaisir à cet endroit blessé, mais il sera perçu comme dangereux, menaçant, capable d'entrer trop profondément et sans rencontrer de limite. À l'inverse, d'autres femmes visualiseront la cicatrice due à l'ablation de l'utérus comme une barrière, une fermeture empêchant toute possibilité de pénétration qui, si elle avait lieu, pourrait provoquer une rupture de la cicatrice, une blessure profonde et dangereuse.

Ces représentations imaginaires erronées sont très fréquentes, y compris chez des femmes connaissant parfaitement leur anatomie. Il est très important qu'elles puissent les exprimer car la verbalisation permet de comprendre leur caractère irrationnel. La mise en mots extériorise l'angoisse et, le plus souvent, le fait d'être écoutée réussit à la faire disparaître. On peut alors, grâce à un discours dédramatisant et à des explications concrètes, aider la patiente à reconstruire tout doucement une image acceptable d'elle-même et de son intimité. Il lui faut, pour faire le deuil de l'avant, dissocier sa sexualité du traumatisme. Là aussi, le temps et la patience sont nécessaires.

Notons que le désir qu'éprouve son mari ne doit pas être tu. Il permettra à Maria de se voir à nouveau comme une femme désirable. L'approche sexuelle devra être très progressive. Toucher du ventre et du sexe avec beaucoup de douceur en faisant réapparaître petit à petit des sensations positives qui remplaceront le vécu négatif. Ce cheminement pourra aboutir à la possibilité d'une pénétration vaginale, à condition que toutes ces étapes soient respectées. Maria pourra alors se sentir à nouveau une femme à part entière, une femme désirable et capable de désirer à son tour.

La parole médicale a une grande importance. Le discours doit être clair et rassurant, le médecin doit éviter les termes médicaux compliqués. Pour la malade, ils sont peu explicites et souvent générateurs d'inquiétude. Une trop grande banalisation n'est pas non plus souhaitable. La patiente, aux prises avec ses angoisses, ne se sentirait pas comprise. Le praticien doit prendre en compte toutes les dimensions de l'acte chirurgical, son aspect réel bien sûr mais aussi les représentations imaginaires et symboliques toujours présentes quand on touche les organes génitaux et donc la sexualité d'un individu.

Après un cancer du sein…

« Depuis la maladie, mon corps est cassé, la sexualité, ce n'est plus pour moi. » Bénédicte a 42 ans. Son allure est élancée, sportive et sa démarche assurée. Habillée avec une élégance discrète, cette femme pourrait donner dans un premier temps une impression de saine maturité, mais ses yeux anxieux, son teint pâle et la fébrilité de ses mains viennent immédiatement démentir cette perception et laissent deviner une faille. Il y a 18 mois, lors d'un examen de routine, un cancer du sein est diagnostiqué. Brutalement, du jour au lendemain, elle comprend qu'elle est atteinte d'une maladie grave et potentiellement mortelle.

Elle n'a pas le temps de réaliser ce qui lui arrive. Sans attendre, il lui faut démarrer toute une série de traitements terriblement agressifs : ablation de la tumeur et du sein atteint, chimiothérapie et radiothérapie. Après une courte phase d'abattement, elle a très envie de se battre contre ce terrible coup du sort. Elle se sent forte et en bonne santé. Bénédicte est mariée avec Benoît depuis 18 ans ; ils ont deux enfants de 17 et 15 ans. Elle pense qu'il est trop tôt pour mourir. Consciente de la gravité de la situation, elle reprend pourtant rapidement espoir. L'intervention se déroule bien et, curieusement, elle n'est pas trop affectée par la disparition de son sein. Au contraire, elle ressent un soulagement en pensant qu'on a extirpé cette tumeur, ce crabe qui la rongeait. Pendant des semaines et des mois, toutes ses forces sont tournées vers un seul objectif : guérir. Son mari, sa famille l'entourent beaucoup et lui trouvent un grand courage. Les médecins sont optimistes. Elle est suivie régulièrement et elle va bien. Elle a subi une chirurgie reconstructrice dont le résultat est très satisfaisant. La prothèse est plus vraie que nature et on devine à peine les énormes dégâts que la maladie avait causés.

Donc, tout va bien mais... Bénédicte ne se sent pas aussi bien qu'elle le devrait. C'est un malaise diffus. Elle ne se sent plus tout à fait la même. Comme si la mort, vue de si près, avait laissé son empreinte. Elle semble avoir perdu sa joie de vivre, son insouciance. Mais, surtout, ce qui l'inquiète le plus est son incapacité à éprouver du plaisir. Avant sa maladie, Bénédicte était une femme très sensuelle. Elle appréciait les plaisirs corporels simples : savourer ses mets favoris, se faire dorer aux premiers rayons de soleil du printemps, paresser voluptueusement dans sa baignoire, nager longtemps dans l'eau fraîche de l'océan. Sexuellement, elle aimait partager avec son mari de longs moments de caresses qui précédaient et accompagnaient leur relation. Tout cela aujourd'hui a disparu. Son corps semble avoir perdu toute sensibilité. Lorsqu'elle l'évoque, elle parle d'un « morceau de bois mort ». Elle le maintient en bonne santé. Les soins et la chirurgie lui ont donné un aspect normal mais, pour Bénédicte, ce n'est qu'une apparence.

Paradoxalement, c'est maintenant qu'elle ressent la souffrance due à l'ablation de son sein. « La prothèse est bel et bien là, pourtant, je ressens un énorme trou, une blessure toujours béante. » Elle croyait en être sortie vainqueur mais la maladie a tué son corps et balayé sa capacité à prendre du plaisir. Elle se perçoit comme un mannequin, pâle image d'elle-même, incapable d'être à nouveau une femme vivante et sexuée.

Le désir que lui exprime son mari l'agresse. Elle ne se laisse plus ni approcher, ni toucher. Son entourage n'y comprend rien. Elle qui a été si courageuse face à l'adversité semble très déprimée aujourd'hui que tout danger est écarté. Cette incompréhension des siens ajoute à sa souffrance. Dans cet exemple, on voit l'affrontement de la vie et de la mort. La sexualité, le désir et le plaisir sont du côté de la vie. Bien sûr, Bénédicte s'est battue avec beaucoup d'énergie contre cette terrible maladie étroitement associée à la mort, qu'est le cancer. Elle a témoigné alors d'un fort instinct de survie. Mais cette bataille gagnée n'est pas la fin de la guerre. Sur les ruines du champ de bataille, il lui reste à effectuer un long travail de reconstruction, de réparation. Les traitements agressifs, mais nécessaires, ont fait de gros dégâts physiques mais aussi psychologiques. Il lui faut maintenant progressivement dissocier son corps de la maladie, alors que pendant de longs mois, ils ont été intimement liés.

D'autre part, cette maladie, en frappant le sein, s'est attaquée au symbole même de la féminité. Son image corporelle a été traumatisée, modifiée par la chirurgie. La reconstruction n'est qu'une prothèse, qu'une apparence de normalité. Au-delà de la chirurgie plastique, il faut qu'elle répare psychiquement cette représentation sexuée d'elle-même. Retrouver progressivement ses sensations corporelles à travers des activités très simples permettra cette réhabilitation. Mais il faudra longtemps avant d'envisager, dans un deuxième temps, l'accès à son corps sexué, au plaisir et au désir.

Bénédicte est actuellement dans une dynamique dépressive correspondant à une phase normale de deuil. Lorsqu'elle devait se battre contre la mort, il n'était pas question pour elle de s'affaiblir. Elle peut, maintenant que tout danger est écarté, s'autoriser à se relâcher et à faire ce travail d'acceptation et de reconstruction qu'il convient de respecter. Elle doit reprendre espoir, être patiente et expliquer cela à son mari dont la compréhension, la patience et la bienveillance l'aideront à sortir définitivement victorieuse de toutes ces épreuves.

Ce ventre inséminé, dépossédé…

« Depuis quelques mois, je ne suis plus qu'une machine à faire des bébés. » Cela fait presque trois ans que Marc et Jessica ont pris la décision de faire un enfant. Ils se sont rencontrés sur le tard, à respectivement 45 et 39 ans. Leur passé présente des similitudes : ils ont été un peu malmenés par l'existence. Tous deux ont formé un premier couple qui n'a pas duré. Jessica a failli être mère lorsqu'elle avait 35 ans. Elle s'est résolue, malgré son fort désir d'enfant, à avorter. Son compagnon de l'époque était alcoolique et violent et elle ne pouvait envisager dans ces conditions de poursuivre sa maternité.

Avec Marc, elle s'est sentie très vite en sécurité et tout naturellement, après 18 mois de vie commune, ils ont commencé à parler enfant. Le temps pressait, Jessica n'était plus toute jeune or, l'horloge biologique féminine est impitoyable. Marc, de son côté aussi, avait longtemps rêvé d'être père. Sa précédente épouse ne souhaitait pas de grossesse. Il a longtemps pensé qu'il pouvait s'en passer mais cette frustration refoulée a certainement dû jouer un rôle dans leur mésentente, puis leur séparation. Il a beaucoup souffert lorsqu'elle l'a quitté pour un autre mais, à présent, il ne regrette rien ; il se sent bien avec Jessica.

Malheureusement, malgré leurs efforts, ce projet d'enfant n'aboutit pas. Au bout de quelques mois de tentatives infructueuses, ils se sont résolus à demander conseil et aide auprès d'un médecin gynécologue. Les examens pratiqués n'ont rien révélé de très grave : quelques petites anomalies hormonales chez Jessica qui s'est soumise, pleine d'espoir, à un traitement. Mais rien n'est venu.

Déjà à cette époque, l'inquiétude commençait un peu à perturber le couple. Les relations sexuelles n'étaient plus synonymes de plaisir mais associées malheureusement à l'espoir, chaque fois déçu, de procréer. La prise de température matinale, répétée chaque jour pour déterminer l'ovulation, alourdissait encore ce climat en rappelant sans cesse l'existence du problème. C'est surtout pendant la période fertile que l'angoisse était à son comble. Les rapports devenaient obligatoires, programmés. Marc avait de plus en plus de mal à obtenir une bonne érection. Pour Jessica, c'était pire car, très crispée, elle n'avait plus aucun désir et la pénétration devenait douloureuse.

Pendant plusieurs mois, malgré tout, ils ont accepté de se soumettre à ce régime car leur désir d'enfant était le plus fort. Puis, devant leur échec, leur médecin leur a proposé de passer à la vitesse supérieure : la stimulation puis l'insémination. Il s'agissait de faciliter l'ovulation par des injections d'hormones et, le moment venu, d'inséminer artificiellement avec le sperme du mari. Ils n'ont pas hésité une seconde. Ils voulaient cet enfant. Ils étaient prêts à tout. A suivi une série d'essais très éprouvants. Les injections n'étaient pas toujours bien supportées et l'insémination médicalisait totalement l'acte de procréation. Dès cette période, tout désir entre eux avait disparu. Ils n'avaient plus de rapport car plus aucune envie d'en avoir.

Ce fut malheureusement un nouvel échec et leur médecin a proposé l'ultime étape : la fécondation in vitro. Il s'agissait de prélever des ovules directement par une petite intervention au niveau des ovaires. Puis de les mettre au contact des spermatozoïdes du futur père. Alors, les embryons ainsi formés pouvaient être réintroduits dans l'utérus de Jessica. Offrant une plus grande technicité, cette escalade thérapeutique augmentait les chances de succès mais représentait aussi une agression encore plus forte dans l'intimité du couple. À l'issue du premier essai infructueux, Jessica et son mari ont brutalement décidé de tout arrêter. Momentanément.

L'idée de l'enfant était devenue omniprésente, obsédante. Leur relation était de plus en plus tendue et des conflits éclataient pour des riens. Finis les gestes tendres, les marques d'affection ! Jessica avait l'impression que son désir sexuel était mort et que son corps se transformait en une espèce de machine sur laquelle se penchaient des techniciens pour la faire fonctionner. Elle en était dépossédée. Quant au couple qu'elle formait avec Marc… Elle fut effarée de réaliser que si elle tombait enceinte maintenant, sa grossesse elle-même n'aurait plus grand sens. Elle ne savait plus où elle en était. Elle ne savait même plus si elle désirait encore un enfant.

Ils avaient besoin tous les deux d'un temps pour se retrouver, pour réfléchir. Ils sont venus me voir pour en parler. Bien sûr, le compte à rebours continue. Jessica a maintenant 42 ans. Elle sait que chaque mois qui passe diminue sa fertilité. Mais elle a aussi compris qu'elle doit attendre un peu. Pendant quelques séances, nous allons ensemble reparler de leur expérience et saisir ce qui s'est passé. Pourquoi cette technicité, pourtant très performante, n'a-t-elle pas été bien supportée ? Et pourquoi n'a-t-elle pas produit les effets escomptés ? Jessica et Marc ne renoncent pas à leur projet. Ils veulent faire d'autres essais de fécondation in vitro, mais en s'y préparant. Ils souhaitent retrouver leur entente passée. Ils sont persuadés que s'ils parvenaient à nouveau à se désirer, ils auraient plus de chance d'y arriver. Je les y encourage en pensant que le temps qu'ils prennent est loin d'être perdu.

Le corps physique, concret, de Jessica ne doit pas être dissocié de son corps érotique, celui qui est capable de désir pour son compagnon. Ce n'est que dans cette unité retrouvée qu'ils pourront mener leur projet à bien, en toute cohérence, en lui gardant un sens. J'ai suivi ce couple pendant quelques mois, puis les ai perdus de vue. Un matin, j'ai été très émue en trouvant un faire-part de naissance dans mon courrier. Une petite Élodie était née. Et ses parents, Jessica et Marc, étaient heureux.

Deuxième partie

LE POIDS DES RÔLES ET DES TRADITIONS

La vie sexuelle ne commence pas à la puberté. Dès la naissance, nous sommes inscrits dans notre sexe d'appartenance et nous commençons à élaborer ce qui sera, plus tard, notre sexualité d'adulte. C'est dans le creuset familial et culturel que celle-ci se construit lentement, pendant l'enfance et l'adolescence, en s'appuyant sur les modèles parentaux et le discours social.

Quel héritage reçoivent les femmes d'aujourd'hui et quelle place souhaitent-elles tenir dans le couple, la famille et la société ? Au travers de quelques tranches de vie, le désir féminin donne un fil conducteur à cette réflexion.

Des premières règles à la ménopause

« Le sexe, c'est du sang et de la douleur. » Cette phrase dramatique est prononcée par Nadia, une jeune femme de 23 ans qui consulte pour un problème de vaginisme. Loin d'être rare, cette difficulté est l'impossibilité totale de pouvoir se laisser pénétrer par le sexe masculin lors d'une relation. Aucun obstacle anatomique dans ce cas, mais seulement une contracture réflexe des muscles périnéaux entourant le vagin. Elle est indépendante de la volonté consciente et survient lors de chaque tentative de pénétration. A minima, on peut avoir un tableau de dyspareunie, douleurs lors des relations sexuelles dues très souvent aussi à une contracture de ces mêmes muscles qui, si elle permet la pénétration, la rend douloureuse.

« Tu verras, ça fait mal ! »

Pourquoi Nadia, en pensant au sexe qui normalement devrait être une source de plaisir, fait-elle une si terrible association ? Pourquoi beaucoup de femmes pensent-elles comme elle ? Elle a en partie raison : la vie féminine est rythmée par le sang et la douleur : les règles, l'accouchement… Ce ne sont pas des maladies et la plupart des femmes parviennent aisément à surmonter ces tracas. Cependant, la présence de la douleur et du sang à ces différentes étapes marque profondément et symboliquement le psychisme féminin si bien que, très souvent, l'association du plaisir à la sexualité est reléguée au second plan.

Nadia raconte ses premières règles. Elle avait alors 12 ans et demi. Cela faisait quelque temps qu'elle en parlait avec ses copines de classe. Quelques-unes les avaient déjà et en retiraient une certaine fierté. Elles n'en disaient pas grand chose, s'entourant sans doute d'un peu de mystère pour se donner plus d'importance. Cependant leurs discours n'étaient pas rassurants : « Tu verras, ça fait mal. » Déjà le sang et la douleur…

Chez sa mère aussi, rien de très engageant. Quand elle avait « ses affaires », comme elle disait, il ne fallait pas l'ennuyer. Elle était irritable et avalait des médicaments en se tenant le ventre. Lorsque, enfin, Nadia a vu arriver sa première menstruation, de l'effroi s'est mêlé à sa joie d'être grande. Jusqu'à présent, pour elle, le sang était synonyme de blessure et de souffrance. En voyant ce liquide vital s'écouler de son sexe, elle ne pouvait s'empêcher d'être inquiète. Les paroles et le ton de sa mère lui ont confirmé qu'il s'agissait de quelque chose de grave : il fallait se laver, se changer plus souvent et faire attention maintenant… mais à quoi ?

Nadia s'est sentie barbouillée. Elle a eu mal au ventre. Pas une douleur insupportable mais un malaise suffisant qui, associé aux saignements, l'a laissée perplexe. L'entrée dans sa vie de femme sexuée s'est faite dans la gravité. À aucun moment, il n'a été question de plaisir. Au soir de cette journée mémorable, elle se souvient d'avoir pleuré. Elle se sentait triste et inquiète de quitter l'insouciance de son enfance. Bien sûr, elle était contente de devenir une grande fille, mais cela ne suffisait pas à compenser ces débuts douloureux et sanglants marquant son entrée dans la communauté des femmes. Devait-elle s'en réjouir ou s'en inquiéter ?

Souffrir pour pouvoir jouir

Nadia est mariée depuis deux ans. Étant musulmane, il n'était pas question pour elle d'avoir des relations sexuelles avant le mariage. Elle a longtemps cru que seules ses idées religieuses empêchaient un rapprochement intime avec Abdel, son mari. Lui, bien que totalement athée, respectait les convictions de sa femme. Malheureusement, le mariage n'a rien changé. La religion avait servi de paravent à un problème plus profond.

D'origine marocaine, elle a refusé de célébrer son union au pays suivant le rituel traditionnel du drap taché de sang prouvant sa virginité. Se doutait-elle de l'échec ? Elle affirme qu'elle a toujours trouvé cette coutume barbare. Le mariage, au lieu d'être un lien d'amour, lui semblait un acte brutal et sanguinaire. Les confidences de ses proches abondaient dans ce sens. Sa mère ne lui a t'elle pas dit la veille de son mariage : « Ne t'inquiète pas, détends-toi et tout se passera bien » ? Au lieu de la rassurer, cette phrase lui confirmait au contraire qu'il y avait tout lieu de s'inquiéter. Pas question de plaisir dans ce discours mais d'une épreuve qu'une femme raisonnable devait logiquement pouvoir surmonter. Néanmoins, une épreuve tout de même…

Des amies déjà mariées ont également confirmé ses appréhensions. Avec ce même air de conspiratrices que pour ses premières règles, elles ont dit : « Tu verras, ça fait mal. » L'accomplissement de la féminité était un chemin semé d'obstacles à franchir dans le sang et la douleur. Chaque fois, le lieu de ce traumatisme était le sexe de la femme, lieu normalement dévolu au désir et au plaisir. Rite initiatique de passage où la femme doit d'abord souffrir avant de pouvoir jouir.

En réalité, l'hymen n'est qu'une frêle barrière membraneuse se laissant facilement déchirer à la moindre tentative de pénétration. Les douleurs, non seulement ne sont pas systématiques, mais la plupart du temps très minimes. Ce qui souvent les majore est la contracture due à l'appréhension qui l'accompagne. S'inquiète t-on de la même façon de la chute d'une dent de lait ?

Qu'est ce qui pousse les femmes elles-mêmes à cultiver ce mythe de la souffrance, à le grossir, à en faire une condition incontournable pour accéder à une féminité accomplie ? La réponse est complexe.

Naturellement, on se valorise en exagérant les épreuves surmontées. C'est un peu l'esprit « ancien combattant ». Il n'y a pas si longtemps, les hommes eux-mêmes présentaient le service militaire de la même façon : « Tu verras, tu vas en baver ». Ceux qui avaient traversé l'épreuve se sentaient des hommes. Chez les femmes, les différentes étapes de la vie génitale jouent ce rôle de passage initiatique. Hélas pour elles, à la différence des hommes, il touche en même temps leur sexe, et de plein fouet ! Du côté masculin, le pénis n'est jamais directement atteint dans ces rituels de maturation. Sauf peut être dans le cas de la circoncision religieuse où il existe une atteinte physique directe ainsi que symbolique.

Mais il y a d'autres explications. Le thème de la faute, qui selon certaines théories religieuses monothéistes entache l'humanité, semble surtout lié aux femmes. En effet, il leur faut souffrir par là où elles ont péché. L'accès au plaisir, bien aléatoire, ne se fera que si elles se sont d'abord acquittées d'une énorme dette (lourd tribu à payer à la culpabilité), une sorte de condition à remplir pour avoir le droit d'accéder – et de façon bien incertaine – au plaisir. Dans cette geôle qui emprisonne la sexualité féminine, les femmes se font elles-mêmes complices en grossissant les difficultés propres à leur sexe. C'est en comprenant cela que l'on pourra briser cette malédiction.

La pénétration, une effraction ?

Les femmes vivent la pénétration comme une intrusion, une effraction violente dans les profondeurs de leurs corps. C'est l'inverse pour les hommes, l'acte sexuel étant pour eux une merveilleuse manière d'exprimer leur amour et d'avoir du plaisir. Pénétrer le vagin d'une femme, c'est sentir son pénis enserré dans un doux écrin parfaitement adapté et permettant une sublime caresse. Pour eux, la pénétration est le but de la relation sexuelle qui, sans elle, ne serait pas complète.

Pour certaines femmes, la vision du sexe masculin en érection est effrayante. C'est une arme, un couteau pointé sur elles qui vont les pénétrer et les déchirer. Le déroulement de la première relation sexuelle avec la rupture de l'hymen vient le confirmer. Il faudra vaincre cette première représentation négative pour désirer la pénétration. Alors, elle ne sera plus vécue comme une violence passivement subie. Le vagin deviendra un organe actif, cherchant lui aussi à jouir des sensations provoquées par la caresse pénienne. Les femmes pourront parler alors du désir d'être pénétrées, d'être remplies, comblées par l'organe masculin. Cette aspiration active n'aura alors plus rien à voir avec la position défensive et craintive de Nadia.

Chez ces femmes vaginiques, la représentation anatomique

de leur sexe est généralement erronée. Lorsque je demande à Nadia de me dessiner schématiquement ses organes génitaux, elle trace un vagin étroit, fermé à l'entrée par une barrière solide qui représente l'hymen. Par contre, le fond vaginal est ouvert sur la cavité abdominale ! Elle oublie tout simplement le col de l'utérus, cette fermeture importante opérant une réelle frontière entre l'intérieur et l'extérieur de son corps. Le vagin n'est en fait qu'un espace intermédiaire, totalement ouvert et accessible, un peu comme l'est la bouche au niveau supérieur. Lors de la relation sexuelle, le pénis de l'homme ne pénètre pas dans le ventre de la femme mais seulement dans son sexe, ce qui, sur le plan symbolique, est très différent.

« Tu enfanteras dans la douleur… »

Mais Nadia m'explique que ses appréhensions ne s'arrêtent pas là. Avoir des relations sexuelles et du plaisir, c'est très bien, mais il reste l'épreuve de la grossesse et de l'accouchement. Elle frémit en évoquant les récits monstrueux qui lui ont été faits : femmes éventrées, écartelées, déchirées et même mortes en couche. Douleurs insupportables durant des heures avant la délivrance. Ces histoires ne sont pas inventées, elles appartiennent malheureusement à un passé pas si lointain où un nombre important de femmes mouraient en couches. Jusqu'au 19ème siècle, mettre un enfant au monde, c'était, suivant le dicton de l'époque, « avoir un pied dans la tombe ».

Aujourd'hui, il existe toujours de possibles difficultés qui rendent nécessaire la présence médicale, mais à la barbarie des époques passées se sont substitués d'autres problèmes. La surmédicalisation de la grossesse et de l'accouchement, qui en soi se justifie, présente l'inconvénient de faire vivre cette étape physiologique de la vie féminine comme une maladie grave. Quand on a un problème sérieux de santé, on va à l'hôpital. Or, on y va aussi pour mettre un enfant au monde. À la sauvagerie et à l'ignorance des matrones a succédé la froide technicité médicale. Celle-ci, malgré les grands progrès réalisés, n'a pas réussi à désangoisser les femmes. Trop souvent, elles sont dépossédées de leur corps. Il serait important, sans nier les progrès technologiques, qu'elles puissent se réapproprier cette expérience fondamentale de la féminité que sont la grossesse et l'accouchement. Et de définitivement les dissocier de la maladie, de la souffrance et de la mort.

Malheureusement, la phrase « tu enfanteras dans la douleur » raisonne encore très souvent dans le psychisme féminin et sonne le glas de la légèreté et du plaisir. Ce patrimoine féminin est effrayant pour Nadia. Il participe à l'élaboration de sa difficulté sexuelle. Son histoire familiale la conforte dans ses représentations négatives. Sa mère a eu 6 enfants (Nadia est la dernière). Ses grossesses rapprochées, pas forcément toutes désirées, l'ont laissé épuisée physiquement et psychologiquement. Elle a passé une grande partie de sa vie enchaînée aux travaux forcés du maternage, le plaisir étant chassé par l'ampleur de la tâche. Fatiguée, usée, le corps abîmé et cassé, c'est ainsi que Nadia voit sa mère. Elle sait que les choses ont changé ; cependant, pour elle, la vie sexuelle féminine est associée de façon indélébile à cette image négative et elle n'en veut pas. Là encore, le désir et le plaisir sont du côté masculin. La souffrance et le sang du côté des femmes. Une réalité que chaque mois, le sang menstruel vient leur rappeler.

Bonheur et solitude de la maternité…

Mais la maternité est aussi autre chose. C'est une fonction hautement valorisée par la société, quelle que soit la culture. Les femmes trouvent souvent là le moyen d'exprimer leur sexualité en se détournant de la relation amoureuse. Isabelle vient consulter car depuis la naissance de son fils, voici 18 mois, elle n'a plus aucun désir sexuel. Elle avoue qu'il n'a jamais été très intense mais, avant l'accouchement, la sexualité dans le couple était assez satisfaisante. Si, les trois premiers mois de sa grossesse, elle s'est sentie un peu nauséeuse et fatiguée, à partir du deuxième trimestre elle a plutôt perçu un regain de désir. Elle avait, à travers ce corps qui s'arrondissait, une conscience plus aiguë de sa féminité. Plus question d'être obsédée par la minceur, elle était libérée et s'autorisait, semble-t-il, pour la première fois, à jouir vraiment de son corps féminin.

Vers la fin de sa grossesse, quelques nuages sont venus assombrir cette harmonie. Ses rondeurs s'accentuant, elle s'est sentie moins à l'aise dans son corps, moins désireuse qu'on le touche ou qu'on le regarde. Peu à peu, elle s'est centrée exclusivement sur sa grossesse, sur cet événement qui bouleversait sa vie et qui s'inscrivait au plus profond de son être. Elle sentait que son mari, bien que ravi par la future naissance, y accordait moins d'attention qu'elle. À cette époque, des soucis professionnels l'ont beaucoup accaparé, alors qu'au même moment, Isabelle ayant cessé de travailler, elle pensait exclusivement au bébé. Elle passait de longs moments, la main sur son ventre, à guetter les mouvements de l'enfant. Cette différence de perception et de sensibilité les a un peu éloignés…

L'accouchement s'est bien passé sur le plan médical mais Isabelle, elle, ne l'a pas très bien vécu. Les douleurs importantes et la déchirure de son sexe dues à l'épisiotomie ont été perçues comme un traumatisme. Elle n'a pas compris la sérénité de son entourage, ravi que tout se soit passé au mieux. Son bouleversement n'a pu se dire. Elle l'a ravalé pour afficher le sourire attendu. Elle devait montrer son bonheur d'avoir un beau bébé. Elle en a voulu à son compagnon de ne pas saisir sa souffrance et d'entrer lui aussi, et tout simplement, dans le plaisir béat de la paternité.

Depuis, rien ne va plus entre eux. Un climat tendu commence à s'installer. Isabelle est d'abord passée par une phase où elle en voulait beaucoup à son mari. Son désir sexuel lui paraissait incongru et déplacé. Comment pouvait-il ne pas être comblé par ce bébé qu'ils avaient ensemble tant désiré ? Face au bonheur inouï d'avoir un enfant, le sexe lui paraissait bien secondaire. Alors qu'elle et son conjoint étaient si proches auparavant, elle sentait qu'ils s'étaient terriblement éloignés l'un de l'autre. L'idée qu'il pouvait être jaloux n'a fait qu'aggraver les choses. Comment un homme adulte et responsable pouvait-il se mettre en rivalité avec un petit être sans défense, quand il aurait dû, en sa qualité de père, le protéger ?

Mais Isabelle, au fil des mois, devient moins sûre d'elle. Son fils a maintenant 18 mois et son désir pour son mari n'est pas réapparu. Vaguement inquiète, elle en a parlé longuement avec une amie en s'attendant à être rassurée et confortée dans sa vision des choses. Mais non, au contraire, son amie l'a mise en garde contre les dangers qui guettaient son couple. Elle-même avait vécu une situation similaire à la naissance de son bébé. C'est ainsi qu'Isabelle a décidé de venir consulter.

Elle et son mari désiraient beaucoup cet enfant. Ils ont été fous de joie lorsqu'ils ont appris qu'elle était enceinte. N'était-il pas magique que leur amour ait pu créer une vie ? Mais que reste t-il aujourd'hui de cette complicité ?

Son corps est également une source d'angoisse. Elle avait assez bien accepté de voir son ventre s'arrondir et prendre des proportions imposantes. Elle savait qu'elle fabriquait un enfant. Cette métamorphose avait un sens. Après l'accouchement, une fois l'enfant né, et son travail terminé, son corps n'est pas redevenu comme avant ; elle ne le reconnaît plus. Comment pourrait-elle imaginer avoir du désir et du plaisir avec cette enveloppe déformée et abîmée ? S'habiller avec coquetterie ou se soigner n'est plus à l'ordre du jour. D'ailleurs ses anciens vêtements ne lui vont plus et elle n'a plus vraiment le temps pour ces futilités. Elle est tout entière consacrée à l'unique activité qui pour elle, a un sens et lui donne du plaisir : le maternage de son enfant.

Se réapproprier un corps différent

Bien évidemment, dans les semaines qui ont suivi la naissance du bébé, il n'était pas question de relations sexuelles. Son corps était meurtri, son ventre distendu par la grossesse lui paraissait laid et flasque, les muscles ayant disparu. Ses seins énormes, tendus, lui procuraient des sensations ambiguës oscillant entre douleur et plaisir. Elle se demandait avec inquiétude s'ils allaient par la suite retrouver leur aspect antérieur. La tétée était pour elle un moment privilégié de bonheur et de sensualité. Ses seins gonflés de lait étaient destinés à son fils avec qui elle partageait, dans un corps à corps délicieux, des moments intenses. Comment son mari pouvait-il le soir commettre le sacrilège de lui caresser ces mêmes seins dans un but sexuel ?

Son vagin avait été, lors de l'accouchement, un lieu de souffrance, et la sage femme avait dû réaliser une épisiotomie, petite incision pour faciliter le passage de l'enfant. Elle sentait cet endroit intime meurtri et blessé, et la cicatrice, longtemps sensible, lui rappelait sans cesse ce traumatisme. Mais surtout, elle avait une impression étrange en se regardant dans un miroir. Elle ne reconnaissait pas tout à fait l'image de son corps. Ce n'était plus la silhouette distendue par la grossesse mais ce n'était pas non plus celle d'avant. Elle avait perdu ce ventre qu'elle portait fièrement en avant et n'avait rien retrouvé à la place. Elle éprouvait la sensation bizarre de ne plus savoir qui elle était ainsi qu'une vague tristesse injustifiée dont elle se sentait coupable. Son entourage ne cessait-il pas de lui rappeler qu'elle avait bien de la chance et qu'elle devait être heureuse ?

L'accouchement est un bouleversement psychologique et physique important dans la vie d'une femme. Cette crise, que l'on peut qualifier de maturative, s'accompagne souvent d'une modification de l'image du corps, laissant les femmes dans un état de grande fragilité et de régression où des conflits anciens peuvent resurgir. Ce nouveau vécu corporel demande une période d'adaptation. Il entre souvent en résonance avec des périodes de maturation remontant à l'enfance et dans lesquelles le corps a joué un rôle important.

Les contours physiques ont pu devenir flous après l'expérience de la grossesse et de l'accouchement. L'enfant a été ressenti à la fois comme un morceau du corps de la mère et comme un élément étranger doté d'une vie propre. L'accouchement l'a expulsé et la section du cordon a fait de lui un individu bien distinct. Après une telle expérience, la femme a besoin d'un certain temps pour retrouver son intégrité et ses limites corporelles.

À cette période, Isabelle a beaucoup apprécié les séances de kinésithérapie qui lui avaient été prescrites. C'était d'abord l'occasion de s'occuper un peu d'elle et plus seulement de son enfant, sans aucune culpabilité. Les sensations créées par le travail musculaire et le toucher bienveillant de la barrière cutanée lui ont permis de reconstruire les limites et de réparer l'image corporelle meurtrie. Ce contact de la peau déclenche sans doute des sensations comparables à celles ressenties par le bébé lorsque sa mère le soigne. La perte de l'unicité mère-enfant fait revivre à la parturiente le traumatisme de sa propre naissance. Il existe très fréquemment chez les femmes, après l'accouchement, un désir ambigu et simultané de s'occuper de leur bébé et d'être prises en charge elles-mêmes, comme le nourrisson qu'elles furent jadis. Ce souhait est bien évidemment fort éloigné d'un désir sexuel adulte. Cette régression nécessite une reconquête patiente d'une sensualité mature où la femme revivra en accéléré les différentes étapes de son développement psychoaffectif.

L'homme qui partage sa vie devra l'accompagner dans ce cheminement, l'entourer de sa tendresse et de sa compréhension. Son désir sexuel sera présent, sans demande impérieuse et sans exercer de pression. Il sera le guide donnant le sens, la direction à suivre. Ces nuances sont très souvent difficiles à saisir pour le partenaire masculin et sont à l'origine de bien des incompréhensions et des maladresses. La réintroduction trop précoce de la sexualité peut avoir des conséquences très négatives.

Cet exemple illustre la relation duelle fusionnelle qui prévaut durant les premières semaines ou les premiers mois entre l'enfant et la mère, et dont le père est souvent exclu. Mais ce dernier a un rôle fondamental à jouer. Il doit progressivement reconquérir sa place auprès de sa femme, s'introduire comme élément séparateur entre la mère et son enfant. Il installera alors une triangulation père-mère-enfant qui remplacera la dyade. Ce n'est que lorsque ce processus aboutit que la sexualité dans le couple retrouve sa place. Les obstacles physiques, hormonaux et psychologiques vont pendant quelques semaines, voire quelques mois, retarder cette évolution. Il faudra à l'homme beaucoup de patience, de persévérance mais aussi de douceur et de compréhension pour reconquérir cette position d'amant.

Chez la femme, il faudra également une volonté de dépasser certaines difficultés. Elle devra éviter de s'enfermer hermétiquement dans le couple mère-enfant et redonner à l'homme la place importante qu'il doit avoir. La société, en survalorisant la maternité au dépend de la sexualité féminine et en mettant parfois sexualité et maternité en opposition, ne favorise pas ce processus déjà naturellement difficile. La réussite de la triangulation est profondément nécessaire à l'équilibre du couple mais aussi à celui de l'enfant. Ce dernier, en restant piégé dans la relation duelle avec sa mère, ne pourra accéder à un développement psychologique harmonieux. Isabelle l'a progressivement compris au cours de son travail. Elle s'est tout doucement réapproprié son corps et sa féminité. Quand elle s'est sentie prête, elle a pu à nouveau se tourner vers son compagnon.

La maternité représente une étape difficile pour les femmes. Comme pour les hommes, elle possède un aspect symbolique : être mère ou père, c'est transmettre quelque chose de soi, c'est s'inscrire dans une filiation. Mais pour les femmes, c'est aussi une expérience profondément charnelle, ainsi qu'un vécu sexuel à part entière qui va occuper pendant un temps le devant de la scène, faisant passer au second plan la sexualité relationnelle du couple.

Les vertiges de la ménopause

Quelles sont les conséquences de la ménopause, ultime étape de la vie génitale féminine, sur la vie sexuelle et le désir ?

« Je n'ai plus trop envie, je me force un peu, cela me fait mal, c'est sans doute normal à mon âge, je suis ménopausée. » Mme T. vient en consultation de gynécologie. C'est une femme de 52 ans, assez grande, vêtue de façon soignée et classique. Son maquillage léger ne parvient pas à masquer les cernes de son visage fatigué. Elle a l'air grave, se tient un peu voûtée sur sa chaise comme si son dos portait une charge imaginaire. Elle n'a plus ses règles depuis sept mois et son médecin de famille lui a conseillé de venir consulter, « même si la ménopause est un phénomène naturel », comme il l'a précisé.

Depuis quelques temps, elle ne va pas bien, se sent fatiguée et a des bouffées de chaleur qui l'empêchent de dormir ; surtout, elle a pris 5 kg en 6 mois malgré un régime. « Si cela continue, dit-elle, je ne ressemblerai plus à rien. » On sent à travers ces mots le poids écrasant de ce corps qui la trahit et dans lequel elle ne se reconnaît plus. L'examen est normal à part une muqueuse vaginale un peu pâle traduisant le déficit hormonal.

« Les rapports avec votre mari se passent-ils bien ? » demande le gynécologue. Petite moue significative et bredouillements gênés : « Vous savez, je n'ai plus trop envie et puis je me force et cela me fait un peu mal, alors… mais je pense que tout cela est sans doute normal à mon âge… » Les douleurs lors des rapports sexuels, appelées dyspareunie, sont bien sûr la conséquence inévitable de la privation hormonale qui modifie l'état de la muqueuse et la rend fragile. Mais elles sont aussi la conséquence de la baisse du désir sexuel. Sa douleur morale devant le vieillissement est étroitement associée avec son corps qui grossit. Il serait bien difficile de faire la part dans sa fatigue de ce qui relève de sa dépression psychique et de ce qui est dû aux modifications physiologiques.

Le médecin prescrit un traitement hormonal substitutif en expliquant les bénéfices escomptés sur l'état général et sur la sexualité. Mme T. reste inquiète. Ce traitement n'est-il pas artificiel ? N'y a t'il pas un risque de cancer ? Préoccupation logique mais aussi culpabilité évidente à vouloir obtenir une jeunesse prolongée et les plaisirs corporels qui lui sont associés. Il faudra que le médecin parle longuement à Mme T. pour expliquer le rôle des hormones, pour démythifier le mot ménopause et opérer une désintrication entre sexualité, plaisir et reproduction. Le poids scientifique de la parole médicale sera nécessaire pour redonner à cette patiente la permission d'avoir du plaisir afin qu'elle prenne ce traitement sans culpabilité. Les conseils de la reprise d'une activité physique permettront de prévenir les conséquences néfastes de la prise de poids et de la fonte musculaire tout en restaurant une bonne image corporelle.

Après trois mois de traitement, Mme T. revient en consultation transformée. Elle n'a plus de bouffées de chaleur et même si elle n'a pas perdu un gramme, elle n'est plus du tout fatiguée. Elle fait de la gymnastique dans un club. Elle projette avec son mari un voyage en Irlande et vient renouveler son ordonnance avant de partir. Alors que les hommes voient très progressivement diminuer leur sécrétion hormonale testiculaire, leur appétit sexuel et leurs capacités physiques à l'exprimer, les femmes vivent, elles, une rupture brutale. La ménopause est un arrêt total de la fonction physiologique ovarienne. Plus aucune possibilité de procréation puisqu'il n'y a plus d'ovulation et plus aucune sécrétion hormonale.

On a vu précédemment que le sang rythmait la vie des femmes. L'arrêt définitif de cet écoulement sanguin signe l'entrée en ménopause. Il peut être vécu comme la perte de l'appartenance à la communauté féminine. Point de douleur, me direz-vous, ci ce n'est quelques malaises et quelques bouffées de chaleur longtemps banalisées par les médecins, pour la plupart masculins, car aucun de ces symptômes ne mettaient la vie en danger.

L'heure des bilans

Mais la ménopause est bien autre chose. Ce n'est pas une maladie et cela reste une étape physiologique de la vie génitale. On assiste cependant, avec l'avènement des traitements hormonaux substitutifs, à une médicalisation importante de cet état. À cette occasion, les femmes consultent massivement. Elles se plaignent de symptômes, certains étant qualifiés de psychofonctionnels, tels l'asthénie, les modifications de l'humeur ou la baisse du désir. D'autres sont plus concrets comme les bouffées de chaleur, l'atteinte du vagin par carence hormonale ou la perte du tissu osseux appelée ostéoporose. La ménopause est même, pour certains, un véritable problème de santé publique compte tenu de l'allongement de la durée de vie.

Sans être une maladie, la ménopause entraîne incontestablement une souffrance. Malaises physiques et psychiques vécus dans l'intimité mais aussi au travers du regard des autres. Il existe indéniablement une blessure narcissique par atteinte directe à l'image corporelle. La silhouette s'alourdit avec une prise de poids et une modification de la répartition des graisses. La taille diminue par tassement de la colonne, la pilosité sexuelle se raréfie alors que celle du visage et des membres s'accentue, la peau perd son élasticité et se ride, les seins s'affaissent, le vagin s'assèche et se rétrécit, les maladies cardio-vasculaires se multiplient et l'humeur devient morose. Quel tableau épouvantable !

Mais la femme doit faire aussi le deuil de sa fonction de procréation et, par un amalgame souvent présent, de sa féminité et de sa sexualité. Avec la ménopause survient aussi l'heure du bilan. La jeunesse est encore proche, mais la vieillesse n'est pas loin. Période charnière où d'une part les enfants sont devenus grands et quittent le foyer familial pour affronter à leur tour leur vie sexuelle d'adulte, et où d'autre part il faut gérer les problèmes des parents vieillissants. Dévalorisation et dépression sont souvent les partenaires de cette période de la vie. Ce vécu douloureux de l'image corporelle évoque la vieillesse et déclenche une forte angoisse de mort. C'est une agression physique et psychique par rupture d'équilibre. Il y a également un risque de perte affective, de séparation, en rapport avec la modification possible de la relation dans le couple.

Lorsque la femme ménopausée vient consulter un médecin, elle vient lui parler de son corps, mais de quel corps s'agit-il ? Du corps biologique bien sûr, des ovaires qui ne remplissent plus leurs fonctions, des règles qui se tarissent et des bouffées de chaleur qui réveillent la nuit. Mais aussi d'un autre corps, celui qui vieillit, s'empâte, se ride et devient transparent, ce corps qui n'est plus désirable. Elle vient aussi parler de la disparition souvent fréquente de son désir sexuel. L'importance de la qualité de la vie amoureuse et relationnelle existant dans le couple est fondamentale. Si l'homme, à l'aise avec son âge, est toujours dans le désir de sa partenaire, cela aidera la femme ménopausée, après une période de troubles, à retrouver confiance en elle. Mais les choses seront très différentes si lui-même, à l'approche de sa vieillesse, cherche à confronter son pouvoir de séduction en se tournant vers des partenaires plus jeunes. Il confortera alors sa compagne dans son sentiment de dévalorisation.

L'évolution de ces patientes ne sera pas non plus identique suivant le vécu sexuel antérieur. La ménopause ne fera que réactiver, en les aggravant, les problèmes passés non résolus. Que dire par exemple de ces femmes qui abordent la ménopause alors qu'elles n'ont vécu que par rapport au désir et au regard des autres, à travers leur capacité de séduction ? On comprend le vertige qui les saisit lorsqu'elles sentent atteinte l'image qu'elles donnent à voir et qui leur servait d'identité. Tout s'écroule alors, générant un état dépressif sévère dont elles ne se que remettront que difficilement et qu'il convient de prendre au sérieux.

Enfin, la ménopause tout comme la puberté et la grossesse reste une grande étape de la vie génitale féminine. Il existe un vécu familial, véhiculé par différentes générations et transmis de mère en fille. Cette notion aussi est à prendre en compte dans les troubles du désir. Ils résultent dans certains cas d'une véritable tradition familiale. À l'occasion de la ménopause, la femme prend la suite de sa mère. À la puberté, en accédant à sa sexualité adulte, elle l'avait détrônée, la reléguant à la place de grand-mère potentielle. L'histoire se répète. Les enfants de la femme ménopausée sont en âge de vivre comme des adultes.

Il y a souvent à cette époque une réactivation des difficultés vécues à la puberté et une fragilité particulière pour les sujets ayant du mal à s'inscrire dans une filiation, à prendre une place positive dans la lignée familiale. Il est fréquent lors des consultations d'entendre des femmes faire référence à leur puberté et à la ménopause de leur mère. Il convient de laisser précieusement ces mots se dire. En parler évite qu'ils ne pèsent trop lourdement sur l'évolution comme des fantômes. Les traitements prescrits lors de ces périodes génitales ne sont pas anodins.

Ils pourront en effet être chargés d'une valeur protectrice contre le vieillissement et la mort, reprenant ainsi le mythe de la toute-puissance de la science et de l'éternelle jeunesse, ce qui doit évidemment être évité. À l'inverse, ils pourront être associés à une grande culpabilité, à la crainte d'un châtiment divin ou moral. La peur du cancer et les réticences des patientes s'expliquent mieux si l'on considère ces mécanismes sous-jacents. Prendre des médicaments qui redonnent des règles et qui permettent d'avoir une sexualité après 55 ans, est-ce bien raisonnable alors que la nature ne l'a pas prévu ? Cette culpabilité peut bloquer complètement le désir. C'est à ce niveau que la parole du médecin est fondamentale. Elle donne à la patiente une sorte d'autorisation lui permettant d'accéder sans arrière-pensée au plaisir sexuel.

Tant que l'homme n'est pas malade, son sexe lui procure la plupart du temps uniquement du plaisir. Pour les femmes, c'est différent. La pilule contraceptive a été une révolution. Elle a délivré les femmes du mariage obligatoire de la sexualité et de la procréation. Néanmoins, les différentes étapes de la vie sexuelle féminine restent profondément rythmées par la douleur et le sang, liquide physiologique hautement symbolique puisqu'il est lié à la vie et à la mort. Or, cette association empreinte de gravité éloigne souvent les femmes du désir et du plaisir.

De mère en fille, le corps mal appris

« Comment pourrais-je avoir du désir et du plaisir avec ce corps qui ne me plaît pas ! » Marie lance cette idée (a priori pathétique) en rigolant. Elle a 25 ans. Elle est un peu boulotte, habillée n'importe comment. Elle plaisante sur son apparence physique et vestimentaire : « À me voir bien enrobée et fagotée comme un sac, je ne suis pas un top model », dit-elle en riant toujours. Mais on a du mal à partager son insouciance car, sous ce vernis de bonne humeur, perce une certaine angoisse. Son visage est légèrement crispé, sa voix trop haut perchée et son rire un peu trop sonore. D'ailleurs, elle avoue tenir souvent le rôle de la « bonne fille » toujours d'humeur égale, gentille avec les autres et qui remonte le moral. C'est sa façon à elle d'être appréciée…

Comment peut-on me désirer ?

Elle vient consulter pour une frigidité dont elle affirme ne pas souffrir vraiment. Elle vit en couple depuis un an et n'éprouve ni désir, ni plaisir. « Ça ne me manque pas », dit-elle. Elle ne voit pas l'utilité d'avoir des rapports sexuels : les câlins lui suffisent amplement. En fait, elle vient parce qu'elle a peur que son mari ne se lasse et l'abandonne. Le désir qu'il ressent pour elle est une énigme. Comment peut-il avoir envie d'elle ? Cela lui paraît incompréhensible. Et parfois, elle doute de sa sincérité.

La mère de Marie, une artiste, a côtoyé le show-biz. Elle a été très courtisée. Elle a connu de nombreux hommes. Marie est sa seule fille. La maternité l'a déçue et sa progéniture aussi : elle était (aux dires de sa mère) très laide, trop grosse et pleine d'eczéma. Elle a été élevée par une multitude de nourrices. Ses parents ont divorcé très tôt et elle n'a pratiquement pas connu son père. Depuis qu'elle vit avec son mari, elle se sent vraiment heureuse. Il la cajole et l'entoure de toute son affection. Tout doucement, elle commence à vouloir soigner ce corps dont elle se moque si bien : une crème pour le corps, achetée l'autre jour parce qu'elle « sentait bon » et, ajoute-t-elle comme pour se justifier, parce qu'elle « assouplit une peau trop sèche ». Marie a envie de s'habiller pour faire plaisir à son compagnon. Pas encore pour se faire plaisir à elle-même. Il est encore trop tôt pour qu'elle envisage d'éprouver un plaisir sexuel. La relation qu'elle a avec son mari est encore très infantile. Il faudra sans doute beaucoup de temps pour qu'elle puisse désirer autre chose que des câlins.

Quand Marie parle de sa mère, on saisit l'immense fossé qui sépare les deux femmes : « Ma mère est très belle. Même à plus de 50 ans, elle est toujours très séduisante. » S'entendent-elles bien ? Son visage s'assombrit. Les critiques maternelles sur son manque de goût, sa manière de s'habiller et de se maquiller lui ont toujours fait comprendre qu'elle était décevante. N'ayant eu pratiquement aucun contact avec son père (et n'ayant pu tisser des liens solides avec ses nourrices), Marie n'a pu construire une représentation d'elle-même qu'au travers de cette relation maternelle. C'est le regard de sa mère qui lui a fait le plus de mal. Un regard lui renvoyant une image déplorable et même tellement négative qu'elle n'a jamais espéré pouvoir l'améliorer. Sur Marie, l'effet est désastreux.

Car c'est dans le miroir du regard de l'autre que se dégage le vécu corporel d'un individu (l'autre étant compris comme la personne investie et essentielle dans la vie de l'enfant). Très narcissique, la mère de Marie non seulement désinvestit le corps de sa fille, mais elle surinvestit le sien. En exhibant sans cesse une image de femme très séduisante, elle souligne cruellement leur énorme différence et le manque d'intérêt que présente sa fille. Quand elles sont ensemble, Marie voit tous les regards converger vers sa mère. Elle se sent devenir transparente. Ce mode relationnel s'est mis en route très tôt. Il a scellé le sort de Marie.

Pour que son corps de chair puisse devenir un corps libidinal, un corps désiré et désirant, il aurait fallu le regard rempli d'amour et d'admiration d'une mère et d'un père. Marie est loin d'être laide et l'amour que lui porte son mari (même si cela la surprend) commence à provoquer très lentement des changements dans ses relations avec elle-même. La démarche qu'elle fait en venant consulter en témoigne. Espérons que cet étayage positif sera suffisant pour lui permettre d'évoluer favorablement.

Le corps vécu comme un objet

Pour Anita, le tableau est très différent, même s'il présente des similitudes. Cette jeune femme de 27 ans consulte elle aussi pour une absence de désir mais physiquement, elle se présente bien autrement. Très sophistiquée, elle est habillée d'un petit pull moulant mauve à la dernière mode qui fait ressortir ses cheveux blonds et ses jolis yeux bleus. L'échancrure en V laisse deviner la naissance de sa poitrine à peine dissimulée par un énorme pendentif en argent assorti à d'immenses boucles d'oreille. Sa jupe noire, longue et largement fendue laisse apparaître une cheville fine qu'enserre une jolie chaînette dorée. Anita est très séduisante. À coup sûr, elle doit attirer bien des regards ! Elle en est tout à fait consciente. Elle admet aimer constater l'effet qu'elle produit sur les autres mais elle ajoute très vite (en s'excusant de paraître blasée) que ce jeu de séduction la laisse de plus en plus indifférente.

Elle constate également qu'elle est incapable de ressentir désir et plaisir. Son corps lui apparaît comme un bel objet soigné presque à la perfection mais extérieur à elle-même. Elle souffre d'autant plus qu'elle n'attire aucune compassion. De quoi pourrait-elle se plaindre, elle qui séduit tant ? La mère d'Anita pourrait être la sœur jumelle de celle de Marie. Très séduisante et très narcissique elle aussi, elle est secrétaire dans une entreprise commerciale mais a toujours rêvé de faire du mannequinat. Une vocation contrariée par ses parents qui lui ont même coupé les vivres pour l'empêcher de continuer dans cette voie. Pour survivre, elle a amèrement ravalé ses rêves. Mais lorsque sa fille naît d'une union médiocre, ses espoirs reviennent. Le père, sans intérêt (si l'on excepte la pension alimentaire versée), est mis hors jeu par un divorce précoce. Des lors, elle se consacre uniquement à sa fille. L'objectif : qu'elle devienne ce que sa mère n'a pas pu être.

Anita a commencé sa carrière très tôt en tournant des publicités de produits pour bébés. Toute son enfance, elle a suivi très assidûment des cours de danse et de chant. Sa mère choisissait avec soin ses vêtements. Elle veillait à ce que sa fille soit toujours très élégante et très séduisante. Pas question, par exemple, de porter des vêtements de son âge. Il fallait la déguiser, selon l'expression favorite de sa mère, en un « petit bout de femme ». À 8 ans, talons hauts, maquillage et même sous-vêtements sexy.

Très tôt, Anita est devenue la poupée Barbie de sa mère. Le corps de sa fille a joué le rôle d'un objet sur lequel elle a pu projeter ses propres désirs. Anita, contrairement à Marie, a toujours perçu de l'admiration dans le regard maternel, mais à qui s'adressait-il ? À la personne, à la petite fille puis à la jeune fille qu'elle est devenue ? Ou bien à un objet étranger à Anita et représentant l'idéal maternel ? Elle a été dépossédée de son corps. Comme Marie, elle n'a pas pu devenir un corps désirant grâce à la médiation relationnelle. Le désir de la mère n'a pas respecté la personne de l'enfant. Il ne lui a pas permis une construction personnelle. Il a été aliénant. Il a enfermé l'enfant dans son statut d'objet passif de la jouissance maternelle. Impossible dans ces conditions d'advenir en tant que sujet désirant.

Ces formes, ces rondeurs détestées…

« Je suis trop grosse, j'ai des seins et des fesses c'est horrible ! » Claire est une jeune fille de 21 ans. Son désarroi me touche mais je reste perplexe. Elle est plutôt jolie avec ses boucles brunes encadrant un visage parsemé de taches de rousseur et ses yeux verts pétillants. En tout cas, elle est loin de l'obésité. Effectivement, on devine sous un pull ample une poitrine bien présente, mais rien de monstrueux.

Claire n'aime pas son corps depuis l'âge de 18 ans. Auparavant, elle était très sportive. Elle a longtemps fait de la gymnastique en compétition. Vers 16 ans, elle a ralenti la cadence des entraînements : elle devenait « un peu vieille » pour concourir et ses études la rendaient moins disponible. Finalement, un traumatisme du genou l'a rendue définitivement inapte.

Elle a dû changer de sport. Bien sûr, elle a gardé une activité physique. Elle va souvent à la piscine mais rien de comparable avec le passé. Avant ses 18 ans, elle était très mince et sa petite taille la faisait passer pour plus jeune qu'elle n'était. D'autant qu'elle a eu une puberté assez tardive avec ses premières règles à 16 ans. Bref, dans l'année qui a suivi son accident, sa morphologie a brutalement beaucoup changé. L'inactivité forcée lui a fait prendre quelques kilos (une prise de poids très mal vécue). Mais surtout ses formes féminines se sont affirmées, dessinant des seins, des hanches et des fesses : « Je suis passée d'une taille 34 à une taille 38 : l'horreur absolue ! »

Elle a essayé tous les régimes qui fleurissent au printemps dans les magazines féminins. Que des échecs ! Après plusieurs jours de famine et une perte de poids ridicule, elle retournait désespérément vers son alimentation habituelle et abandonnait du même coup l'espoir de redevenir comme avant. Elle a ensuite consulté plusieurs médecins en espérant que des professionnels sérieux pourraient la sortir d'affaire. Leurs discours n'ont réussi qu'à la mettre en colère. Mis à part quelques ajustements sans grande importance de son régime alimentaire, ils essayèrent tous de la convaincre qu'elle n'était pas trop grosse et qu'il n'était pas nécessaire, selon eux, de perdre du poids. Malgré leurs efforts, aucun n'est parvenu à l'en persuadée. Au contraire, son désarroi ne cessait d'augmenter. Non seulement elle ne trouvait pas de solution, mais ses problèmes étaient niés. Auprès des spécialistes censés l'aider, elle ne rencontrait qu'incompréhension et aucune prise en compte de son mal être.

Mais Claire ne vient pas me voir uniquement pour cela. Depuis un an, elle vit une relation avec un jeune homme dont elle est très amoureuse. Quand elle me parle de Julien, son visage s'illumine. Intelligent, sensible, attentionné, il a toutes les qualités. Elle adore se retrouver dans ses bras. Ils parlent ensemble pendant des heures. Il l'écoute avec beaucoup de douceur et de patience. Lui seul semble la comprendre et parvient à la rassurer un peu. Sexuellement, Julien a très envie de Claire. Elle, de son côté, n'éprouve pas beaucoup de désir. Bien sûr, lorsqu'ils font l'amour, ce n'est pas désagréable. Mais le décalage est énorme. L'attirance qu'il a pour elle, et notamment pour son corps, la laisse perplexe. Comment peut-il avoir envie de ses formes la mettant, elle, si mal à l'aise ? Elle reconnaît que le plaisir qu'elle retire de leurs échanges est surtout mental ; son corps n'y participe que très peu.

Ils en ont longuement discuté tous les deux et elle a décidé de venir consulter. Elle a compris que son attitude pouvait représenter à terme un obstacle à leur relation. Julien est présent lors de la première consultation. Il a tenu à l'accompagner sachant que cette démarche est très difficile pour elle. Il m'affirme qu'il est prêt à être très patient. Évidemment, c'est très positif. Claire a besoin du désir de son ami pour avoir envie de devenir une femme sexuée. Cette patience désirante sera d'autant plus efficace qu'il manifestera du respect, beaucoup de tendresse, d'amour et de compréhension sans, surtout, exercer de pression. Il a saisi que son amie devait passer par un processus de maturation permettant de lui faire accepter son corps féminin et sexué.

Lors de ce premier entretien, je ne perçois pas chez elle la même clairvoyance. Elle admet qu'un certain nombre de points dans sa vie lui posent question mais elle ne voit pas encore très bien la relation qui existe entre eux. Le premier travail sera de lui faire comprendre la signification réelle de son problème de poids et le lien qu'il a avec son problème sexuel. En effet, s'agit-il d'un excès pondéral et/ou de bien d'autres choses ? Claire rêve de « redevenir comme avant », de retrouver son corps d'enfant asexué, sans hanche, ni seins, ni fesses. Ce n'est pas la minceur qu'elle vise mais le gommage de toutes les marques de sa féminité.

Actuellement, cette confusion est souvent faite chez les jeunes femmes. La puberté apporte d'importants changements corporels, aussi bien chez les garçons que chez les filles. Chez les hommes, il y a bien sûr une modification de la voix, l'apparition de la barbe, une augmentation de la pilosité mais surtout, un accroissement important de la masse musculaire. Ces caractères sexuels secondaires sont la plupart du temps bien intégrés par les jeunes hommes. Ils sont plutôt fiers de devenir virils. Chez les jeunes femmes, la métamorphose n'est pas toujours aussi facile ni aussi bien acceptée. Certaines vont être impatientes et ravies de devenir des femmes : maquillage en cachette avec les copines, achat du premier soutien-gorge ou bien première tenue un peu sexy qui attire le regard des garçons. Pour d'autres, le virage est plus difficile…

Le joli ventre des femmes

Un des caractères sexuels féminins est l'augmentation du tissu adipeux sans pour autant parler d'excès de poids. Les fesses et les hanches s'arrondissent pour donner au corps de la femme un aspect tout en courbes. Pas question de bourrelets ou de cellulite mais de rondeurs harmonieuses stimulant le désir masculin. La notion de ventre plat, par exemple, que l'on voit traîner dans tous les magazines féminins, est aberrante. En effet, après la puberté, cette partie de l'anatomie féminine ne possède pas une sangle musculaire aussi solide que celle des hommes. On peut bien sûr la développer à grand renfort d'exercices éreintants mais, au moindre relâchement de l'activité, le naturel reprend très rapidement le dessus. La grande injustice est que sans fournir beaucoup d'effort, les hommes, surtout s'ils sont jeunes, ont un abdomen naturellement musclé.

Bref, le ventre des femmes n'est pas fait pour former une barrière musculaire rigide, et pour cause : il contient un organe, l'utérus, qui subit au cours du cycle physiologique d'importantes variations de volume. C'est aussi le lieu des grossesses futures. Il est naturel qu'une petite couche graisseuse recouvre les muscles abdominaux. Chez la femme, le ventre est souple, moelleux et légèrement arrondi. S'acharner à le rendre dur et plat est un sacrilège. Le ventre est en effet un lieu hautement symbolique de la féminité. C'est le creux, le nid, l'espace arrondi où se situe le cœur du plaisir et le lieu de l'enfantement. Sacrilège également, ces hanches anguleuses ou ces fesses maigres et tristes qui font affront à la notion même de la féminité. Claire, en croyant vouloir rester mince, veut en fait rester hors de sa sexuation. Après cette première étape de compréhension, il faudra l'aider à saisir pourquoi elle refuse cette mutation. Et l'accompagner afin qu'elle puisse investir progressivement et positivement son corps de femme.

Le mythe du pur esprit

« Mon corps m'indiffère, je ne veux plus être qu'un pur esprit. » Le cas de Anne-Lise est beaucoup plus grave. Cette jeune fille de 19 ans a déjà été hospitalisée à deux reprises lorsque son poids est descendu trop bas. Elle souffre d'anorexie depuis deux ans. Le début de l'adolescence a été pour elle un peu chaotique. Très opposante à ses parents, tout particulièrement à sa mère, elle a eu quelques difficultés scolaires. Vers 16 ans, tout a brusquement changé. Se trouvant un peu grosse, elle a décidé de faire un régime. Petit à petit, sa perte de poids l'a valorisée. Elle réussissait à maîtriser son corps, à maigrir quand sa mère et sa sœur aînée, un peu enrobées, échouaient toutes les deux. Elle est devenue également hyperactive sur le plan sportif et scolaire. Son entourage a d'abord été ravi. Mais très vite la satisfaction s'est muée en une inquiétude grandissante. Anne-Lise maigrissait beaucoup trop. Ce n'est que très tardivement que ses parents ont réalisé le danger de cette terrible maladie.

Depuis plus d'un an, Anne-Lise n'a plus ses règles. Son évolution s'est arrêtée. Cette petite jeune fille blonde au visage mangé par de grands yeux bleus a l'apparence d'une enfant. Grand décalage avec son discours qui lui, est celui d'une personne de 19 ans, plutôt brillante intellectuellement. Pour elle, la pureté absolue, c'est l'esprit. Le corps et sa matérialité ne provoquent que répulsion. La nourriture absorbée faisant vivre ce corps lui donne la nausée. Bien sûr, dans ce déni total du corporel, la sexualité, le désir et le plaisir ne sont pas à l'ordre du jour…

Elle éprouve une grande jouissance à se sentir au-dessus de ce qu'elle nomme « les contingences matérielles ». Elle flirte avec la mort. Pour Anne-Lise, l'urgence actuelle est de survivre, de ne pas succomber complètement à la fascination qu'exerce sur elle cette dématérialisation. Enfant pourtant, ce corps ne lui posait aucun problème. Il était plutôt source de satisfaction. C'était une petite fille joyeuse et active. Le week-end, son père l'emmenait fréquemment faire des randonnées dans la nature. N'appréciant pas ces promenades, sa sœur aînée et sa mère étaient rarement de la partie. Et de cette connivence avec son père, Anne-Lise retirait une certaine fierté. Il semble que la puberté ait brouillé les cartes. Tout est devenu plus compliqué. Les disputes avec sa mère se sont multipliées et son père ne prenait pas parti pour elle. Par ailleurs, elle a découvert ce qu'étaient les relations sexuelles entre un homme et une femme. Elle a réalisé que ses parents faisaient l'amour…

Elle raconte la voie étranglée par l'émotion que rentrant un jour à l'improviste, elle les a surpris en plein ébat amoureux. Impossible pour elle d'accepter ces nouveaux repères. Elle a tout refusé en bloc. Elle s'est mise hors jeu, hors de la réalité. Sans le savoir, c'est ce qu'elle a tenté de faire désespérément en refusant de manger et en entretenant pendant quelque temps un mirage de toute-puissance. Elle réussissait, pensait-elle, à se situer au-dessus des autres, des problèmes, au-dessus de son corps. Elle pensait devenir un ange. Ce mirage n'a pas survécu à son séjour dans le service de réanimation. Brutalement, elle a réalisé ce qu'elle était réellement devenue : un pauvre corps décharné et moribond allongé sur un lit d'hôpital, piqué et perfusé. Elle a pris conscience qu'elle était dans une terrible impasse. Elle s'est sentie perdue. Elle a demandé de l'aide.

Nous ne rentrerons pas dans la complexité des déterminismes de cette pathologie. Cependant, le cas de l'anorexie représente l'évolution extrême de toutes les difficultés de la relation au corps. Son lien avec la sexualité est évident. Et ce n'est pas un hasard si cette maladie se déclare dans la plupart des cas à l'adolescence. Anne-Lise doit d'abord gagner la partie contre la mort. Elle reprendra ensuite son cheminement. Il lui faudra fournir beaucoup d'efforts et faire preuve de patience pour construire un corps sexué et mature, lieu de désir et de plaisir. Il faudra des mois, des années peut-être, pour réparer les saccages de cette maladie terrible.

La part du père et du social

« Je n'ai pas de désir pour mon copain, ce n'est pas normal à mon âge : j'ai 25 ans. » Par cette simple phrase, Karine résume mon impression lorsque je vis entrer cette grande jeune fille dans mon cabinet. Sa taille, ses vêtements donnent une impression de maturité que démentent ses yeux bleus candides et ses bonnes joues rondes. Cette « enfant-adulte » rencontre quelques difficultés dans sa vie sexuelle. Elle connaît son copain depuis trois ans. Poursuivant leurs études de commerce, ils ne sont pas encore autonomes financièrement. Aussi vivent-ils chez leurs parents respectifs. Karine est enfant unique. Ses relations avec sa mère sont neutres : « ni bonnes, ni mauvaises », précise-t-elle. En fait, elle a un peu de mal à se sentir proche de cette femme de 50 ans, réservée, ayant toujours vécu dans l'ombre de son mari. Sa mère ne s'est pas réalisée professionnellement. Elle a passé sa vie au service de sa famille. Spontanément, la jeune fille me dit qu'elle n'a pas envie de lui ressembler plus tard…

La petite fille à son papa chéri…

Du côté du père, le refrain change et surprend. Karine le décrit à la fois comme un homme autoritaire, coléreux et despotique, tout en laissant pointer son admiration pour lui. Leurs rapports sont à l'image de sa description : un mélange conflictuel d'amour et de haine. Car de toute évidence, cet homme admire sa fille. Depuis qu'elle est petite, elle est l'objet de toutes ses attentions et préoccupations. Plus jeune, tout allait bien ; le père et la fille s'entendaient à merveille. Mais tout s'est gâté à l'adolescence. Karine s'est un peu rebellée contre l'autorité de son père. Il a mal supporté de voir sa fille lui échapper. L'âge des premiers flirts a été le théâtre des premiers drames. Le père tolérait très mal de voir sa fille « perdre son temps à ces bêtises ». Selon lui, elle avait bien mieux à faire : ses études et ses activités sportives.

En effet, Karine pratiquait la natation en compétition et son père faisait un peu office d'entraîneur. En réalité, il ne parvenait pas à accepter que sa fille soit en train de devenir une femme sexuée, ce qui signifiait forcément qu'elle s'éloignait de lui. Lorsque Karine rencontre Julien, c'est le drame. Elle est en classe préparatoire, une année difficile. Pourtant, son père lui mène une guerre sans relâche pour qu'elle s'éloigne du jeune homme, s'appuyant sur un argument indiscutable : priorité aux études !

Néanmoins, elle finit par gagner (en apparence) la partie, puisqu'elle décroche son concours tout en gardant Julien. Mais les relations entre le père et la fille se dégradent. Entre eux, la complicité a disparu. À la place s'installe une distance, une froideur émaillée de critiques à peine voilées. Karine en souffre beaucoup et cela altère sa relation de couple. Elle a l'impression d'avoir déçu son père et de ce fait, d'avoir perdu son estime et son amour. Elle me rapporte à ce propos une anecdote significative. Ses parents possèdent une maison de campagne. Lorsqu'ils s'y rendent, Julien en profite pour passer le week-end avec elle. Mais le père ne peut s'empêcher de faire des remarques désagréables. L'autre jour, par exemple, il a dit à sa fille : « nous serons absents deux jours. Vous pourrez faire vos cochonneries en toute tranquillité. » Cette phrase l'a tellement affectée que Karine la cite les larmes aux yeux. Comment pourrait-elle, dans ces conditions, vivre sa sexualité de femme en toute quiétude ?

Le père de Karine fait couple avec sa fille (sans doute parce qu'il n'a pas vraiment investi la relation avec sa femme). La jeune fille me le confirme : son père ne partage pas grand chose avec son épouse. D'ailleurs, il ne se prive pas de la critiquer sévèrement en toute occasion. Tout juste reconnaît-il ses qualités de femme au foyer… Ce couple père-fille n'est pas, à proprement parler, incestueux. Mais justement, pour se maintenir, il doit tenir la sexualité strictement à l'écart. Les études et la compétition sportive font office d'activités de remplacement, de sublimation de l'énergie libidinale. Sous cette forme, celle-ci devient acceptable et même valorisée. Mais à cet arrangement, la jeune fille ne trouve pas son compte. Non seulement elle ne peut amener à maturité son développement sexuel mais surtout, elle n'a pas l'autorisation de son père.

Bon nombre d'adolescentes passent outre et se débrouillent sans. Cependant, le cas de Karine est particulier. Il ne faut pas oublier le lien très fort qui les a longtemps unis. Elle est placée face à un terrible dilemme : accéder à sa maturité sexuée mais perdre du même coup l'amour de son père. En tout cas, c'est ce qu'elle croit.

Il n'est pas question, à travers cet exemple, de prouver l'inutilité des interdits parentaux. Des limites doivent être posées. Sinon l'adolescent aux prises avec l'émergence d'une pulsion sexuelle très forte se trouvera dépassé. En effet, il n'a pas encore la maturité nécessaire pour y faire face. Ce cadre est utile pour qu'il construise lui-même ses propres repères. La possibilité d'une sexualité sans limites génèrerait une grande angoisse. Cependant ces interdits doivent être souples et susceptibles d'être transgressés assez facilement lorsque le jeune s'en sentira capable. Mais surtout, cette transgression ne devra jamais signifier la perte de l'amour des parents. Au contraire, cette affection parentale doit accompagner l'adolescent tout au long de son difficile processus de maturation sexuelle, en le respectant. Il devra se sentir aimé quoi qu'il arrive, quels que soient ses erreurs et ses tâtonnements. Cette réassurance lui sera hautement nécessaire et lui permettra d'aborder l'âge adulte avec confiance. Les interdits parentaux sont en quelque sorte faits pour être transgressés, comme des béquilles devenues inutiles dont on se débarrasse quand on est devenu assez fort pour marcher tout seul. Sinon, comme dans cet exemple, la jeune fille est tiraillée entre le désir puissant de devenir une femme adulte et le souhait de rester à tout jamais la petite fille chérie de son père, position œdipienne infantile non dépassée. C'est sans doute pour cela que Karine ressemble encore à une « grande petite fille ».

L'indispensable autorisation du père

Là encore, il semble que la partie ne se joue pas de la même façon pour les garçons et pour les filles.

Le père a souvent symboliquement le rôle de représentant de la loi au sein de la famille. Il pose les limites et les interdits. Depuis le début, il a été perçu par le garçon un peu comme un rival mais aussi comme un modèle à égaler. Bien sûr, si le père occupe une place très difficilement accessible ou s'il veut jalousement la garder pour lui seul, la tâche s'avère difficile pour le jeune garçon. Mais dans bon nombre de cas, le père est fier que son fils devienne un homme. Aussi bien socialement que sexuellement.

En ce qui concerne la fille, c'est différent. Le père doit être le garant de sa vertu sans laquelle il n'est pas de femme respectable. Ce rôle est poussé à son extrême, par exemple dans la culture musulmane, où non seulement le père, mais aussi les frères, y participent. La jeune fille incarne alors la vertu et l'honneur de la famille : elle est dépossédée de sa sexualité. On peut observer que pour devenir une femme, il n'est pas forcément utile d'avoir une sexualité. Au contraire, celle-ci peut représenter « une menace » pour réussir professionnellement ou pour être une bonne épouse et une mère de famille disponible aux siens. Là encore, on retrouve l'opposition sexualité-maternité et la valorisation sociale de cette dernière.

L'attitude du père vis-à-vis de sa fille adolescente va relayer cette idéologie sociale et déboucher sur l'établissement d'interdits beaucoup plus stricts et très difficiles à dépasser. Contrairement au garçon, une fille se sentira plus facilement coupable lors de ses premiers émois sexuels. Stéphanie m'explique qu'à l'âge de 14 ans, lors de son premier flirt, elle n'a pu pendant plusieurs jours regarder son père sans rougir. Rester une petite fille sage est valorisé. C'est ce qui conduit beaucoup de femmes à se maintenir, sur le plan sexuel, dans une grande immaturité.

Jean, 51 ans, me parle de ses deux grandes filles qui ont respectivement 19 et 21 ans : « Elles sont très sérieuses. Les garçons ne les intéressent pas. Elles pensent avant tout à leurs études, elles auront bien le temps plus tard de s'occuper de tout ça », me dit-il. « Tout ça ! » Le terme est vague, un peu péjoratif. On comprend que pour Jean, l'éveil à la vie sexuelle de ses enfants n'est pas un élément important. Mais a-t-il raison d'être aussi satisfait de ses filles si « sérieuses » ? Comment ses deux filles vont-elles accéder plus tard à leur statut de femmes adultes si elles n'ont pas traversé les expériences nécessaires à la construction progressive de leur maturité sexuelle ? Elles risquent de passer d'un coup d'un état infantile à une vie de couple sans être passées par ces étapes spécifiques à l'adolescence.

Comment ce père peut-il attacher tant d'importance à la préparation de leur vie professionnelle et ne prêter aucune attention à celle de leur vie sexuée ? Là encore, la parole paternelle relaie le discours social. Si elles décidaient malgré tout de vivre leur sexualité, elles ne pourraient que ressentir de la culpabilité à ne pas être des filles sages et sérieuses et ce faisant, à décevoir énormément leur père. Et pourtant, « cette autorisation paternelle et sociale » est prépondérante pour que la jeune fille puisse accéder à sa maturité sexuelle. Son absence conduit trop de femmes à une impasse, les maintenant dans un infantilisme prépubère, dans un romantisme désincarné ne pouvant affronter l'expression masculine de la sexualité. Cette situation sera source d'incompréhension et de souffrance. Pour se construire, le désir a besoin du cadre rassurant des interdits sociaux mais il ne s'épanouit pleinement que dans la transgression. Il faut néanmoins que cette dernière ne soit pas trop culpabilisante et que le cadre, par sa souplesse, le permette.

Si de plus, comme dans le cas de Karine, il existe un chantage affectif, les choses se compliquent encore. Se surajoute alors la persistance d'un lien œdipien père-fille au-delà de l'âge normal. Ce lien qui au départ demeure un tremplin de la vie amoureuse devient une entrave s'il perdure. Il empêche, on le comprend, tout accès à l'expression sexuelle et donc au désir, sous peine de basculer dans l'inceste. La sexualité dans sa forme adulte est maintenue à distance afin de permettre la persistance anormale d'une relation œdipienne père-fille déguisée en amour parental. C'est une aliénation perverse que l'on peut aussi retrouver chez les garçons avec leurs mères.

Il est nécessaire qu'une jeune fille s'émancipe sexuellement. Elle le signifiera à son père en s'éloignant momentanément de lui, en rompant définitivement le lien préalable. C'est la seule manière pour elle d'advenir en tant que femme adulte. Une position paternelle bienveillante l'encourageant dans cette rupture et la rassurant est dans ce cas, prépondérante.

Karine, malheureusement, devra se débrouiller sans aide parentale. Sa mère n'est pas un soutien. Ayant eu elle-même des difficultés dans sa vie de couple, elle ne peut aider sa fille à s'identifier à elle. Quant à son père, il est figé dans sa position. Il lui faudra donc après avoir compris tous ces mécanismes passer outre et se construire malgré tout. Je la rassure quand même. Je suis sûre, qu'au final, elle ne perdra pas l'amour de son père. Ce dernier pliera devant l'inévitable évolution de sa fille. Il s'en arrangera. Il n'aura pas le choix. Cette évolution pourrait même la rapprocher de sa mère, faisant naître entre elles une meilleure compréhension, une complicité féminine n'ayant pour le moment jamais pu exister.

Abusées, culpabilisées...

« Du désir sexuel ? » Laetitia me regarde d'un air hébété. « Ça n'a pas de sens pour moi. La sexualité, c'est de la violence, quelque chose de moche et de dangereux ; je veux m'en tenir éloignée définitivement ». Laetitia a 28 ans. Elle est ingénieur dans une entreprise d'électronique depuis trois ans. Durant ses études, elle a beaucoup travaillé. Elle n'a réellement commencé à se préoccuper des garçons qu'assez tardivement, vers 22 ans. C'est l'année où elle a rencontré Bertrand, un jeune homme de son âge travaillant dans la même entreprise qu'elle. Très amoureux, il a réussi à force de persévérance et de patience à conquérir Laetitia. La jeune femme est longtemps restée assez timide et craintive. Les relations sexuelles l'ont toujours un peu effrayée. L'univers de la sexualité lui paraissait étranger et mystérieux. Cependant, ils ont rapidement décidé de vivre ensemble. Ils formaient jusqu'à il y a un an environ un couple sans problème.

Un viol « sans importance »...

C'est un soir de décembre que tout bascule. Elle est en déplacement professionnel dans une ville de province et elle décide avec quelques collègues de travail d'aller dîner dans un restaurant du centre ville. La soirée se passe bien. Vers 23h, elle regagne son hôtel tout proche à pied tandis que ses trois collègues décident de poursuivre leur soirée dans une boîte de nuit. Laetitia ne souhaite pas les accompagner. Elle a mal à la tête et n'aime pas trop ce genre d'endroit. De plus, une réunion importante l'attend le lendemain. Elle préfère rentrer au plus vite se coucher...

Dans la rue, elle ressent une légère appréhension. Personne alentour : il fait particulièrement froid ce soir-là. D'ailleurs, elle frissonne en accélérant et en faisant claquer ses talons pour se rassurer. Quand une voiture ralentit à sa hauteur, elle sait qu'il va arriver quelque chose de grave. Deux hommes assis dans le véhicule commencent à l'agresser verbalement. Vulgaires et grossiers, ils font des commentaires sur son corps et l'injurient copieusement. Ils s'amusent de voir la jeune femme se taire, s'affoler et se mettre à courir. Comme un animal pris au piège, elle est visiblement paniquée. Puis, très vite, c'est l'escalade. Ils descendent de la voiture et agressent Laetitia. Les coups accompagnent les injures. Ses vêtements sont arrachés et elle subit des attouchements brutaux. Les hommes sortent leur sexe, mais trop ivres, ils ne parviennent pas à la pénétrer. Ils se contentent d'éjaculer sur elle.

Laetitia est tétanisée. Elle ne se défend plus. Sa tête explose, elle a l'impression de se dissocier : une partie d'elle est là, sur ce trottoir, en train de subir des violences verbales, physiques et sexuelles graves. Une autre assiste au spectacle, impuissante. Ne sentant ni les coups ni la morsure du froid sur son corps dénudé, elle est comme anesthésiée. Ce n'est que plusieurs minutes après le départ des deux hommes que Laetitia commence à bouger. Elle se rhabille mécaniquement et se dirige vers son hôtel. Là, elle se précipite sous la douche. Elle y restera près d'une heure. Progressivement, elle réalise ce qui lui est arrivé.

Ce n'est que le lendemain qu'elle décide de porter plainte. On lui explique qu'il est un peu tard, qu'elle a effacé toutes les traces de l'agression et qu'il n'y a pas eu réellement viol. Les quelques ecchymoses sur le bras et la joue sont bien minimes. Les deux femmes policiers qui la reçoivent sont très chaleureuses et compréhensives. Néanmoins, elles expliquent à Laetitia que des agressions comme celles-ci sont assez fréquentes. Et qu'il sera bien difficile de retrouver ses agresseurs. De fait, on ne les retrouvera pas. Et pendant quelque temps, elle va se persuader que toute cette histoire n'est somme toute pas si grave. D'autant qu'elle ressent, en y repensant, un sentiment de honte. Aussi décide-t-elle de n'en parler à personne. À son retour, elle se jette à corps perdu dans le travail. Bien qu'elle fasse semblant de rien, Bertrand sent bien qu'elle a changé. Il est vaguement inquiet et ne comprend rien à cette nouvelle attitude.

Une sexualité humanisée...

Ce n'est qu'après plusieurs semaines de silence que Laetitia, un soir où elle se sent très mal et où elle a encore une fois repoussé son ami, accepte de lui en parler. Car, depuis ce soir de décembre, il n'est plus question pour elle de relations sexuelles. La seule évocation d'un rapprochement intime déclenche immédiatement une crise d'angoisse. Bertrand essaie en vain de la convaincre de se faire aider. Lorsque, enfin, elle décide de consulter, c'est pour une raison surprenante. Sa question est directe : « Peut-on envisager de vivre en couple sans sexualité ? Peut-elle demander cela à Bertrand. Ou doit-elle envisager de se séparer de lui et de lui rendre sa liberté ? » Pour elle, il n'est plus question de sexualité. Et elle est prête à tout pour l'éviter, même à quitter son ami qu'elle aime pourtant profondément.

Je ne peux pas, bien sûr, répondre à cette question. Je lui propose donc de reprendre avec elle l'analyse de ces événements dramatiques, d'essayer de comprendre ce qui s'est passé. Parler de ce traumatisme sera sans doute nécessaire dans un premier temps. Elle l'a très peu fait. Elle est d'abord restée une nuit entière sans dire un mot à quiconque. Et le lendemain, même si sa plainte a été correctement reçue, elle n'a pas eu l'impression que ses interlocuteurs mesuraient l'ampleur du choc subi.

On a plutôt cherché à banaliser cette affaire qui sera classée sans suite, ne donnant lieu à aucun procès, à aucune reconnaissance de sa souffrance par la société, à aucune réparation. Par conséquent, elle a décidé de tout refouler au fond d'elle-même sans cependant y parvenir. Mon écoute attentive et ma compréhension serviront de témoin à sa souffrance qui n'avait pas pu, jusque-là, se dire. Il s'agira ensuite, après cette première étape, de l'aider à comprendre quelles ont été, pour elles, les conséquences de cet acte.

Pour Laetitia, la sexualité est définitivement associée à la violence. D'une nature craintive, la jeune femme a mis du temps à se laisser approcher par les garçons. Bertrand a dû attendre que la confiance s'installe pour que son désir soit accepté. Elle a toujours pressenti que la sexualité était intense et potentiellement violente. Elle a malgré tout baissé la garde. Et voilà ce qui est arrivé. À présent, les échanges de tendresse, les câlins ne posent aucun problème mais dès que le désir sexuel devient plus fort, Laetitia se bloque. L'intensité est perçue comme un danger potentiel qui l'effraie, même s'il s'agit de son ami en qui elle a par ailleurs toute confiance. Elle a l'impression que le sexe est une force capable de changer un agneau en loup. Elle se méfie même de ses propres émotions. Lorsqu'elle se souvient de l'intensité de leurs échanges, elle frissonne. Comment a-t-elle été capable, elle aussi, de se laisser aller, de perdre le contrôle d'elle-même ? Peut être, elle aussi, pourrait-elle devenir violente ?

Elle n'a pas tout à fait tort. La pulsion sexuelle est extrêmement forte. C'est la raison pour laquelle les sociétés humaines l'ont toujours encadrée, se protégeant ainsi des excès qui mèneraient à leur destruction. Cependant, j'explique à Laetitia qu'un individu adulte a normalement intégré ces limites et qu'il a appris à composer avec cette pulsion, lui interdisant de s'exprimer à l'état brut. Son histoire avec Bertrand est un exemple de cette réussite. Dans ce cas, la sexualité s'inscrit dans une relation humanisée, médiatisée par la parole, associée étroitement aux sentiments et au respect de l'autre.

Chez ses deux agresseurs, il n'est question ni de cadre, ni de relation à l'autre. La pulsion s'exprime brutalement, sans communication, sans parole. Le problème n'est pas dans l'intensité de cette pulsion mais plutôt dans l'incapacité de ces deux hommes à la gérer, l'alcool n'ayant sans doute pas arrangé les choses. J'essaie de lui faire percevoir l'énorme fossé qui sépare la sexualité qu'elle a partagée avec Bertrand et la scène cauchemardesque qu'elle a vécue avec ses agresseurs. Lorsque se produit ce genre de passage à l'acte, la violence est au premier plan. Elle est très souvent confondue avec l'intensité émotionnelle présente lors d'une vraie relation sexuelle. C'est pourquoi le désir de l'autre est ressenti par la victime comme un danger rappelant l'expérience traumatisante. Il sera donc évité à tout prix.

L'homme vu comme un prédateur...

D'autres points tracassent Laetitia. Pour elle (et son agression a renforcé cette idée), tous les hommes sont des prédateurs potentiels. Ils ont de « gros besoins » et sont forcément prêts à tout pour les assouvir. Avant le drame, elle y croyait déjà. Ses parents lui avaient si souvent dit de faire attention, de ne pas rentrer tard sans être accompagnée par exemple. Et, pensait-elle, ils avaient bien raison.

Son jugement sur les hommes est sévère et je le lui fais remarquer.

Je reconnais que les femmes sont plus souvent victimes d'agressions sexuelles. Néanmoins, même si le désir masculin est sans doute plus actif, plus soutenu, les hommes dans leur majorité ne sont pas des brutes sauvages. Ils sont au même titre que les femmes, des êtres humains civilisés. Cette différence comportementale ne tient pas à la nature propre du mâle. L'explication est d'ordre culturel. La longue domination masculine a réduit très longtemps les femmes à l'état d'objet d'échange et de richesse. Elles étaient la propriété réelle ou symbolique des hommes. Si l'on ajoute la plus grande permissivité caractérisant la sexualité masculine et le mythe du besoin sexuel de l'homme, on comprend que, culturellement, les hommes se croient plus souvent autorisés à violer que les femmes !

Néanmoins, je fais remarquer à Laetitia qu'il existe des hommes comme Bertrand et qu'ils sont heureusement très majoritaires. À mon sens, il n'a pas le profil d'un prédateur sexuel. Pourtant, de nombreuses femmes, qui n'ont pourtant pas été victimes de violences, pensent qu'un homme est un agresseur sexuel potentiel et qu'il faudra s'en méfier et s'en défendre. Lorsque cette position féminine défensive occupe le devant de la scène, elle bloque totalement l'émergence du désir sexuel féminin.

C'est le cas de Karina. Élevée par sa mère et sa grand-mère, elle a perdu son père à l'âge de 5 ans. Donc, pas d'homme à la maison. Dans le discours des deux femmes, aucune ambiguïté possible : la gent masculine est l'ennemi public numéro un. Méfions-nous car ils ne pensent qu'à une chose : coucher. Il faut se défendre d'eux et leur résister coûte que coûte. Face à ce préjugé, prouver la profondeur de ses sentiments est mission impossible. Karina n'est jamais convaincue. Dès qu'il est question de désir sexuel entre un homme et elle, elle croit l'ennemi démasqué. Elle le savait bien, ce n'était donc que cela…

Karina a eu de nombreux « fiancés » mais son attitude les a tous découragés. Que je lui parle de désir sexuel féminin la désarçonne. Pour elle, il n'a jamais été question de cela mais seulement d'une lutte armée dont elle est, décidément, la seule perdante. En ce qui concerne Laetitia, au fil des séances, la jeune femme commence à dissocier la sexualité de l'expérience traumatisante. Elle recontacte la police pour essayer de relancer l'enquête. Maintenant, elle se sent capable de décrire ses agresseurs et de les reconnaître. Maintenant, elle sait que le comportement de ces individus est anormal et qu'il doit être sévèrement puni. Elle aimerait par-dessus tout qu'on leur dise officiellement qu'ils ont franchi des limites inacceptables. Un procès pourrait l'aider à aller au terme de son processus de guérison.

Les attouchements d'un beau-père…

Élodie, 23 ans, n'a pas la même histoire. Elle vient consulter pour la première fois en couple. Elle connaît son ami depuis six mois et ce dernier ne la trouve pas normale. Le discours de son compagnon me choque. Cet homme, de onze ans son aîné, m'amène sa petite amie car elle n'a pas envie de faire l'amour. « Elle est frigide », dit-il, et je comprends qu'il veut que je la guérisse pour mieux profiter des relations avec elle. Élodie reste étonnamment silencieuse. Elle affiche un sourire un peu crispé, comme celui de certains enfants battus qui sourient pour amadouer. J'ai du mal à lui donner la parole, son compagnon répondant à sa place le plus souvent. Je décide alors de la revoir mais en insistant pour qu'elle soit seule.

Élodie a été élevée par des parents alcooliques. Elle est l'aînée de trois enfants. Son père, lorsqu'il avait bu, était souvent violent. À jeun, c'était un homme très affectueux mais totalement irresponsable. Elle a très tôt appris à se protéger, ainsi que ses deux petits frères, deux jumeaux de cinq ans plus jeunes qu'elle. Sa mère avait de multiples amants qu'elle ramenait quelquefois à la maison. Ses parents se sont séparés alors qu'elle avait 12 ans. Sa mère s'est remise en ménage avec un autre homme guère plus intéressant que le précédent.

Ce beau-père a commencé à s'intéresser à elle lorsqu'elle avait 13 ans ; non pas à ce qu'elle faisait à l'école mais plutôt à son corps de jeune fille qui commençait à changer : regards insistants, sous-entendus glauques et gestes déplacés. Élodie, gênée, vivait dans l'angoisse. Elle a tenté d'en parler à sa mère et la réponse fut sans appel : « Tu es une salope, ça commence à te travailler… ». L'adolescente n'a plus rien dit à personne. La honte qu'elle ressentait s'est confirmée. Si elle parlait, tout le monde (comme sa mère) la prendrait pour une salope. Même à sa meilleure amie, elle n'en a soufflé mot. Elle a très souvent eu envie d'en parler mais, au dernier moment, elle a eu peur que son amie s'éloigne d'elle ou qu'elle en parle à d'autres.

Pourtant, une question la taraudait : était-il normal que son beau-père la regarde, la touche ainsi ? Lui disait que oui. Il fallait, disait-il, admettre qu'elle n'était plus une petite fille, qu'elle devenait une femme. Il était donc nécessaire qu'il l'initie. Elle devait, selon lui, être reconnaissante de l'intérêt qu'il lui portait. Beaucoup de jeunes filles rêveraient d'être ainsi guidées sexuellement. Alors pourquoi se cachait-il de sa femme ? Pourquoi prenait-il tantôt un air méchant, lui promettant les pires tourments si elle parlait, ou au contraire un air complice et affectueux ? C'était leur secret à tous deux et, disait-il, ce serait le trahir que le révéler.

Élodie est restée très longtemps dans cette ambivalence. Elle m'explique, toujours en souriant, qu'elle était à cette époque en trois morceaux : une partie d'elle vivait très mal les attouchements du beau-père. Elle ressentait un violent dégoût, son corps lui faisait horreur. Elle se sentait sale, souillée. C'est pour cela qu'elle passait de longs moments à se laver, déclenchant la colère de sa mère qui lui répétait que sa coquetterie la perdrait. Elle était souvent prise de nausées et il lui arrivait de vomir pour un rien, provoquant là aussi l'incompréhension de son entourage.

Un autre morceau d'elle, à l'opposé, était presque fier de ce qu'elle vivait. Elle avait un secret qu'elle partageait avec un homme, un vrai, pas un gamin comme ceux qui lui tournaient autour au collège. Il lui disait qu'elle devenait une femme, plus une jeune fille. Elle pouvait narguer sa mère, se sentant forte parce que son compagnon la regardait plus qu'elle. D'ailleurs, elle lui tenait tête de plus en plus souvent. La troisième partie d'elle-même, la plus sombre, la plus enfouie, la plus occultée : quand son beau-père la caressait, elle sentait par-dessus son dégoût une tension, une émotion bizarre et violente. Cette excitation sexuelle qu'elle ne pouvait nommer, ne la reconnaissant pas, la fascinait et faisait que malgré l'écœurement, elle provoquait elle-même quelquefois les rencontres.

Cette émotion à l'état brut, à peine consciente, qui ne pouvait être parlée, était bien trop archaïque pour être appelée désir sexuel. Elle répète souvent qu'elle se sentait comme un pantin, une poupée inerte totalement soumise aux désirs de l'autre. Elle se laissait faire, n'exprimant aucun désir, se contentant d'afficher ce sourire qui m'avait mise mal à l'aise lors du premier entretien.

Élodie n'a jamais rêvé du prince charmant. Elle n'a jamais flirté avec des copains de son âge. Elle a eu très tôt des rapports sexuels. À partir de ses 15 ans, dès qu'un garçon s'intéressait un peu à elle, elle couchait avec lui. Elle pensait que les relations entre les hommes et les femmes devaient être ainsi. De plus, elle avait toujours l'espoir d'attirer l'affection et la tendresse dont elle avait tant manqué. Évidemment, elle était régulièrement déçue. Cette absence d'amour la renvoyait durement à sa détresse et à sa solitude.

Bien sûr, cette analyse complexe ne fut pas élaborée d'un coup. Il fallut de nombreux entretiens pour gagner la confiance d'Élodie puis pour l'encourager à parler, mais surtout pour qu'elle quitte le discours des autres et prenne réellement la parole. Progressivement, j'ai pu l'aider à comprendre ce qui s'était passé. Le désir d'un homme adulte est venu percuter brutalement sa sexualité naissante et immature de toute jeune fille. Elle a été confrontée à une sexualité d'adulte alors qu'elle n'était encore qu'une enfant. Ce télescopage a tout cassé chez elle et a bloqué son évolution.

Devenir le sujet de son propre désir

Je l'ai déculpabilisée en lui démontrant l'impossibilité de se sortir seule du piège qui s'était refermé sur elle. L'absence d'étayage maternel a rendu inopérants ses appels au secours. La carence affective importante dont elle souffrait l'a poussée à trouver une compensation dans l'intérêt que lui portait son beau-père. L'incompréhension des émotions violentes qu'elle ressentait la rendait absolument incapable d'en parler. Cette énorme énergie excitatoire a provoqué un malaise violent. N'ayant pu être médiatisé par la parole, il est resté flottant, dépassant totalement ses capacités d'élaboration.

Plus grave, elle a construit des associations négatives reliant l'excitation sexuelle au dégoût et à la saleté. Elle vit son corps comme un objet, uniquement destiné à servir le désir de l'autre. Elle a du mal à construire une relation, à faire la différence entre amitié, sentiment amoureux et simple attirance sexuelle. Sa sexualité est très immature, bloquée à un stade infantile. Elle ne ressent que des émois brefs, violents, archaïques dont elle n'arrive pas à parler.

Le désir ne peut être que du coté de l'autre et lorsque je lui parle du sien elle se met à rire : « Je pourrais donc moi aussi avoir du désir sexuel ! » C'est comme une découverte, une révélation qui l'amuse et à laquelle elle ne croit pas trop mais qui déjà, on le sent, lui ouvre d'autres perspectives. Elle comprend progressivement qu'elle peut devenir un sujet à part entière en disant « je », devenir le sujet de son désir et non plus seulement l'objet passif du désir de l'autre.

Il lui faudra sans doute patiemment reprendre sa maturation sexuelle brusquement stoppée, figée à un stade précoce. Il sera également nécessaire qu'elle apprenne à débarrasser l'excitation et le désir de toutes les émotions et les représentations négatives qui leur sont associées. Dans le cas d'Élodie, il ne s'agit pas d'un simple abus sexuel sur une très jeune fille. Il existe en plus une connotation incestueuse. En effet, le beau-père, même s'il n'est pas le géniteur, est en position de substitut paternel. C'est le compagnon de la mère. Il a l'âge du père et ce dernier est absent. Cela donne à la situation une gravité toute particulière. Dans ce cas, il existe une attirance œdipienne normale d'une fille vers la figure paternelle, piégeant l'enfant. Habituellement, doivent cohabiter une affection très forte en même temps qu'un interdit protégeant le jeune et lui signifiant les limites à ne pas franchir. Ce cadre rassurant lui permet de construire sa sexualité en toute sérénité. On comprend aisément qu'une violence sexuelle perpétrée au sein même de la famille (qui doit normalement constituer un cocon protecteur) soit profondément déstructurante.

Élodie a beaucoup travaillé, beaucoup réfléchi. Elle a compris tout cela et je la sens prête à commencer sa reconstruction. Un jour, elle m'annonce triomphalement qu'elle a rompu avec son ami. Ce dernier ne comprenait rien à son évolution qui se réalisait en sens contraire de ce qu'il avait souhaité. Elle devenait de plus en plus rebelle et, selon lui, il avait eu tort de la pousser à consulter. Élodie n'était pas de cet avis et, personnellement, j'étais très optimiste pour l'avenir de cette jeune fille.

Bien sûr et malheureusement, les garçons comme les filles, sont victimes d'abus sexuel et d'inceste. Mais la position d'objet du désir de l'autre, de poupée infantile qu'il est nécessaire de diriger, d'initier et qui restera à vie dépossédée de son corps et de sa sexualité au profit de l'autre a été très longtemps l'apanage de la femme. Le désir était du côté masculin. La femme, être immature, passait du statut de fille à celui d'épouse, toujours sous la domination masculine d'un père, d'un frère ou d'un mari. Il en est encore ainsi dans certaines cultures. Les filles ont été longtemps mariées très jeunes, à peine pubères (de crainte sans doute qu'elles ne perdent leur virginité), à des hommes beaucoup plus âgés. Il n'est cependant pas rare encore, de voir de vieux messieurs épouser de très jeunes femmes ayant l'âge de leur fille ou de leur petite fille. L'inverse est très exceptionnel.

On saisit facilement le lien, même éloigné, existant entre un passage à l'acte condamnable et une vision culturelle et sociale. L'abus sexuel commis sur de très jeunes filles n'est que la caricature grimaçante et criminelle d'un état d'esprit social qui n'a pas complètement disparu. La petite fille, la jeune fille et plus tard la femme, même si elles n'ont pas été victimes d'abus, ont l'état d'esprit des personnes abusées. Infantilisme sexuel, dépossession de leur corps, elles ont toutes les peines du monde à devenir de véritables sujets de leur désir. Tout se passe comme si cette position de victimes et de coupables potentielles hantait l'inconscient collectif féminin et maintenait les femmes prisonnières. Il est urgent qu'elles sortent de cette position aberrante où elles s'enferment souvent elles-mêmes. Elles ne sont ni victimes ni coupables, mais seulement des personnes vivantes, actives et fières de leur sexualité.

Quand les hommes ont peur…

« Mon désir sexuel ! J'ai l'impression que mon mari en a peur… ». Cette phrase est lancée comme une provocation, sachant que Sabine, une jeune femme de 32 ans, est justement venue me consulter sur la demande insistante de son mari. Elle souffre en effet d'un manque de désir. Il a réussi à la convaincre de s'en préoccuper. Lors de la première consultation, Sabine m'a clairement dit qu'elle entreprenait cette démarche pour lui, pour ne pas risquer de mettre son couple en danger. Personnellement, l'absence de désir ne la gêne pas. « Ça ne me manque pas ! » est la phrase habituelle que prononcent de nombreuses femmes venant me consulter, une phrase qui résume bien leur état d'esprit.

Mon premier objectif fut de lui expliquer qu'aucun travail ne pouvait être entrepris sur un sujet aussi complexe sans son implication personnelle. Il était question de son désir à elle. Elle ne pouvait faire l'économie de se questionner personnellement et en profondeur. Aucune petite recette simple ni rapide ne viendrait à bout d'une telle difficulté. Elle ne pouvait pas venir ici pour faire plaisir à l'autre et sa volonté d'arranger le couple ne suffirait pas. Après quelques entretiens, tous très superficiels, Sabine abandonna sa prise en charge pendant plusieurs mois. Un matin de printemps, peut être la saison fut-elle propice, elle reprit rendez-vous. Elle avait beaucoup réfléchi. Ses deux enfants âgés de 3 et 5 ans avaient grandi. Elle désirait maintenant découvrir sa sexualité de femme adulte. Elle se sentait trop jeune pour la laisser à l'écart. Plus question du couple mais uniquement d'elle.

Peur de ne pas être à la hauteur

Pour expliquer la raison de son revirement, elle me raconta une anecdote survenue un mois auparavant. Sabine profita d'un déplacement professionnel en province pour aller voir sa tante

Justine, sœur aînée de sa mère, âgée de 70 ans. Veuve depuis dix ans, elle vit seule dans une petite maison à la campagne. Sabine est très attachée à cette tante qui, n'ayant pas eu d'enfant, a tissé un lien privilégié avec la jeune femme. Lors de sa visite, après le repas du soir, elles ont parlé ensemble du passé. Elles ont regardé de vieux albums de photos. Justine s'est laissée aller à raconter sa vie et notamment ses amours de jeunesse. Pour l'époque, elle s'est mariée tard, autour de 35 ans. Elle avait avant son mariage connu plusieurs relations sentimentales très riches qui, malheureusement, n'avaient pas duré. La vieille dame avoue à Sabine que, même après le mariage, elle n'est pas restée insensible au charme de certains hommes, « mais sans jamais franchir le pas », précise-t-elle vivement. À Émile, son mari, elle est restée fidèle toute sa vie.

Sabine est repartie de chez sa tante un peu abasourdie. Elle l'avait toujours imaginée, ainsi que sa mère d'ailleurs, comme un être asexué n'ayant fait que remplir son devoir conjugal. Justine s'est confiée avec une très grande émotion et un plaisir évident, comme en témoignaient ses yeux brillants et ses joues toutes roses. Ses révélations ébranlèrent Sabine. Elle a soudain repensé à nos entretiens et, dès le lendemain, elle décidait de reprendre rendez-vous. Se serait-elle trompée sur sa vision des choses ? Y aurait-il un angle de compréhension qui lui aurait échappé ?

Sabine consulte régulièrement depuis plusieurs mois et elle a beaucoup progressé. Elle parvient à laisser émerger son désir et appréhende mieux sa sexualité féminine. Mais… aujourd'hui, elle veut parler à nouveau de son couple. En effet, contre toute attente, ça ne va pas fort entre eux. Sabine m'explique que son mari a depuis quelques semaines un comportement un peu surprenant. Les conflits se multiplient. Tout se passe comme s'il supportait mal le changement de sa femme. Il lui reproche de prendre soin d'elle, de prêter plus d'attention à son aspect, ses vêtements, son maquillage. Un comportement paradoxal car, il n'y a pas si longtemps, il lui reprochait de ne pas faire assez d'efforts dans ce domaine.

Sabine a changé de travail. Ayant affaire toute la journée à des clients, elle se soucie beaucoup plus de son apparence.

Jérôme, son mari, réagit mal. Il boude très souvent. Il est de mauvaise humeur. Il lui lance quelquefois, plaisantant à moitié, qu'elle doit partir retrouver ses amants pour se faire aussi belle. Il devient jaloux et supporte mal le moindre de ses retards. Des prétextes futiles sont matière à disputes. Parfois, il va jusqu'à lui reprocher de ne plus être une bonne mère. De plus, lorsque, amoureuse, elle exprime ouvertement son désir, elle a la surprise de constater que ce n'est pas forcément bien accueilli. Quelquefois, Jérôme se montre nerveux. Il prétexte qu'il est tard, qu'il faut dormir, qu'il n'est pas raisonnable de faire l'amour. Pendant les relations sexuelles, elle le sent souvent un peu inquiet. Il a du mal à se détendre et l'autre jour, son érection a tardé à s'installer. Il en a d'ailleurs été très affecté et elle a eu toutes les peines du monde à le rassurer.

Très souvent, après l'acte, il insiste énormément pour savoir si elle a eu vraiment du plaisir, si sa prestation a été bonne. Sabine m'avoue que ces questions la gênent. Elle a beaucoup de plaisir sans pour autant avoir un orgasme à chaque fois, mais pour elle ce n'est pas grave. Cependant, Jérôme ne semble pas comprendre. Il paraît très contrarié quand elle lui avoue qu'elle n'a pas atteint les sommets de l'extase. Cette question récurrente pèse comme une gêne sur le couple, dans une crispation de plus en plus présente. Dès qu'ils se rapprochent intimement, Sabine est sûre que son mari pense à cet orgasme obligatoire. Leur plaisir à tous les deux s'en trouve gâché. Si bien qu'elle m'avoue à plusieurs reprises lui avoir menti en simulant l'orgasme pour avoir la paix.

La jeune femme n'y comprend plus rien. Elle sent qu'elle a beaucoup progressé depuis quelques mois. Elle se sent mieux dans son corps et dans sa tête. Son changement de travail a accéléré ce processus. Valorisée dans sa vie professionnelle, elle a aussi acquis plus d'assurance dans la sphère privée. Elle est fière de cet épanouissement mais son mari, lui, ne semble pas s'en réjouir. Elle en est sûre, il craint quelque chose. Mais quoi ? Pourquoi, lui qui l'a poussée à aller de l'avant, fait-il marche arrière ?

Malheureusement, on retrouve dans le cas de Jérôme et Sabine une des causes de la farouche répression sexuelle dont les femmes ont été victimes pendant des siècles. Sabine a raison, Jérôme a peur. Il a peur de sa femme comme beaucoup d'hommes ont peur des femmes. Auparavant, lorsqu'elle n'avait pas de désir, il en souffrait, aspirant à un véritable échange entre eux (ce en quoi il n'avait pas tort). Mais lorsque son épouse s'est mise à son tour à désirer, ce changement l'a inquiété. Allait-il être à la hauteur à présent ? Sa femme n'allait-elle pas se détourner de lui et prendre un amant qui serait, sans aucun doute, plus performant ?

L'obsession de l'orgasme

Depuis des siècles, les hommes ont peur des femmes et pour vaincre cette peur, pour la résoudre, ils n'ont pas hésité à sacrifier le désir féminin, unique moyen qu'ils aient trouvé pour se rassurer. Malheureusement, en faisant cela, ils se sont privés du même coup de la possibilité de vivre une sexualité riche basée sur l'échange avec leur compagne. Cruel dilemme auquel sont confrontés bon nombre d'hommes à notre époque. En effet, l'émancipation féminine et la libération des mœurs ont fait surgir des forces qui, jusque là, avaient été soigneusement verrouillées. D'un côté, les hommes s'en réjouissent. De l'autre, ils tremblent devant cette perte de repères qui fragilise les fondations de leur domination virile.

C'est un peu, a minima, ce drame qui se joue entre Sabine et Jérôme. La jeune femme semble avoir fait un bon travail. Peut-être est-il temps de changer d'approche et de recevoir à présent le couple lors des prochains entretiens ? Il me paraît en effet nécessaire d'aborder avec eux les origines de cette peur afin de pouvoir la déjouer, seule condition pour que l'harmonie revienne entre eux. Essayons d'analyser de plus près ce que craint Jérôme ou, plus généralement, les raisons pour lesquelles les hommes ont peur des femmes.

Sabine a expliqué longuement l'inquiétude de son mari lorsqu'elle ne parvenait pas à l'orgasme. Et ses questions insistantes pour s'assurer qu'elle était bien satisfaite après l'amour. Les hommes ont toujours pressenti, à juste titre, une capacité érotique très importante chez leur compagne. Contrairement à eux dont les zones érogènes sont très largement concentrées autour du pénis, l'ensemble du corps des femmes peut être le siège d'une grande sensualité. Elles se plaignent d'ailleurs fréquemment que l'approche masculine soit trop rapidement ciblée sur les organes génitaux. Ce « droit au but » les laisse frustrées car il les prive d'un énorme pan du plaisir sexuel féminin. De plus, la caresse patiente de tout le corps provoque un éveil progressif nécessaire pour, qu'au final, l'intensité de l'excitation soit maximale. L'accès au plaisir, certes plus lent que chez l'homme, semble aussi beaucoup plus intense.

La perception de cette complexité et de cette richesse inquiète les hommes. Ils se sentent souvent ignorants et maladroits, craignant ainsi de décevoir leur compagne. Mais surtout cette force potentielle a de quoi provoquer leur crainte. Vont-ils être capable de les satisfaire ? Seront-ils à la hauteur des aspirations de leur partenaire ? D'autant plus que ces femmes insatiables sont douées, paraît-il, de la capacité d'avoir plusieurs orgasmes à la suite, sans épuisement. À l'inverse, les hommes connaissent après chaque orgasme une période réfractaire, phase d'inexcitabilité où la stimulation sexuelle reste inefficace. Bien sûr, l'érection peut revenir et un nouveau coït est possible mais cette répétition est limitée et l'épuisement est au bout du chemin. Point de ça chez la femme qui peut enchaîner à la suite plusieurs orgasmes, rebondir sur son plaisir sans affaiblissement apparent.

Le mythe de la mante religieuse

On voit apparaître là le vieux mythe de la mante religieuse dévorant son mâle après l'amour et se repaissant de sa semence. L'homme a la sensation qu'il pourrait y laisser sa peau, sans toutefois réussir à satisfaire sa compagne. D'où, peut-être, la question récurrente des hommes se cachant derrière une apparente sollicitude : « As-tu pris du plaisir ? Es-tu complètement satisfaite ? » Et si la femme n'était pas comblée, quelles en seraient les conséquences ? Les pensées les plus folles viennent à l'esprit des hommes : tout d'abord, cette créature insatiable, dotée d'une sexualité débordante, pourrait mettre la société humaine en danger. En effet, comment une femme uniquement en proie à son désir pourrait-elle se consacrer à sa famille et élever sagement ses enfants ?

Cette crainte, la religion l'a soulignée très tôt en dénonçant la « concupiscence féminine » et en décrivant les femmes comme des êtres « lubriques, diaboliques » qu'il fallait absolument encadrer par une morale sévère. D'ailleurs, la solution la plus simple consistait à les détourner de leur sexualité. Mais, on l'a vu, le résultat est bien triste, non seulement pour les femmes, mais aussi pour les hommes.

Le discours actuel n'en est plus là, heureusement, mais l'inquiétude persiste. Que se passera-t-il pour les hommes lorsque ces femmes qui revendiquent l'accès au plaisir y parviendront ? Si leur compagnon ne les comble pas, elles risquent d'aller voir ailleurs ! Et de les tromper avec un homme plus capable qu'eux !

Là aussi, on touche du doigt la peur masculine la plus importante : « Suis-je vraiment un homme et suis-je vraiment à la hauteur ? » se demandent-ils sans cesse. Ils sont condamnés à perpétuité à faire la preuve de cette virilité qui peut toujours leur échapper. D'ailleurs, leur érection ne peut-elle faillir ? Cette incertitude les hante. Lorsqu'une femme quitte son amant pour un autre, c'est toujours de ça dont il est d'abord question. Bien sûr, l'homme, comme sa compagne, souffrira de la perte affective, du sentiment d'abandon mais pour lui surtout, il s'agira d'une énorme blessure narcissique. Un rival lui aura été préféré, sans aucun doute parce qu'il aura été plus performant sexuellement.

Éric vient consulter pour un problème d'éjaculation précoce mais, très rapidement, il m'explique les difficultés de son couple. Sa femme a rencontré un autre homme et parle de le quitter. Éric sait qu'il a du mal à maîtriser son éjaculation depuis longtemps. Jusqu'à présent, il n'a jamais vraiment cherché à résoudre ce problème. Maintenant il est décidé parce qu'il est sûr que, s'il y parvient, sa femme reviendra. Pour lui, la seule raison capable d'expliquer l'attitude de son épouse est sa difficulté sexuelle. Il n'a peut être pas tout à fait tort mais, plus que l'éjaculation précoce elle-même, c'est vraisemblablement son obstination à ne pas consulter qui a pu exaspérer sa femme. De plus, il existe certainement dans ce couple d'autres problèmes plus complexes expliquant la rupture. En effet, une difficulté sexuelle est rarement à elle seule à l'origine de la séparation d'un couple. Très souvent, elle est même plutôt la conséquence que la cause du trouble relationnel.

On comprend, après cette analyse, pourquoi l'adultère féminin a toujours été puni si sévèrement. Châtiment suprême, la mort a souvent été requise au cours de l'histoire. Elle l'est encore de nos jours dans certaines cultures. Faut-il que la menace soit grande ! L'infidélité des femmes menace la famille patriarcale et ses fondements en y introduisant des enfants bâtards. Elle met en échec la domination de l'époux, la préférence pour un autre homme signant son impuissance. Il fallait pour écarter ces dangers que la femme soit pour l'homme (ce qu'elle fut longtemps) un objet passif que l'on pouvait échanger afin de créer des alliances entre les familles. D'autre part, la posséder permettait d'affirmer l'identité et la puissance mâle. Les femmes n'étaient alors que l'enjeu de rivalités masculines et de la détention du pouvoir. De nos jours encore, certains hommes exhibent en société de très belles femmes. Point question de créer une relation de qualité mais uniquement de voir le groupe reconnaître la beauté et la valeur sexuelle (supposée) de leur compagne servant, selon eux, à prouver leur puissance et leur virilité.

Les femmes sont aussi des sorcières…

Mais la femme fait peur aussi pour d'autres raisons. Depuis l'aube de l'humanité, les femmes fascinent car elles possèdent un pouvoir exorbitant : celui de donner la vie. Voir un enfant naître est toujours un moment fascinant. Qu'un petit être humain puisse simplement sortir du ventre et du sexe d'une femme reste prodigieux. Même si de nos jours la conception des enfants est scientifiquement et parfaitement expliquée, il persiste autour de la naissance quelque chose de magique et de mystérieux.

Gérard me confie qu'après avoir assisté à la naissance de son fils, il a été fortement déstabilisé. L'irruption brutale de la vie dans le sang et la violence sans qu'il puisse intervenir lui a fait prendre conscience, dit-il, « d'une grande impuissance ». Après ce qu'il avait vu, comment allait-il pouvoir à nouveau approcher le sexe de sa femme ? Ce lieu empreint de gravité pourrait-il redevenir un simple objet de désir et de plaisir ?

Au Moyen Âge, les femmes furent quelquefois brûlées car on les prenait pour des sorcières possédant un pouvoir surnaturel sur les hommes. Puisqu'elles avaient le pouvoir de guérir et de donner la vie, peut-être avaient-elles aussi celui de donner la mort ? Le sang des règles, ce liquide vital chargé de symboles, inquiète également. Chaque mois, il sort du sexe des femmes pubères. Et là encore, bien que la science ait totalement levé le mystère, il persiste un reliquat des tabous qui frappèrent longtemps les menstruations féminines. Or le sang, symbole de vie et de mort, fait irruption à l'endroit même du plaisir sexuel. Beaucoup d'hommes ont encore une réaction particulière vis-à-vis des menstruations de leur compagne : mélange de dégoût, de crainte, d'indifférence feinte et de silence.

Le sexe de la femme lui-même reste un sujet d'inquiétude. Pour l'homme, cette caverne profonde et humide est une inconnue. Comment peut-on imaginer ce que l'on ne voit pas ? Ce vagin en creux conserve tout son mystère. Il peut refuser son accès et se refermer comme un coquillage hermétique, mais aussi s'ouvrir largement, devenir une béance profonde et insondable capable d'engloutir le pénis masculin. Le sexe de la femme, aux odeurs de grotte marine, car il ne peut être exposé en pleine lumière, conserve quelques secrets. Mais il n'y a pas que l'antre vaginal qui peut effrayer les hommes. L'enjeu est plus grand. Il se situe sur une autre scène : celle de la vie, où se déroule une lutte pour le pouvoir. La sexualité s'exprime à travers des symboles de puissance tels que la guerre, le sport, l'argent et la politique. Ils représentent autant de simulacres de domination du plus fort sur le plus faible. Cette sublimation permet d'écouler une partie de l'énergie libidinale masculine et d'asseoir l'identité mâle.

Mère parfaite ou femme fatale ...

Qu'en est-il pour les femmes ? Que leur propose-t-on pour exprimer symboliquement leur féminité ?

Elles ont le choix entre la femme fatale et la mère parfaite. Au moins, cette dernière image, en idéalisant la maternité, présente-t-elle l'avantage d'assurer une descendance à l'homme. Et sans qu'il ait à craindre une quelconque rivalité dans les domaines où il souhaite régner en maître. Les femmes, en effet, resteront cantonnées au foyer pour élever leurs enfants. Ainsi a-t-on fait longtemps croire aux femmes qu'elles étaient incapables d'assumer certaines tâches. Leur force physique insuffisante et/ou leur intelligence inadaptée étaient les arguments les plus souvent avancés pour les exclure.

Le premier accroc à cette logique apparut lors de la Première Guerre mondiale lorsque les femmes remplacèrent tous les hommes partis au front. Elles firent la preuve de leur efficacité. À partir de là prit naissance la longue marche féministe des dernières décennies. Elle parvint à attaquer tous les bastions masculins : conquête massive du monde professionnel et, plus timide, du monde politique. Ces avancées, toujours insuffisantes, ont fortement ébranlé la société patriarcale du XIXe siècle, bousculant les repères et provoquant une grave crise identitaire masculine. Que voudra dire être un homme au siècle prochain ? Peut-on rester un mâle et perdre le pouvoir ?

Les hommes sont inquiets. Il n'est donc pas étonnant de voir réapparaître des courants de pensée vantant les valeurs de la maternité. Même s'ils ont admis les capacités professionnelles des femmes, qui va se charger d'élever les enfants ? Ils brandissent la menace d'une société en perdition. Les enfants privés de l'attention d'une mère y seraient livrés à eux-mêmes. Ils rappellent que la fonction « naturelle » des femmes est de mettre les enfants au monde et de les nourrir durant les premiers mois afin de justifier qu'elles retournent au foyer se consacrer à leur progéniture et… cèdent à nouveau aux hommes le pouvoir qui fut le leur pendant des siècles.

On oublie trop souvent que le maternage représente à peine quelques années de la vie d'une femme. Et que, même nécessaire, cette parenthèse ne peut justifier que l'on écarte à vie la moitié de l'humanité du monde professionnel, social et politique. Même si ces raisonnements conservateurs ne résistent pas à une réflexion approfondie, il faut néanmoins se méfier de ces discours et ne pas les considérer seulement comme des combats d'arrière-garde. On ne doit pas oublier que le caractère sacré de la maternité a toujours existé. Et qu'il peut très bien servir de support aux idées rétrogrades.

Et la femme fatale ? Considérée comme une séductrice, voire comme une femme de petite vertu (pour ne pas dire une prostituée), elle n'est pas très valorisée. Néanmoins, même dénigré, le personnage reste dangereux. Trop d'histoires ne content-elles pas les mésaventures d'hommes qui, s'étant fait prendre dans les filets de telles créatures, ont perdu la raison et sombré corps et biens. C'est le mythe des sirènes charmant les marins et les conduisant inexorablement au naufrage. De ces femmes ensorcelantes, il faut se protéger en se bouchant les oreilles pour ne pas succomber à leur chant. Il convient donc de rabaisser les charmes de l'amour et les futilités de la séduction et de les remplacer par la pornographie et l'expression brutale de ses besoins sexuels. « Un homme, un vrai » évite de tomber dans la mollesse des sentiments et de se noyer dans la volupté. Il sait combattre sa sensibilité afin de prévenir tout risque de naufrage !

Les hommes y perdent aussi

À l'origine de cette peur masculine, le souvenir ancien de la proximité maternelle n'est-il pas présent ? Le bébé garçon, comme la petite fille, est au début de sa vie en fusion avec sa mère. Il est baigné par l'amour maternel. Il ne pourra se construire comme un petit mâle qu'en s'en distanciant et en y renonçant partiellement au profit d'une identification nouvelle à un homme : son père. La séparation est sans doute difficile et laborieuse. Elle laisse forcément des traces, des cicatrices qui maintiennent l'homme dans la crainte d'un amour trop proche, vécu comme dangereux. Il pourrait y perdre son identité masculine. N'a-t-on pas souvent raconté qu'une mère trop aimante risque de rendre son fils homosexuel ?

Les hommes, comme les femmes, ont une bipolarité sexuelle. Chacun possède une part féminine et une part masculine. Encore incertain dans l'enfance, c'est à l'adolescence que l'être humain affirme son identité de manière définitive. Il garde néanmoins, au fond de lui, une part de l'autre sexe. Ce reliquat peut être une richesse ou une menace. Si l'on considère que l'homme doit en permanence faire la preuve de sa virilité, l'émergence de caractéristiques féminines sera vécue comme une faiblesse risquant de mettre en péril l'édifice d'une masculinité toujours incertaine. Les hommes les plus machos, les plus éloignés de la sensibilité féminine, sont certainement ceux qui doutent le plus de leur virilité. Il en est de même pour l'agressivité et la haine vouée aux homosexuels. Elle exprime la crainte excessive d'être pris pour l'un d'eux. S'affirmer violemment homophobe permet de se démarquer d'eux, de prendre de la distance et d'échapper à ce trouble identitaire. Là aussi, l'intensité de l'agressivité est sans doute proportionnelle à celle de la peur.

En fait, les mères menaçantes et castratrices, gardant leur fils piégé dans leur amour maternel, sont le plus souvent des femmes qui n'ont pas réussi à vivre leur sexualité adulte avec un homme, le père de l'enfant. Elles n'ont pu constituer la nécessaire triangulation facilitant la séparation, la défusion d'avec leur enfant. On voit ainsi qu'en maintenant les femmes loin de leur sexualité et en vantant à outrance la maternité, les hommes desservent leur propre cause. Ils croient écarter un danger qui leur revient en fait en pleine tête, comme un boomerang. En effet, insatisfaites de leur vie sexuelle, ces femmes frustrées et déséquilibrées cherchent tout naturellement une compensation qu'elles trouvent en leur enfant.

La conclusion est que tout cela est un énorme gâchis. Les hommes n'ont rien à gagner à continuer à s'accrocher, comme des dictateurs paniqués, à un pouvoir caduc et vacillant qu'il leur faut défendre à coups de souffrances et de sacrifices très coûteux en énergie. En effet, ils n'ont pas hésité pour cela à détruire la sexualité féminine, se privant ainsi eux-mêmes du plaisir extrême du partage dans l'amour. Ils s'exposent alors à n'avoir que des relations affadies avec des compagnes sans désir. Ils pourraient apprendre à ne plus vouloir prouver en permanence, aux autres et à eux-mêmes, leur identité virile par la force et la violence. Ils pourraient laisser émerger le pôle féminin tapi au fond d'eux, sans redouter quoi que ce soit et sans renier les valeurs masculines, s'enrichissant au contraire de cette bipolarité. Ainsi comprendraient-ils mieux leur compagne. Ainsi pourraient-ils s'installer tranquillement dans leur masculinité.

On pourrait, en conséquence, mettre fin à des siècles de guerre des sexes menée pour un pouvoir vain. Déposer enfin les armes ferait le bien de tous car les hommes et les femmes, bien que différents, sont capables de vivre en bonne intelligence. Tout cela est fondamental pour saisir une des causes majeures de l'inhibition sexuelle féminine. Les hommes actuels sont sur la bonne voie. Ils ont compris qu'ils ont tout à gagner à avoir des femmes désirantes. Malgré tout, ils restent piégés dans leur peur. Ils se demandent ce qu'ils vont devenir ? Peuvent-ils renoncer à ce qui les définissaient ? Ils sont secoués par une profonde crise identitaire.

Restons vigilants ! Les racines de ces peurs sont très profondes. Elles ont des siècles d'existence. Elles ont profondément imprégné les sociétés humaines. Un retour en arrière brutal est toujours possible.

D'autant que les femmes elles-mêmes relaient quelquefois ces discours. Par leur comportement, elles peuvent exacerber les inquiétudes et ancrer les hommes dans leurs croyances. Les mères trop parfaites, insatisfaites sexuellement, fabriquent des générations d'hommes craignant d'être étouffés sous un excès de sollicitude féminine. De plus, ils choisissent fréquemment des épouses ressemblant à leur génitrice.

Les femmes fatales entretiennent le mythe de la dévoreuse d'hommes. Elles utilisent cette pseudo-domination pour effrayer leurs compagnons et les manipuler. Enfin, certaines choisissent de renier leur féminité et de singer en tous points le comportement masculin afin de prendre le pouvoir. Elles y perdent du même coup leur identité, sans être sûres de gagner la partie. En cas d'échec, elles donnent raison aux hommes qui pensent que les femmes ne sont pas capables de les égaler. Au contraire, si elles réussissent, on dira que ce ne sont pas de vraies femmes, elles ne sont que des exceptions qui ne révolutionnent pas les mentalités. Dans un cas comme dans l'autre, elles sont condamnées à être privées de toute attention de la part des hommes. Perdant leur spécificité, elles cessent d'être désirables.

La solution est ailleurs. Nul besoin de la domination d'un sexe sur l'autre. Les deux facettes existant en chacun de nous, une bipolarité sociale doit advenir. Autrement dit, tout en maintenant leurs différences (condition indispensable à l'existence du désir et de la sexualité), les hommes et les femmes pourront s'enrichir mutuellement dans une fructueuse complémentarité. Beaucoup de couples, comme Sabine et Jérôme, sont confrontés à leur petite échelle à cette problématique sociale. Ils essaient, chacun à leur niveau, de trouver des solutions plus ou moins satisfaisantes. Leur compromis d'un moment est loin d'être parfait mais il leur permet de poursuivre leur route.

Nouveaux modèles, nouveaux diktats

« J'ai 30 ans et mon désir n'est pas ce qu'il devrait être. » Sophie me téléphone, elle veut un rendez-vous rapide : elle et son mari sont inquiets. « À notre âge, ce n'est pas normal », dit-elle. Je suis intriguée par l'urgence de la démarche. Sophie est un peu contrariée lorsque je lui propose un rendez-vous pour dans 15 jours seulement (de toute façon, ce sera long : un problème de désir est toujours complexe, impossible à résoudre du jour au lendemain en appliquant quelques recettes magiques). La formulation, elle aussi, m'étonne. Elle suppose que Sophie sait parfaitement ce que devrait être son désir à son âge. Pour ma part, je n'en sais rien...

Strip-tease, sex-shop, échangisme...

Cependant, au téléphone, je me garde bien de l'inquiéter en lui faisant part de mes réserves et je décide d'attendre de rencontrer le couple... Sophie et Kévin sont ensemble depuis 6 ans. La jeune femme assure le secrétariat et la comptabilité d'une petite entreprise et son compagnon travaille dans un garage. Pendant deux ans, ils ont vécu chacun chez eux, se retrouvant uniquement pour faire l'amour. Ils gardent de cette période un très bon souvenir. Mais depuis qu'ils ont décidé de vivre ensemble, les relations sont devenues moins satisfaisantes.

La jeune femme m'explique qu'avant, elle avait envie de son ami tous les jours. À présent, ils ne se retrouvent sexuellement qu'une à deux fois par semaine. « Cette fréquence n'est pas normale à 30 ans n'est ce pas ? Et d'ailleurs, quelle est la moyenne des couples à notre âge ? » me demande Sophie visiblement inquiète. Je suis bien embarrassée pour lui répondre. Non qu'on ne dispose pas de statistiques sur le sujet, mais l'intérêt de comparer une pratique individuelle à une donnée mathématique me paraît limité. J'essaie de l'amener à m'expliquer ce qui la perturbe mais elle insiste à nouveau, un peu agacée par ce qu'elle prend pour une dérobade.

« Je suis sûre que nous ne sommes pas un couple normal. J'ai lu dans un magazine qu'à notre âge, la fréquence des relations sexuelles était au moins de 3 à 4 fois par semaine. Vous rendez- vous compte ! Si nous en sommes là à 30 ans, à 40 ans ce sera la retraite anticipée. Nous serons vieux avant l'âge ».

Sophie et Kévin vont ensuite m'exposer toutes les solutions qu'ils ont expérimentées pour en sortir. Dans un premier temps, la jeune femme a acheté des dessous érotiques un peu sophistiqués. Elle s'est astreinte plusieurs fois par semaine à mettre en scène un petit strip-tease se terminant évidemment par un nu intégral et un acte sexuel. Au début, ils étaient très contents car l'excitation sexuelle était au rendez-vous. Puis le stratagème s'est épuisé. Il devenait même un peu routinier et ennuyeux. Ils ont alors décidé de réagir.

Ils sont allés ensemble dans un sex-shop pour acheter divers ustensiles spécialisés : matériel sado-maso, godemichés, revues X. La mise en scène s'est un peu compliquée mais elle a également produit son effet. Cependant, à nouveau, même constat : la stimulation intense du début s'est estompée. Ils ont donc décidé d'acheter des cassettes pornographiques. Ils les ont visionnées en essayant de prendre modèle sur les ébats des acteurs, mais Sophie et Kévin restent insatisfaits. À la rentrée, en septembre, ils ont décidé de s'occuper sérieusement du problème. À la suite d'une émission de télévision sur l'échangisme, ils se sont lancés. Les couples qui avaient témoigné semblaient ravis de leurs expériences. Certains expliquaient que cela avait sauvé leur union de la routine en relançant leur désir. La solution était sans doute là. De plus, aux dires des journalistes, cette pratique paraissait très répandue. Ils ne voulaient pas « mourir idiots ». On en parlait ouvertement à la télévision et les personnes qui témoignaient paraissaient très normales. Leurs pratiques semblaient, somme toute, très banales.

Inquiets malgré tout, ils furent surpris de n'avoir aucune difficulté à trouver ces clubs spécialisés. Sophie et Kévin se sont rendus à plusieurs reprises dans ces soirées. Ils en gardent une impression mitigée. La jeune femme a accepté plusieurs partenaires mais, mis à part une petite excitation due à la transgression, elle n'a pas réussi à jouir réellement. Ces hommes anonymes, me dit-elle, lui ont donné l'impression d'être « des pénis sans tête », des objets, des godemichés. Le regard des autres, en revanche, l'a franchement gêné. Elle a eu le sentiment que ces hommes qui l'observaient s'emparaient de son corps sans sa permission. Elle aussi devenait un objet. Son mari lui-même a été un peu ébranlé en la voyant dans les bras d'autres partenaires et la qualité de son érection s'en est ressentie.

Qu'est-ce qu'une sexualité « normale » ?

Sophie est désespérée, elle ne voit plus de solutions. Bien sûr elle a du plaisir mais « ce n'est pas ce que ça devrait être ». La phrase est répétitive et énigmatique. Je la rassure. J'ai compris qu'elle souffrait et qu'elle avait de réelles angoisses concernant sa sexualité. Je suis d'accord avec elle, son désir est menacé, mais sans doute pas pour les raisons qu'elle avance. Je lui explique que de nombreuses « Sophie » viennent consulter pour des raisons similaires et que son cas n'est pas désespéré. Je lui demande donc de me préciser ce qu'elle attend. Elle paraît surprise : moi, une sexologue, je ne le sais pas ! Mais elle consent malgré tout à me répondre en pensant que c'est sans doute un moyen que j'utilise pour la faire parler…

À son âge, elle devrait avoir envie tous les jours et surtout avoir un plaisir très intense. Elle s'est documentée. Une femme peut avoir plusieurs orgasmes à la suite et en retirer à chaque fois une jouissance extrême. Pour Sophie, ce n'est pas tout à fait ça. Elle m'explique que très souvent le soir, fatiguée par son travail, elle a avant tout envie de dormir. Faire l'amour ne la tente pas. Surtout depuis qu'ils ont mis au point tous ses scénarios : c'est encore plus compliqué. Quand malgré tout ils se retrouvent, elle met de plus en plus de temps à atteindre l'orgasme. Il lui arrive même de ne pas y parvenir. Elle n'a réussi qu'une seule fois à connaître deux orgasmes à la suite. C'était l'été passé, lorsqu'ils étaient en vacances. Paradoxalement, ce jour-là, il n'y avait eu aucune mise en scène particulière. Ils avaient tout simplement fait l'amour sans préméditation, sur la plage, au clair de lune. Elle me prend à témoin : « Vous voyez, je vous l'avais bien dit que je ne suis pas normale ! » Elle sent bien que je n'adhère pas totalement à sa théorie. Elle est presque en colère…

La plainte de cette jeune femme doit être prise au sérieux mais il n'est pas question pour moi de répondre directement à sa demande urgente, de lui proposer une énième solution miracle qui, c'est sûr, échouera comme les autres. Le problème est malheureusement plus complexe. Il faudra du temps pour que Sophie puisse en faire le tour et qu'à terme, elle se sente plus sereine face à sa sexualité. Je l'explique très honnêtement à la jeune femme. Elle est un peu déçue, elle pensait que les sexologues avaient des solutions. Sortes de magiciens qui, grâce à leur baguette, font resurgir le désir. À moins qu'ils ne soient des mécaniciens du sexe capables, en quelques heures, de réparer un fonctionnement défaillant. Elle accepte néanmoins de me faire confiance et nous commençons ensemble l'analyse de ce qui la perturbe.

Dans la sexualité, pas de « prêt à porter »

Le mouvement de libération sexuelle a pris naissance dans les années soixante. Où en est-il aujourd'hui ? Ce qui frappe avant tout, c'est l'existence d'un discours omniprésent sur la sexualité. Le sexe est devenu une affaire publique. Il est sorti complètement du ghetto de la vie privée. Il s'expose partout avec insistance. Ce fait de société est-il synonyme de liberté des mœurs ? Est-ce l'aboutissement, l'apogée de la révolution des années soixante ? On assiste en tout cas à la multiplication des articles, livres et émissions de télévision sur ce sujet. Certaines, appelées télé-réalités, proposent des témoignages sur toutes les expériences sexuelles, y compris les plus extrêmes, débarrassées de toute pudeur et face à des millions de téléspectateurs.

Internet représente également une immense vitrine du sexe sans rencontrer de limites. « La toile », comme on l'appelle, s'étend en effet sur toute la planète sans barrières d'aucune sorte : géographique, morale, religieuse ou philosophique. C'est la première fois que l'humanité dispose d'un tel instrument et le sexe y est largement représenté. Il y a certes de grands avantages à la libération de cette parole. Elle a permis de sortir la sexualité d'un carcan de préjugés, de tabous, de non-dits. Le sexe est une affaire complexe qui a toujours questionné l'être humain. L'homme peut sortir de sa solitude, prendre conscience que de nombreux problèmes se posent aux autres comme à lui-même. Cette information lui permettra de s'ouvrir sur le monde et de réfléchir plus en profondeur sur certaines questions. De plus en plus de patients font référence à ces sources informatives au cours des consultations et, dans bien des cas, l'effet est plutôt bénéfique.

Cependant, il ne faut pas perdre de vue que la sexualité, qu'on le veuille ou non, est avant tout une affaire individuelle. Elle s'enracine au plus profond de nous, au sein de notre univers pulsionnel, de notre inconscient. Elle reste fortement influencée par notre histoire personnelle et familiale. Elle réalise à l'âge adulte l'aboutissement d'une longue construction, travail d'élaboration hautement nécessaire pour lui donner un sens qu'aucun discours « prêt à porter » ne pourra remplacer. Or le discours actuel, médiatisé et standardisé, veut nous faire croire, à tort, que nous pouvons nous passer de cet effort. La tendance actuelle est à la suppression de l'intime, ce noyau central de l'individu qui risque d'être fragilisé par cette exposition publique permanente. L'éducation construit des barrières de pudeur : trop rigides, elles bloquent la vie sexuelle mais absentes, elles déstructurent par absence de limites entre soi et l'autre. Sophie devra définir ce qu'elle veut elle-même, et non se référer sans cesse aux discours médiatiques. Sa sexualité ne pourra jamais être identique à celle d'une autre. Ce sera la sienne et elle sera unique.

Sans limites, le règne du « tout jouir »

Cependant, la sexualité humaine est aussi le produit de la culture. Au cours de l'histoire, chaque société a imposé une réglementation, a donné le ton pour orchestrer les relations sexuelles. Une expression sexuelle sauvage, instinctive n'existe pas chez l'homme. La libération de la parole en matière de sexualité a produit une sorte de pensée unique, de « sexuellement correct » véhiculé par les médias. Or, il y est actuellement question d'une absence de règles, de limites et de contraintes. Tout doit être permis ! Seul persiste encore le tabou de l'inceste, dernier bastion qui paraît lui-même fragilisé. Le grand mérite d'une loi, qu'elle soit sociale ou interne, est qu'elle peut être discutée, acceptée, combattue, transgressée. Mais que peut faire un homme face à une absence de règles ? Plus de parole possible. Il ne peut que se taire. Il ne s'agit nullement de libération mais d'un système totalitaire car ne pouvant être remis en question.

C'est une prescription obligatoire de désir et de plaisir. La notion même de désir sans contraintes est un contresens. En supprimant les interdits, les limites, on entraîne du même coup la disparition du manque d'un minimum de frustration, indispensable justement à l'émergence du désir. Tout devient possible, mais que désirer si tout est permis ? Si, malgré toute cette liberté, on échoue dans cette quête, c'est l'incompétence de l'individu, du couple ou de l'autre qui est mise en cause et non plus, comme auparavant, la société ou la morale. C'est alors que ces personnes ne se sentent pas « normales ». L'homme et la femme adultes peuvent soit s'installer dans la toute-puissance infantile dominée par le principe du plaisir à tout prix, soit ne pas y parvenir. Ils seront alors des ratés.

Plus de place pour la névrose générée par les inhibitions morales. C'est le règne du tout jouir pervers et sans limites. Si on est sûr que les névrosés moyens ont des désirs, même s'ils sont justement faits pour rester insatisfaits, rien n'est moins sûr en ce qui concerne les pervers… Notre civilisation est largement dominée par les médias. Leur pouvoir est fort car ils imprègnent littéralement la vie de chacun, qu'on le veuille ou non. Ils tendent à remplacer philosophie et religion. Le journal de 20 heures a pris la place de la messe du dimanche et les présentateurs de télévision sont plus importants que les philosophes et les politiciens. D'ailleurs, s'ils veulent avoir une chance d'être élus, ces derniers se doivent d'être télégéniques.

Il n'y a théoriquement aucun mal à remplacer un pouvoir par un autre si ce n'est que malheureusement, dans le cas des médias, le nerf de la guerre est l'argent. Le sexe a toujours suscité un intérêt majeur. N'est-ce pas le premier sujet de questionnement chez le petit enfant ? Or, intérêt veut dire audimat et donc argent et pouvoir. Normalement, le rôle premier des médias est d'informer mais aussi de refléter l'évolution d'une société. À l'inverse, en véhiculant un discours normatif, ils peuvent fortement l'influencer. Il est important d'analyser les normes sexuelles véhiculées en ce moment.

Ce qu'on nous dit du sexe…

Tout d'abord, il apparaît comme une évidence non discutable que réussir parfaitement sa sexualité est présenté comme une des conditions indispensables au bonheur. Impossible d'être heureux sans un épanouissement sexuel total. Ne pas avoir de sexualité est perçu comme inquiétant, maladif, signe de troubles psychologiques, de dépression ou pire d'un vieillissement prématuré. Ceci pose une question : qu'est-ce que la réussite sexuelle ? Pour la définir, il existe une codification précise utilisant des critères simplistes, applicables à tous (ce qui dans le domaine sexuel est un non-sens). Il convient d'avoir un désir constant et vif. Le plaisir doit être intense et toujours au rendez-vous.

Ce que l'on sait des caractéristiques féminines est en totale contradiction avec ces objectifs. Le désir féminin est, on l'a vu, fluctuant, capricieux et cyclique. L'orgasme n'est pas systématique. Et la notion de plaisir ne dépend pas uniquement de sa survenue. Elle est beaucoup plus riche et complexe. À l'inverse, dans le discours actuel, le « jouir à tout prix » est une véritable nécessité. Cette obligation de résultat est une contrainte tyrannique déguisée entraînant une souffrance immense. Et pourquoi ? Parce que cet objectif est tout simplement impossible à atteindre.

Dans le cas de Sophie, on peut d'ailleurs se demander si ce qui la fait souffrir vraiment est un désir moins présent et un plaisir moins vif, ou bien plutôt la crainte de ne pas être normale. De ne pas être conforme à l'image de la bonne sexualité épanouie d'un bon couple qui s'aime vraiment et qui se désirera toujours… C'est ce décalage qui l'angoisse et la pousse à l'escalade de comportements sexuels plaqués visant à atteindre l'objectif qu'elle s'est artificiellement fixé. Malheureusement cette fuite en avant produit souvent l'effet inverse. Le désir est fragile et insaisissable. Il ne se laisse pas facilement domestiquer, contrôler. Vouloir l'attraper conduit souvent à sa disparition. Plus on le traque directement, plus il s'évanouit.

On constate également une banalisation excessive des comportements sexuels extrêmes, voire déviants. L'expérience d'une poignée d'individus marginaux, lorsqu'elle est médiatisée, devient presque un modèle à suivre. Sophie et Kévin n'y ont pas échappé. N'ont-ils pas eu l'idée d'aller dans un club échangiste suite à une émission sur le sujet ? « Si tout le monde le fait, pourquoi pas nous, nous ne voulons pas mourir idiots... ». Les jeunes couples ont la terreur de paraître rétrogrades, ringards. Or l'échangisme est « très tendance », me dit-on quelquefois. Sans porter de jugement global sur cette pratique, il est certain qu'elle ne convient sûrement pas à tous les couples ni à toutes les personnalités. Bien sûr, personne directement ne contraint ces hommes et ces femmes à se rendre dans ce type d'établissement, mais le discours ambiant y contribue.

Évidemment, il n'est pas question de revenir au silence d'antan, mais simplement d'être vigilant sur le contenu des messages transmis qui surtout doivent pouvoir être critiqués. Cette banalisation des comportements transgressifs conduit à la difficulté de définir la loi en matière de sexualité (en tout cas, dans notre société). La loi, ce terme s'entend à deux niveaux différents. Le premier est la loi juridique, en tant que justice humaine. Là, pas d'ambiguïté : elle se compose de textes auxquels il ne faut pas hésiter à se référer en cas d'inceste ou de viol, par exemple. Souvent très rigides, ces textes présentent néanmoins l'avantage d'être inscrits, d'avoir ainsi un poids symbolique et d'être normalement applicables à tous.

Le second niveau renvoie à une loi intime, propre à chacun, appelée quelquefois morale. Cette dernière est plus floue, plus sujette à caution. Le sexologue est souvent interpellé à ce propos et sommé de se prononcer sur ce qui est normal et sur ce qui ne l'est pas. Il ne doit pas se laisser piéger et doit bien entendu se garder de répondre, chacun devant se définir personnellement par rapport à cette question. Cependant, il faut rappeler deux idées générales fondamentales. Premièrement, le respect de soi, de son noyau intime. Deuxièmement, le respect de l'autre qui ne devra jamais devenir le jouet, l'objet passif du désir. Il faudra que chacun compose avec ce cadre et puisse définir ses propres repères.

La séduction, l'imaginaire, la relation à l'autre

Dans cette course effrénée vers le plaisir, le corps prend la première place. L'importance donnée aux soins corporels, esthétiques et l'engouement pour le body-building le prouvent. Là aussi, un corps parfait est synonyme de bonheur et de réussite personnelle. Cette narcissisation extrême centrée sur l'individu et son physique est fortement relayée par la publicité. « Se faire plaisir » devient le but essentiel de l'existence. Le secret du bonheur est d'avoir toujours plus de biens matériels, tendant là aussi vers une perfection. La sexualité n'échappe pas à ce centrage nombriliste. Plus question de relation ni d'échange, mais d'un acte mécanique où les corps humains sont des objets nécessaires à la production du plaisir, interchangeables et multipliables à souhait.

À plusieurs reprises, Sophie me demande quoi faire concrètement pour faire renaître son désir et stimuler son plaisir. Elle attend des recettes corporelles, comportementales, qui lui permettraient de faire l'économie d'une réflexion. D'ailleurs, ses essais pratiques pour régler son problème témoignent de son état d'esprit et de ses fausses routes puisque toutes ses solutions sont restées inefficaces.

Là encore, ce comportement paraît fort éloigné des caractéristiques féminines où le contexte, la relation à l'autre sont prépondérants. De même, la tendance à faire disparaître la séduction et la parade amoureuse, si importantes pour le désir féminin, ne produit pas le meilleur effet. On voit d'ailleurs cohabiter paradoxalement des positions apparemment opposées chez une même personne : le sexe mécanisé à outrance côtoie un romantisme forcené. Ce clivage paraît pour de nombreuses femmes la seule issue possible mais ce n'est pas un progrès.

Coupée en deux, la sexualité féminine garde un pied dans la censure, romantisme excessif désincarné, et bascule de l'autre côté vers le pseudo-libéralisme, matérialisme du tout mécanique. Ce n'est certainement pas dans cette voie que les femmes pourront s'épanouir harmonieusement.

L'autre conséquence de ces changements comportementaux est la perte du pouvoir de l'imaginaire. Si tout devient permis, alors à quoi bon rêver ? Est-ce même possible ? Sophie et Kévin ont cherché des solutions concrètes. Ils ont pensé qu'en multipliant les nouvelles conduites, ils obtiendraient des résultats. Ils ont fait passer dans la réalité ce qui aurait dû rester dans le domaine du fantasme. La pornographie est un exemple de ce contresens. Elle doit rester un moyen, même fort médiocre, de stimuler l'imaginaire érotique et non un guide illustré des bonnes pratiques sexuelles. Si le fantasme ne s'épuise pas, son passage dans la réalité provoque très rapidement une baisse de son pouvoir érogène. De plus, très souvent, les productions pornographiques prennent pour référence les fantasmes masculins produisant sur les femmes un effet très moyen. En visionnant les films X, elles vont quelquefois recourir à certaines pratiques de crainte de décevoir leur compagnon qui risquerait de les croire bloquées, de penser qu'elles ont un problème, qu'elles ne sont pas « libérées ». Cette contrainte est bien entendu catastrophique si elle ne correspond pas à une aspiration personnelle. D'où, une fois encore, la nécessité pour les femmes de se questionner sur leur propre désir.

Quand on analyse le comportement de Kévin et de Sophie, on constate qu'ils ont répondu à la baisse de l'intensité de leur désir en recherchant des stimuli de plus en plus forts. Chaque fois, l'effet s'épuise vite et il faut inventer à nouveau une autre solution. Des sensations toujours plus fortes sont recherchées dans une course effrénée vers le plus, jusqu'à l'overdose. Toujours plus excitant, plus exotique, plus original, plus marginal et surtout sans tabous et sans limites. On retrouve là le mécanisme diabolique de l'addiction. Lorsque le drogué prend, pour la première fois, sa dose d'héroïne, il connaît l'extase. Il passera sa vie entière à courir après ce vécu. Chaque nouvelle expérience se termine par une déception. Et il lui faudra sans cesse augmenter la dose jusqu'à prendre le risque d'en mourir.

Dans la sexualité, repousser sans cesse les limites équivaut à les rechercher car, sans elles, il ne peut y avoir de désir ni de plaisir. Il n'y a que de l'angoisse. Kévin et Sophie doivent réapprendre les choses simples : premièrement, la séduction. C'est une parade amoureuse qui, sans apporter la satiété, aiguise l'appétit et fournit ce temps nécessaire pour que le désir féminin émerge. Deuxièmement, l'imaginaire qui devra reprendre sa place. Non pas celui prêt à porter, standardisé, identique pour tous et galvaudé par toutes sortes de médias et autres supports X, mais l'imaginaire de notre richesse intérieure, celui qui est présent en chacun de nous et qu'il convient de redécouvrir. Enfin, troisièmement, la relation à l'autre doit retrouver son sens. Une relation réelle, symbolique et imaginaire où l'autre est unique, la parole servant de lien entre le sentiment amoureux et le plaisir qui s'incarne dans le corps. Il faut surtout qu'ils cessent de se fixer des objectifs à atteindre et qu'ils apprennent à jouir de ce qu'ils ont.

Sophie a beaucoup à perdre si elle persiste dans ce comportement. Les femmes ont été, depuis des siècles, les premières victimes de la rigidité morale de la répression sexuelle. Leur sexualité a été fortement inhibée, voire anéantie. Mais ce n'est pas en singeant les comportements masculins et en passant d'un extrême à l'autre qu'elles progresseront. Il leur faut tenir compte de leur particularité et parvenir, enfin, à définir une sexualité qui sera spécifiquement féminine.

Troisième partie

TROUVER LE CHEMIN DE SON DÉSIR

Le désir sexuel est insaisissable : plus on veut l'attraper, plus il s'échappe. Tous ces vécus féminins n'ont pas la prétention de constituer une liste exhaustive, mais peut-on, néanmoins, en tirer quelques enseignements ? Non pas, bien sûr, quelques recettes simplistes ou une conduite à tenir normative, mais quelques pistes permettant, je l'espère, d'éviter les pièges les plus fréquents et d'aider les femmes à réfléchir et à découvrir ainsi, elles-mêmes, leur propre solution. Pour chacune, trouver le chemin de son désir, c'est avoir accès à son plaisir mais aussi à son identité.

Se réjouir d'être une femme

Différentes étapes biologiques, anatomiques et psychologiques jalonnent la vie sexuelle des femmes. Ces paliers sont autant de portes qu'elles doivent franchir. Elles peuvent le faire dans la souffrance, avec l'angoisse d'une perspective négative, le malheur étant présenté comme une fatalité associée à la condition féminine. Ou au contraire avec bonheur, en anticipant positivement l'avenir. Alors, chaque période de la vie est vécue comme la découverte de nouvelles potentialités, comme la promesse d'un épanouissement futur.

Sortir du masochisme féminin

Or, ces phases sont, nous l'avons vu, souvent rythmées par le sang et la douleur. La tentation est grande de s'appuyer sur ces symboles en exagérant leur importance. Cette dramatisation a des conséquences sur la sexuation féminine tout entière. En insistant sur ses aspects les moins agréables, elle imprègne la condition féminine d'une tonalité de malheurs et de souffrances. Elle l'installe dans un vécu masochiste dont certaines femmes vont, paradoxalement, tirer un bénéfice secondaire. En effet, elles peuvent ainsi espérer être plaintes et admirées pour savoir affronter, si courageusement, la douleur. Tout droit issue de notre culture judéo-chrétienne, cette fierté que l'on tire de la souffrance s'accompagne d'un dédain pour le plaisir et ceux qui l'apprécient. C'est le mythe de la femme magnifiée par son dévouement qui, ne vivant que pour ses enfants, supporte sans se plaindre toutes les épreuves de la vie. Or, c'est peut-être beau et admirable mais on est bien loin du plaisir et du désir.

Ce tableau parfait se fissure quant on analyse la vie de ce type de famille. Qu'en est-il de la relation de couple ? Les parents, dans ces conditions, peuvent-ils être des amants et partager une complicité amoureuse ? Quelles en sont les conséquences sur les enfants ? Quelle image vont-ils avoir du lien conjugal, du bonheur d'être adulte ? Auront-ils hâte de grandir pour vivre, à leur tour, ce que connaissent leurs parents ? Comment les petites filles, dans ce contexte, pourront-elles vouloir devenir des femmes ? Si leurs mères ne leur parlent que de souffrance et de sacrifice, en ajoutant souvent qu'elles doivent « en profiter avant car plus tard… » Qu'imagineront-elles ? Les femmes ne doivent pas tomber dans ce piège. Le bénéfice qu'elles en retirent est bien maigre face au renoncement que cela suppose et aux conséquences sur la transmission de leur féminité à leurs propres filles.

À la puberté, les règles constituent l'épreuve initiatique marquant l'entrée dans la vie féminine. À ce titre, elles sont fondamentales. Les femmes, dans leur grande majorité, conservent toute leur vie le souvenir du jour de leurs premières règles. La préparation de la jeune fille, les paroles dites autour de cet événement sont très importantes. La mère occupe ici une place de choix. Pour atténuer leur caractère toujours un peu inquiétant, son discours doit être rassurant. Elle doit aussi montrer la joie et l'émotion qu'elle ressent à voir sa petite fille devenir une jeune fille. N'est-ce pas le rôle des parents d'accompagner un enfant dans sa maturation ?

Symboliquement, les premières menstruations ouvrent sur la vie de femme et toutes ses merveilleuses potentialités. Elles donnent accès à un monde passionnant et encore mystérieux que la jeune fille aura à découvrir. Sa mère, qui l'a précédée, doit lui montrer son enthousiasme, son bonheur de la voir y accéder. Elle doit aussi lui transmettre la fierté d'être une femme, les règles étant le signe d'appartenance à cette communauté dont elle fait désormais partie. Dans ce contexte réjouissant, les petits tracas physiques sont vite oubliés.

Tout est bien différent lorsqu'on montre à l'adolescente angoisse et crainte pour l'avenir. L'accent est alors mis sur la souffrance, la douleur physique et l'écoulement sanguin qui symboliseront la féminité. Dans ce cas, la jeune fille risque à l'image de sa mère de s'inscrire dans la lignée des femmes martyres se préparant à souffrir toute leur vie.

La responsabilité des mères

Les premières règles fournissent aussi l'occasion aux mères de parler à leurs filles de la procréation et de la contraception. Il est bien sûr primordial d'informer les jeunes, mais ce discours se compose trop souvent d'une longue liste de recommandations et de mises en garde contre tous les malheurs que risque d'entraîner la sexualité. Cette présentation, exclusivement négative, confortera l'adolescente dans l'idée qu'il n'y a rien de bien à attendre de ce côté-là, si ce n'est du danger.

Si le risque des maladies sexuellement transmissibles est partagé par les deux sexes, celui des grossesses concerne injustement et uniquement les femmes. Les premières règles signifient essentiellement pour certaines mères la potentialité pour leur fille de « tomber enceinte ». Ce raccourci dramatique ne peut que renforcer la croyance d'une fatalité du malheur liée au sexe féminin et pousser la jeune fille à adopter une position défensive face aux hommes. Comment pourra-t-elle dans ses conditions donner une place suffisante à son désir ?

Là encore, les femmes sont largement responsables de leur positionnement. Elles reproduisent trop souvent, sans s'en rendre compte, le discours négatif de leurs mères. Ce sont elles qui ont délivré à la naissance de leur fille le passeport pour la féminité. Elles vont devoir, au moment de l'adolescence, le valider. Cette transmission, même si elle reste implicite, est un peu une autorisation pour la « sexuation » féminine. Il est grand temps que ces mères prennent conscience de l'importance de leur rôle afin que, lors de cette relation essentielle mère-fille, les choses se passent autrement.

Le premier rapport sexuel est également un événement fondamental dans la vie d'une femme. Il est très important qu'il soit l'aboutissement d'une lente maturation. Aucune pression extérieure ne doit venir le précipiter. Il est tout à fait normal que la jeune fille ressente une certaine appréhension. Elle doit attendre patiemment que son désir soit suffisamment intense pour gagner la partie.

La pratique du flirt permet à l'adolescente de découvrir progressivement ses réactions en présence de l'autre. Cette phase prépondérante ne doit pas être raccourcie ou court-circuitée par un acte sexuel prématuré. Elle va du simple baiser au stade le plus poussé, très proche d'un coït complet. Les jeux sexuels éveillent la sensualité. Ils permettent à la jeune fille de faire le lien entre son émotion amoureuse et ses réactions corporelles. L'adolescence est la période idéale pour cette découverte. Les jeunes ne sont pas toujours capables de construire un lien durable mais ces rencontres leur permettent de définir leur sexuation et de se positionner par rapport à l'autre sexe. Ces expériences aident les jeunes filles à s'installer dans leur féminité et à s'y sentir bien. Elles vont découvrir leur désir et leur plaisir. En même temps, elles vont apprendre à connaître l'autre sexe, à ne plus en avoir peur et à comprendre l'immense intérêt que présente le vécu du partage amoureux. Toutes ces étapes seront nécessaires pour lui permettre d'accéder à une sexualité adulte.

Une éducation trop stricte interdisant à une adolescente de faire ses expériences ou qui la culpabilise, est très préjudiciable. La jeune fille risque de passer brutalement de l'enfance à une vie de femme sans rien avoir appris d'elle-même. Ne sachant rien, elle attendra souvent, et bien à tort, que son partenaire lui apprenne tout. Une tâche qui est bien difficile pour un homme, lui-même ayant très souvent beaucoup de mal à faire face à sa propre sexualité.

L'importance de l'auto-érotisme

Si la jeune femme se découvre tard, d'autres difficultés risquent de se présenter. En effet, le temps de l'adolescence passé, elle s'adressera à des partenaires qui attendront d'elle un comportement de femme adulte, ce qui risque fort de générer une grande incompréhension.

Comme on l'a déjà précisé, il n'est pas question pour les parents d'abolir tous les interdits. Ils sont fondamentaux pour guider et rassurer. Cependant, il est important que la sexualité de la jeune fille soit permise et puisse s'exprimer. Elle doit être accueillie favorablement comme faisant partie d'un développement normal et non comme une source d'ennuis ou pire encore, de dangers. Il n'est pas question par exemple de voir le sexe comme l'ennemi du travail scolaire qui sera le seul à être valorisé. L'adolescente doit apprendre à faire une place pour chaque composante de sa vie, comme elle le fera plus tard lorsqu'elle sera une femme adulte. Cet apprentissage est indispensable.

Mais il n'y a pas que le flirt qui prépare la jeune fille au premier rapport sexuel. La pratique auto-érotique est, elle aussi, essentielle. Elle lui permet de faire le lien, encore une fois, entre l'émotion sentimentale et ses réactions corporelles. Elle comprendra ainsi que l'évocation imaginaire fait naître l'excitation sexuelle qui va précéder, accompagner et guider la caresse. Malheureusement, trop peu de jeunes filles accèdent à cette pratique. Il convient de l'encourager au lieu de la condamner. Il faut réhabiliter, chaque fois que c'est possible, la pratique auto-érotique, la débarrasser de toute culpabilité et cesser de l'assimiler à une déviance.

Malgré tout, le premier rapport sexuel restera un moment chargé d'appréhensions. La pénétration du pénis peut être vécue comme une violence physique, une brutale effraction du corps intime. Le mythe de la barrière hyménéale et les gouttes de sang qui s'écoulent lors de sa rupture sont là pour renforcer cette image. Tout comme pour les premières règles, les femmes peuvent s'emparer de la souffrance contenue dans cette représentation et s'en servir pour se ranger aux côtés des martyrs. Au lieu d'être désir et plaisir, l'acte sexuel sera craintes et douleurs. Une fois encore, la femme se situera dans une position de victime subissant les avances masculines. Le vagin sera vu comme un réceptacle passif se laissant pénétrer par le sexe de l'homme. Cette vision épouvantable doit céder la place à une image positive nécessaire et incontournable pour vivre l'acte d'amour autrement.

Pour les psychanalystes, la maturité sexuelle est atteinte lorsque les femmes déplacent leur intérêt du clitoris au vagin. Cette partie de leur corps, en étant investi, peut passer d'un état virtuel à une existence concrète. Ce qui leur permettra non seulement le plaisir lors de la pénétration, mais également son anticipation positive et donc la naissance du désir. Hélas, cette théorie a entraîné une dévalorisation du plaisir clitoridien dont la persistance a été trop souvent assimilée au maintien d'une sexualité infantile et immature. On a oublié que la situation anatomique interne et peu accessible du vagin, sa non-stimulation pendant de nombreuses années avant l'âge adulte le rendait au départ, lors des premiers rapports, peu réactif.

La stimulation clitoridienne et vulvaire, loin d'être abandonnée, doit servir de starter pour entraîner la jeune femme dans la découverte de son potentiel corporel. Cette forme de plaisir doit garder une place de choix. Dans la théorie analytique, le transfert de plaisir du clitoris au vagin devant avoir lieu au cours du processus de maturation n'est pas à comprendre au niveau réel mais symbolique. Peu à peu, en accédant à sa sexualité adulte, une femme va progressivement prendre conscience de sa génitalité, de son corps anatomique au complet, mais aussi de son corps libidinal. Elle va apprendre à en jouir en se l'appropriant. C'est en réalisant que son vagin est un organe actif et sensible qui aspire lui aussi à être comblé par la caresse pénienne qu'elle pourra non seulement aboutir au plaisir lors de l'acte sexuel mais surtout le souhaiter ardemment. La jeune fille, avant d'avoir vécu réellement son premier rapport, devra l'imaginer, le fantasmer positivement. Cette anticipation lui permettra de dépasser l'appréhension existant malgré tout. Cette représentation valorisée lui donnera tout son intérêt car le plaisir physique réel de la première fois est, lui, souvent bien pauvre.

Pièges ou délices de la maternité

Après les premiers rapports viendra pour beaucoup de femmes une nouvelle étape, celle de la maternité qui est de façon certaine la plus spécifique de la féminité. Les hommes, même s'ils peuvent devenir pères, ne mettront jamais les enfants au monde. La grossesse sera en revanche vécue très différemment selon les femmes. Certaines y verront un passage obligé qu'il faut bien emprunter pour avoir un bébé. À leurs yeux, elle signifie la déformation du corps et un renoncement définitif aux formes androgynes assimilées à la jeunesse et à la séduction. De même pour l'angoisse de l'accouchement, épreuve redoutée qu'il faut dépasser pour être mère.

Pour d'autres, au contraire, cette gestation constitue une aventure exaltante. Au-delà de la naissance, elle est la promesse de devenir mère. Bien évidemment, elle suppose chez la future maman le renoncement à son statut antérieur où tout était centré sur elle-même, seule condition pour que la venue de l'enfant soit vécue positivement. En caricaturant les rondeurs féminines, les formes arrondies de la maternité seront valorisées par la promesse de bébé. C'est souvent l'occasion pour certaines femmes de réhabiliter les courbes, de caresser avec bonheur leur ventre qui s'arrondit ou d'être fière de leur poitrine devenue généreuse.

Il faut à tout prix profiter de ce moment, à la fois court et précieux pour sensibiliser quand on le peut les futures mères à cette expérience très particulière de leur féminité. Grâce à la valorisation de la maternité présente dans bien des cultures, c'est un moment de choix pour que les femmes soient fières de leur corps et de la sexuation féminine qui s'y exprime.

Entraînant une sensibilité exacerbée, la grossesse fournit aussi l'occasion de prendre conscience de sa génitalité. À cette occasion, le corps sexuel trop longtemps silencieux (car souvent ignoré) peut se réveiller. Plus proches de leurs sensations physiques, débarrassées du carcan stéréotypé et inhibant de l'esthétisme, ces femmes pourront quelquefois découvrir leurs potentialités de plaisir. Le corps valorisé deviendra alors désirable et désirant.

Lorsqu'il m'arrive d'accompagner des patientes pendant leur grossesse, je profite souvent de cet état comme d'un tremplin. C'est une formidable opportunité pour elles de découvrir leur féminité et de la vivre positivement. Il faut qu'elles le sachent et qu'on les encourage dans ce sens. Mais attention à ne pas tomber dans le piège de la seule valorisation de la maternité. La sexualité féminine ne peut se résumer à cela même si certains ont tenté de l'y confiner. Elle doit s'exprimer au-delà, être renforcée et non anéantie. Cette expérience est une porte d'accès à plus de maturité et d'épanouissement.

Malheureusement, la maternité représente pour certaines un but qui, une fois atteint, rend inutile toute autre dépense d'énergie. Il ne faut pas oublier qu'être mère pour une femme a non seulement un aspect symbolique mais également sexuel. En effet, la sexualité s'exprime pour moitié dans la relation à l'autre et pour le reste à travers le vécu maternant. Une femme peut choisir d'être comblée par sa fonction de mère et par la relation qu'elle a avec son bébé. Elle ne ressent alors aucun manque et se sent épanouie. Cependant, cet équilibre est très relatif et surtout momentané. Les enfants vont grandir. Ils ne pourront plus servir de bouchon libidinal pour la mère. Ceci explique la détresse de certaines patientes face au nid vide déserté par leur progéniture.

Par ailleurs, les enfants mis à cette place en souffrent. Même si, dans la petite enfance, ils sont ravis de tenir cette position privilégiée auprès de leur mère, ils ne peuvent construire harmonieusement leur propre sexualité. C'est très souvent au moment de l'adolescence que les choses se gâtent. Ils peuvent alors, soit rester piégés dans la relation à leur génitrice, incapables de se dégager de cette cage dorée qui les emprisonne, soit briser leurs chaînes, souvent avec beaucoup de violence, pour tenter d'exister comme des sujets sexués.

Redevenir des parents-amants

Les femmes doivent connaître cet écueil et se préparer à résister à la tentation de rester fusionnelles avec leur enfant. Ici, le père a un rôle prépondérant à jouer. En déliant cette étroite relation, il acceptera de jouer ce rôle ingrat mais si important de séparateur. Il est fondamental qu'il agisse avec douceur et compréhension. Son désir sexuel doit s'exprimer avec fermeté, tout en laissant le temps à la dyade mère-enfant de se distancier. Un temps est également nécessaire à sa compagne pour définir de nouveaux repères après l'accouchement. Il n'est pas rare qu'il faille de long mois pour y parvenir. En effet, cette épreuve est un véritable séisme laissant le corps meurtri et pantelant. Sa survenue brutale désorganise les limites corporelles. L'équilibre antérieur est rompu. Il faudra patiemment reconstruire une nouvelle réalité. Ce n'est qu'à cette condition, au terme de cette mutation, que les femmes pourront renouer avec leur désir et leur sexualité.

On devrait parler de cette problématique lors des séances de préparation à l'accouchement et les futurs pères devraient plus souvent y être conviés. Il faut que les couples se préparent à ces bouleversements accompagnant la naissance d'un enfant. S'il a été conçu comme la concrétisation de leur amour, ils ne doivent pas appréhender ce changement mais seulement connaître les pièges à éviter. La grossesse et l'accouchement sont, comme les autres étapes, des tremplins possibles pour l'épanouissement de la sexualité féminine. Ils peuvent malheureusement, trop souvent encore, signer le coup d'arrêt de la relation amoureuse d'un couple.

Pour cela le discours social doit changer aussi. La maternité et la sexualité ne devraient plus être en compétition. Bien au contraire ! Pour être une bonne mère il convient, on l'a vu, d'être une femme sexuée. Bien sûr, dans les tous premiers temps qui suivent la naissance de l'enfant, la mère doit se consacrer exclusivement à sa tâche maternante. Le nourrisson en a besoin et elle y trouve son compte. Mais cet état fusionnel ne saurait durer trop longtemps. Pour qu'une triangulation harmonieuse se mette en place dans la cellule familiale, il faut qu'il existe une bonne relation entre la mère et l'enfant, entre le père et l'enfant mais également entre les deux parents.

Le couple d'amants qui a permis la conception du bébé doit renaître. L'expérience de la parentalité l'aura bien sûr modifié mais, si l'homme et la femme le veulent bien, leur relation pourra gagner du sens et de la profondeur. Il est très important que les pères comprennent ce qui se passe et qu'ils aident leur compagne à traverser cette expérience. Les femmes doivent également être très vigilantes pour ne pas s'installer confortablement dans un maternage leur apportant, très provisoirement, une illusion d'épanouissement. Sinon, cela les conduira à rejeter la sexualité du couple vécue comme une gêne au bonheur qu'elles vivent avec leur bébé.

La société, en se basant sur la cellule familiale, a voulu favoriser ce rôle féminin. Elle a toujours perçu la sexualité des femmes comme risquant de menacer leur fonction maternante. Ce discours est dépassé depuis que le couple se définit en priorité par un lien amoureux et sexuel. Après une maternité, lorsque tout désir a disparu, le mariage est en danger. La mise à l'écart de la sexualité féminine, qui auparavant apparaissait comme un garant de la stabilité de la famille, est maintenant une menace. Les femmes doivent saisir ces enjeux et vivre leur expérience maternante comme un enrichissement. Conscientes des obstacles, elles seront plus à même de les dépasser, aidées dans cette tâche par leur compagnon.

Il est nécessaire de faire une place particulière aux relations précoces mère-enfant. En effet, ce corps à corps avec le bébé constitue une expérience fondamentale pour les femmes. La relation avec le nourrisson se base essentiellement sur le toucher, la sensualité. C'est une merveilleuse occasion de réhabiliter le corps et de réapprendre son langage. De plus, ce que les mères vivent à cette occasion, elles l'ont vécu, il y a bien longtemps, quant elles étaient elles-mêmes des bébés. Comme pour leur enfant, ces sensations ont constitué la base sur laquelle s'est construite leur sexualité. Les percevoir à nouveau éveille très souvent des émotions fortes, propices si on sait les recueillir pour lever certains blocages sexuels. Il faut pour cela qu'elles puissent être verbalisées et encouragées. Ce n'est malheureusement pas facile pour ces femmes de partager ce vécu avec leur compagnon. Elles ne pourront vraiment le faire qu'avec certaines amies très proches, leurs propres mères ou éventuellement un thérapeute. On retrouve à nouveau le rôle essentiel que peut avoir la mère dans la transmission à sa fille de sa féminité. Par sa présence rassurante, elle pourra déculpabiliser sa fille face à une ambivalence obligatoire et l'angoisse de son inexpérience, mais aussi l'encourager à vivre cette étape comme un des joyaux de la féminité. La jeune femme, dans les meilleurs cas, en sortira enrichie, prête à vivre sa sexualité de façon plus profonde et plus mature.

Les bénéfices de l'âge

La ménopause constitue l'ultime étape de la vie sexuelle féminine. Elle est, elle aussi, rythmée par le sang puisque c'est l'arrêt des règles qui signent son début. Elle présente une face négative car elle signifie, en même temps qu'une impossibilité à procréer, l'approche de la vieillesse et par là même de la fin de la vie. Néanmoins, elle sera vécue très différemment suivant les personnes.

Pour certaines, c'est une libération. Elles sont débarrassées de toute contrainte sexuelle après souvent une longue série d'échecs où l'accès au désir et au plaisir n'a été que difficultés. Alibi parfait justifiant une indisponibilité longtemps attendue.

Pour d'autres, cette étape est un drame. C'est le moment où certaines femmes, hélas ! prennent brutalement conscience de leur vie sexuelle ratée. Les enfants ont grandi. Ils quittent le foyer. La maternité ne peut plus servir de substitution. La carrière professionnelle, même si elle a été très investie, n'est plus à son apogée. Il ne reste que le couple vieillissant qui, s'il n'a pas été investi auparavant, n'est pas d'un grand recours. Bien au contraire, il va souvent cristalliser toutes les rancœurs en rappelant sans cesse l'échec de la vie amoureuse. Il peut même aboutir à la séparation. Mais il est bien tard et la prise en charge de ces patientes est souvent difficile. Mis à part un soutien, on ne peut envisager qu'une reconstruction très partielle car trop tardive.

Dans d'autres cas heureusement, cette étape peut être abordée sans problème. Le corps change mais rien ne sert de lutter pour essayer de conserver une éternelle jeunesse illusoire. Bien sûr, son entretien est nécessaire mais à condition d'accepter les modifications naturelles dues à l'âge et sans en faire un drame. Là encore, les femmes doivent apprendre à s'approprier leur corps, à le connaître et surtout à continuer de l'aimer malgré ses défauts. Le regard qu'elles .portent sur lui, tout en restant clairvoyant, doit être bienveillant. Plus encore qu'avant, ce corps a besoin de douceur, de caresses, d'attentions. La relation amoureuse doit elle aussi s'adapter. Le regard de l'amant, du compagnon est fondamental. Si lui-même traverse à cet âge une période d'incertitude et qu'il recherche ailleurs, auprès d'autres femmes souvent plus jeunes, une réassurance contre son angoisse de vieillir, c'est la catastrophe. Le couple a énormément besoin à ce moment clé de se rapprocher, de se rassurer, d'être complice. Il partage la même épreuve et il doit, face à cela, renforcer ses liens. Il existe également des avantages inhérents à l'âge. Une plus grande disponibilité, moins d'énergie dépensée pour la famille, une capacité à se mettre à distance des enfants grandissants et une possibilité de redevenir un peu plus égoïstes.

Il est nécessaire qu'ils redéfinissent ensemble les modalités de leur relation. Les hommes doivent être rassurés sur leur capacité sexuelle, leur fonction érectile mais aussi sur leur aptitude à donner du plaisir. Le contexte entourant la relation sexuelle doit être beaucoup plus soignée, notamment en donnant plus d'importance à la séduction et à la sensualité afin de remplacer le quantitatif par le qualitatif. Se sentir encore désirés et être capables, en couple, de partager des moments intenses de plaisir est un merveilleux remède à toutes les angoisses de vieillissement (beaucoup plus qu'un lifting ou la chasse aux bourrelets de cellulite). À ce moment de leur vie, si les femmes n'ont pas accès au plaisir sexuel, elles sont exposées à de grands dangers : leur corps se ratatine, se dessèche, vieillit. Il perd sa sensibilité. Il devient une enveloppe vieillissante, malade, un corps de souffrance et non plus de jouissance.

Les femmes n'étant plus désirées, plus touchées, ni regardées deviennent transparentes. Elles perdent leur identité féminine, deviennent seulement mère et grand-mère ou même parfois rien de tout cela si les relations avec leurs enfants ou leurs petits-enfants ne sont pas bonnes ou distendues. Le couple, au mieux, s'installe dans une cohabitation amicale basée sur le temps, l'habitude et la vie partagée. Mais il peut aussi assez souvent s'aigrir, chacun ruminant son amertume et son angoisse de vieillir seul dans son coin. Il est évident qu'une femme ayant eu une vie sexuelle épanouie n'aura pas trop de difficulté pour franchir cette étape. Pour les autres, la tâche sera plus ardue.

Il existe également pour les femmes l'énorme danger d'évoluer sur le modèle de leur mère. Comme si ce destin, tel une fatalité, était inéluctable. Si leur mère a franchi positivement cette étape, tout va bien. À l'inverse, si ce passage a mal tourné, la tentation est grande de l'imiter. Cette référence familiale a énormément d'importance. Elle pèse très lourd dans la vie sexuelle d'une femme et peut fonctionner de deux façons : soit contre la mère : « Je ne veux surtout pas lui ressembler », soit comme la mère lorsque l'on suit son modèle sans broncher.

Les femmes qui abordent la ménopause se réfèrent très souvent à leur mère, la voyant comme la projection de leur propre destin. Au stade de la ménopause, c'est la sénescence qu'elles ont sous les yeux. Certaines seront tentées de faire un raccourci et d'assimiler la ménopause à l'entrée prématurée dans la vieillesse et donc de voir dans cette étape la fin de toute sexualité. Il faut en finir avec cette idée. Les vingt années qui séparent la ménopause du quatrième âge sont à considérer comme une nouvelle tranche de vie, différente de la précédente, mais encore une fois pleine de potentialités non explorées qui sont à découvrir et dont ont peut jouir si bien sûr l'on s'en donne la peine.

À mon sens, le désir est le meilleur remède pour aborder positivement cette ultime étape. Le désir qui présente l'immense avantage de n'être jamais contre-indiqué et de n'entraîner aucun effet secondaire, si ce n'est tout à fait bénéfique.

Choisir ses médecins...

Aujourd'hui, la vie génitale des femmes est fortement médicalisée. Pour bon nombre de jeunes filles, l'arrivée des premières règles signe la nécessité de se faire suivre par un gynécologue soit pour des douleurs soit, le plus souvent, pour vérifier que tout va bien. Tout se passe comme si les adolescentes allaient consulter pour se rassurer sur leur normalité, pour confirmer qu'elles sont bien des femmes. Pour cela, elles ont besoin de la parole d'un médecin.

Le médecin remplace la mère

Plus tard, la prise de contraception, la surveillance des seins, la grossesse et enfin la ménopause seront autant d'étapes féminines, elles aussi fortement médicalisées. La plupart des femmes ont l'habitude de consulter régulièrement un gynécologue. Il n'est pas question de critiquer cet acte responsable et nécessaire pour prévenir de nombreuses pathologies. Cependant, il faut savoir que d'autres enjeux se cachent dans cette démarche. Aujourd'hui, le médecin remplace souvent la mère et la communauté féminine tout entière qui auparavant accueillait la jeune fille en son sein et lui donnait un sentiment d'appartenance. On comprend mieux pourquoi les femmes ont réagi aussi vivement lorsque, en France, l'existence de la gynécologie médicale s'est trouvée menacée. Elles se sont levées en masse pour la défendre.

Les médecins doivent connaître cette dimension symbolique et, sachant cela, se montrer très prudents dans leurs propos. Car leurs paroles, en effet, vont résonner très fort. Elles auront un énorme impact sur les femmes qui les consultent. Un impact dont parfois ils ne se doutent pas... Les médecins doivent aussi profiter de ces entretiens pour aider leurs patientes à mieux connaître leur fonctionnement physiologique et leur anatomie. Malheureusement, le temps souvent limité de la consultation (pour des raisons économiques) le leur permet rarement. Ils doivent néanmoins comprendre l'importance de la démarche et apprendre à employer des termes simples. Ils pourront ainsi démythifier le fonctionnement génital et faire de leurs patientes des alliées thérapeutiques, au lieu de les retrancher dans une position infantile et passive. Certes les praticiens, en abandonnant une part de leur mystère, perdront un peu de leur puissance. Mais en contrepartie, ils aideront efficacement les femmes à se connaître, à se prendre en main et à devenir responsable du bon fonctionnement de leur génitalité.

Malgré tout, qui dit médecin sous-entend maladie et il est dommageable que la sexualité féminine soit une fois encore reliée d'aussi près à la souffrance. Il n'est pas question non plus (dans une vision réductrice) de confondre le fonctionnement génital et la sexualité. Les seins, par exemple, peuvent être l'objet d'une palpation médicale destinée à vérifier qu'une tumeur ne s'y développe pas mais ils sont aussi, lors de la relation sexuelle, le siège de bien d'autres émois. Leur forme courbe, symbole de féminité, suscitent les désirs de l'amant et le plaisir de la femme de se sentir désirée. Hautement sensibles à la caresse, ils participent à l'émotion sensuelle qui fait grimper l'excitation jusqu'à son paroxysme. On comprend que ces deux aspects n'ont pas grand chose à voir...

Les hormones sont un autre exemple. Elles contribuent à l'émergence du désir sexuel mais sont loin d'être les seules à intervenir. N'oublions pas qu'au-dessus de notre cerveau endocrinien existe le cortex cérébral, siège de nos émotions. Soyons certains que c'est lui le premier de nos organes sexuels. Il y a grand risque à ne voir la féminité que sous son aspect physiologique en éludant l'approche sexuelle. C'est bien là que réside la difficulté. Lorsqu'une femme parle de son corps, le soignant doit repérer de quel corps il s'agit : corps physique ou sexué ? Corps réel, corps imaginaire ou corps symbolique ? Tous ces aspects cohabitent. Attention à ne pas faire de contresens.

Le sexologue lui-même doit rester vigilant. Sa place lui permet d'approcher les difficultés, qu'elles soient physiques ou psychologiques, de les analyser et de les replacer dans leur contexte. Un simple abord médical n'est pas plus valable qu'une approche purement psychologique évacuant le corps. Les patientes doivent être prises en charge dans leur globalité et en y incluant aussi la dimension culturelle et relationnelle. Même si certains problèmes méritent une approche plus spécifique et plus pointue, le sexologue, grâce à sa formation, reste l'interlocuteur privilégié permettant d'établir un lien entre les différents versants constitutifs d'un problème sexuel. Chez les femmes, il existe de toute évidence une étroite corrélation entre le fonctionnement génital et le fonctionnement sexuel. La rythmicité qui caractérise la biologie féminine influence la courbe du plaisir. A contrario, des événements de la vie génitale retentissent sur la sexualité. La complexité de ces interactions doit impérativement être prise en compte pour assurer une compréhension fine et une approche efficace des problèmes féminins.

Écouter vraiment les malades

Que se passe t-il quand le corps génital est atteint par un processus pathologique ? Au-delà de la souffrance physique, il existe souvent des répercussions importantes sur le désir sexuel. Les seins ou l'appareil génital sont chargés d'un sens symbolique qu'on ne doit pas ignorer. Pour les soignants, ne pas prendre en compte cette dimension en ne s'occupant que de l'aspect médical ou matériel est une faute grave. La souffrance de la patiente existera aussi bien au niveau réel que symbolique. Si cette dernière n'est ni reconnue ni prise en charge, la malade aura l'impression d'être incomprise. Son malaise ne sera pas désigné, ni relayé par la parole. Aucun mot n'expliquera ce qu'elle ressent. Elle aura donc tendance à se replier sur elle-même, refoulant son vécu au point quelquefois d'en nier l'existence. Triste sourire crispé de ces femmes qui, lors d'une consultation post-opératoire, après une hystérectomie par exemple, disent timidement à leur chirurgien que tout va bien, faisant tout simplement écho à la parole du médecin. Lui arbore un sourire large et satisfait en considérant « sa » cicatrice qu'il juge « parfaite ».

Il ne prendra pas le risque de poser de vraies questions un peu intimes et dérangeantes pour s'entendre répondre que tout va mal. Que pourrait-il y faire ! Rien avec son bistouri ou son arsenal thérapeutique, mais beaucoup avec quelques mots rassurants reconnaissant le trouble. La patiente saura alors que ses angoisses sont normales. Qu'elle peut sans crainte en parler. Mais surtout, qu'elle peut les surmonter, qu'elle peut trouver ses solutions et faire du temps un allié. En effet, dans la plupart des cas, elle n'a pas forcément besoin d'une aide psychologique lourde. Elle est tout à fait capable de trouver en elle les moyens de faire face à ses difficultés, à condition toutefois qu'on l'ait aidée à repérer le problème et surtout que l'on n'ait pas interdit sa parole. Toucher au corps génital n'est jamais anodin, même dans les cas les plus simples où tout se passe bien. Il faut impérativement que les soignants le sachent et qu'ils apprennent à y faire face.

Devenir sujet de son désir

L'état passionnel marquant le début d'une relation amoureuse est exaltant et intense. À ce stade, le désir est toujours présent. Néanmoins, la passion au quotidien n'existe pas. Il s'agit d'un état extraordinaire mais éphémère. S'il dure, il s'agit de folie. Dès lors, une question se pose : que devient le désir quand la passion s'estompe ? Hélas, la réponse est à peu près toujours la même. Il s'amenuise et les femmes sont les premières victimes de cette désaffection car leur désir est moins constant, plus fluctuant et plus fragile que celui des hommes.

Très souvent aussi, l'inhibition sexuelle est chez elles plus forte. Pendant un temps, grâce à son intensité, la passion réussit à passer outre. Mais dès sa disparition, la censure se remet à l'œuvre, sape le désir et l'enfouit sous la gêne et la culpabilité. De nombreuses femmes en témoignent et s'interrogent : « Comment se fait-il qu'au tout début j'ai pu ressentir un fort désir et qu'à présent il se soit évanoui ? » En ces cas, le travail n'est pas simple. Dans un premier temps, il s'agit de faire prendre conscience aux femmes des mécanismes de pensée qui viennent les bloquer et dans un deuxième temps, de réussir à lever cette inhibition.

Savoir provoquer son excitation

La passion ne doit pas être vue comme un objectif. Cette expérience est trop intense pour ne pas paraître inquiétante, voire dangereuse, incompatible avec le quotidien. Cependant, il convient de s'en servir comme d'un tremplin. L'existence de ce vécu prouve aux patientes qu'elles sont capables de désirer, que cette potentialité est enfouie en elles et qu'elles peuvent apprendre à la faire émerger dans un autre contexte, celui d'une relation amoureuse durable.

Mais les femmes méconnaissent trop souvent les caractéristiques de leur désir. De ce fait, elles ne savent pas comment le faire naître. Le manque de développement de leur sexualité auto-érotique explique en partie cette carence. En effet, dans cette pratique, le désir vient du sujet lui-même. Il naît du fantasme, relayé par la caresse masturbatoire. Beaucoup de femmes n'envisagent pas l'existence d'une sexualité personnelle en l'absence d'un partenaire. Elles comptent pour faire émerger leurs désirs sur des stimuli extérieurs venant de l'autre. Elles ignorent ou négligent totalement leurs capacités personnelles à provoquer une excitation sexuelle.

En attendant tout de leur compagnon, elles adoptent une position passive rendant leur désir très fragile. Lorsqu'il disparaît, elles peuvent penser que c'est la faute de l'autre. Et elles finissent de désirer cet homme parce qu'il ne sait plus se rendre désirable. C'est parfois vrai. Il se peut qu'après la phase aveugle de la passion, le partenaire apparaisse sous son vrai jour et ne présente plus beaucoup d'intérêt. Il est vrai aussi que beaucoup d'hommes, une fois passée la période de conquête, ne voient plus de raisons de séduire leur compagne. Erreur fatale puisque les femmes ont un besoin vital de cette séduction pour alimenter leur désir et leur plaisir sexuels.

Cependant, dans bon nombre de cas, il s'agit d'autre chose. Les femmes se déchargent sur leurs amants de leur responsabilité face au désir. Car, dans un réflexe de défense bien connu, il est plus facile de projeter la faute sur l'autre plutôt que de se remettre en question personnellement. Mais à s'entêter dans cette accusation, on débouche sur une impasse. Puisque l'autre est en cause, il suffit d'en changer. Au départ, c'est une solution : le désir revient avec un nouvel amant. Mais cette embellie est de courte durée. Bientôt les nuages reviennent et le désir fait à nouveau défaut.

L'autre position, adoptée par certaines, consiste à clamer haut et fort qu'après tout, elles n'ont pas « besoin de ça » : « Ça ne me manque pas ! » La sexualité n'ayant jamais été suffisamment valorisée, c'est presque un soulagement pour elles de pouvoir s'en passer. La passion est vécue, a posteriori, comme un coup de folie passagère, comme un moment sans intérêt où la raison chavire et dont il faudra se garder à l'avenir. Désir et passion sont alors amalgamés car ils présentent le même risque de perte de contrôle de soi.

Pour d'autres encore, l'amour passionné est synonyme de romantisme, un romantisme qui est la seule façon acceptable de vivre une relation sexuée. Cette position inverse de la précédente est tout aussi nocive pour vivre le désir amoureux au long cours. Le romantisme est une sublimation sentimentale qui s'accommode mal du quotidien. En ce cas, l'inscription du couple dans la durée condamne irrémédiablement le désir. Il ne pourra s'exprimer qu'au travers de liaisons amoureuses passionnelles, hors du commun.

À ne pas confondre, désir et passion

Toutes ces questions sont fondamentales. Elles nécessitent d'être abordées car bon nombre de femmes confondent désir et passion. Elles viennent fréquemment parler de la disparition de leur appétence sexuelle alors qu'au début de leur relation, tout se passait bien. C'est l'épineuse question de la possibilité de maintenir à long terme un désir sexuel dans le couple. Certains clament haut et fort que c'est impossible. Au risque de paraître trop optimiste, je pense le contraire. J'ai déjà rencontré de vieux amants ayant réussi à entretenir cette flamme. Pas avec la même intensité qu'au début de leur rencontre, bien sûr. Cependant, ce que la relation perd en vivacité, elle le gagne en profondeur.

Les femmes doivent comprendre que le désir spontané, sans effort, n'est souvent possible que dans la passion. En dehors de cet état d'exception, il leur faudra s'engager personnellement pour l'obtenir. Elles devront mobiliser leur énergie libidinale personnelle, leurs propres ressources et ne plus attendre passivement un désir magiquement présent comme au premier jour. La seule présence de l'autre ne suffit plus.

Ainsi, quelques idées fausses sont à combattre farouchement : « Si mon désir n'est pas spontané, il n'est pas naturel, il est donc artificiel et n'a pas de valeur », « J'ai 25 ans, à mon âge, le désir devrait être là », « Si je n'ai plus de désir pour lui, c'est sans doute que je ne l'aime plus. » Même si la passion reste une expérience fascinante, pleine d'intérêt, le désir ne doit pas être associé à cet état passionnel qui tient plus du mirage que de la réalité. Il doit s'inscrire dans la durée. Plus fragile et moins constant chez les femmes, un investissement personnel est nécessaire. Il leur faut impérativement en prendre conscience pour que leur couple ait une chance de prendre ce virage, pour le long terme.

Les femmes ne peuvent plus sans conséquence se retirer dans une rêverie romantique et n'accéder au désir que dans les rares moments où le rêve rejoint la réalité. Pour cela, sans renoncer à l'imaginaire, la sexualité doit devenir plus concrète, s'incarner, et le corps entrer en scène. Mais aussi et surtout, les femmes ont à devenir activement responsables, sujets de leur désir et non plus à attendre passivement d'être simplement l'objet du désir de l'autre. Cette responsabilisation est sans doute le point le plus important qui permettra aux femmes l'accès à une sexualité vivante.

La sexualité fonde le couple

Le désir sexuel est souvent présenté comme un besoin chez l'homme tandis que beaucoup de femmes affirment qu'elles peuvent se passer du sexe, qu'elles ne ressentent aucun manque. Après une première phase où elles se laissent séduire par leur compagnon (et où elles accordent une certaine place à la sexualité), elles s'installent dans une vie conjugale et familiale ronronnante dont le désir est souvent absent. L'éducation des enfants et les contraintes quotidiennes deviennent prioritaires. Les préoccupations sexuelles sont négligées, jugées sans importance et rejetées dédaigneusement comme un aspect vulgaire de la vie.

Une entente sexuelle de plus en plus obligatoire

Cette position est une véritable duperie. Oui, l'affirmer est assez violent mais je vais m'en expliquer. De nos jours, ce qui définit un couple a changé. Au siècle dernier, le mariage reposait essentiellement sur une alliance familiale et économique. L'entente sexuelle n'était pas obligatoire. Certains ont même prétendu que le lien matrimonial était une affaire bien trop sérieuse pour y mêler l'amour. Aujourd'hui, les hommes et les femmes souhaitent être désirés par leur conjoint et avoir ensemble du plaisir. L'épanouissement sexuel est une aspiration importante et attendue au sein de la relation conjugale. La disparition du désir chez une femme constitue donc une vraie difficulté. Elle remet le couple en question et aboutit parfois à sa rupture. Ce problème est encore aggravé car ces mêmes femmes exigent de leur compagnon une fidélité absolue.

Dans le passé, il suffisait que les relations extraconjugales soient dissimulées. Le mariage méritait le respect que les apparences suffisaient à sauver. La sexualité pouvant rarement s'exprimer dans le couple, elle trouvait refuge ailleurs. À cette époque, la prostitution occupait une véritable fonction sociale. Elle avait une raison d'être dans une société qui souhaitait avant tout préserver sa « respectabilité » au mariage en le maintenant hors du champ sexuel. La barrière était d'ailleurs très mince entre les véritables prostituées et les femmes entretenues ou les maîtresses.

Une épouse dite « respectable » arrivait donc vierge au mariage et devait se soumettre à la relation sexuelle comprise dans le devoir conjugal. Elle avait dans ces conditions peu de chances de connaître un quelconque épanouissement. Certaines y parvenaient soit en rencontrant l'amour au sein du couple soit, plus souvent, en prenant un amant. Tout cela a bien changé. C'est sans doute ce qui explique que le débat sur la prostitution est souvent faussé lorsque l'on garde les arguments du passé pour justifier la pratique d'aujourd'hui.

À présent, la sexualité se vit au sein du couple. Les femmes comme les hommes sont responsables et sujets de leur désir. Ils aspirent tous deux à un épanouissement personnel. Les femmes ne peuvent plus accepter d'être considérées comme des objets de consommation, des marchandises monnayables ou servant d'échange afin d'obtenir un équilibre social. Le plaisir partagé est la condition pour une sexualité réussie et chacun aspire à se sentir désiré. Or, ces conditions ne sont pas remplies dans la relation d'un client avec une prostituée. Dans ce cas, il ne s'agit de rien d'autre que de masturbation. Certes, l'acte est plus excitant puisqu'il utilise comme support de la matière vivante mais il est aussi beaucoup plus questionnant puisque cette matière est une personne humaine, digne de respect, dont justement la sexualité est niée.

Le clivage entre désir et sentiments

Ces changements de société doivent pousser les femmes à réfléchir. Elles ne peuvent exiger dans le couple affection et fidélité, en refusant en même temps la sexualité. Or elles veulent avoir auprès d'elles des hommes aimants à condition qu'ils ne soient pas trop désirants. S'ils deviennent trop pressants, elles n'hésiteront pas à les traiter d'obsédés sexuels. C'est à peine si elles reconnaissent avec condescendance que l'homme a des besoins et que cet aspect navrant de la masculinité – qu'elles considèrent comme une faiblesse –, les rend tributaires de leur désir sexuel. Le problème vient également (et encore une fois) de la séparation qu'elles opèrent entre les sentiments amoureux et le désir sexuel. Pour les hommes, ces deux éléments sont dans la plupart des cas confondus. Lorsqu'ils aiment leur compagne, ils la désirent et c'est souvent ainsi qu'ils l'expriment. On comprend leur désarroi lorsque ce désir est pris pour un simple assouvissement sexuel.

Les femmes, elles, opèrent très souvent un clivage entre les sentiments et le désir. L'un, appartenant au mental, est valorisé tandis que l'autre, relatif au physique, est plutôt dénigré et méprisé. Cette rupture exprime d'une certaine façon la survivance des représentations infantiles. La petite fille éprouve très tôt des sentiments amoureux, des attirances. Mais ces émois, aussi bien dans leur fantasme que dans leur vécu, restent au niveau du mental. La fillette ne rêve pas de coït, elle rêve du prince charmant, une image romantique désincarnée qui convient tout à fait à la sexualité de son âge.

Malheureusement, une fois adulte, elle se doit d'évoluer et la persistance de cet attachement devient inadaptée. Renoncer à ses rêves d'enfant n'a pas que des côtés négatifs. Cela permet d'accéder à un type de relation inscrite dans la réalité et aussi de pouvoir rencontrer l'autre. Ce qui paraît impossible lorsqu'une femme attend toujours à l'âge adulte de rencontrer le prince charmant.

De plus, le sexuel est souvent assimilé au coït, ce qui ajoute à la confusion. Pour désirer l'acte lui-même, il faut être parvenu à un certain degré d'excitation sexuelle. Cette montée est très lente chez les femmes. Elle est beaucoup plus rapide chez leur compagnon. Lorsque les hommes ont du désir, ils souhaitent rapidement le concrétiser par une relation physique. Il n'en est pas de même chez leur compagne. Chez elle, le désir monte graduellement. Il faut souvent un certain temps avant qu'il provoque une excitation sexuelle suffisante pour qu'elles aient envie de faire l'amour.

Lorsque l'homme exprime très tôt une demande de rapprochement physique ou (ce qui revient au même) lorsque sa compagne perçoit cette envie très forte chez lui, ceci provoque souvent un coup d'arrêt. La femme se referme comme une huître. Elle ressent ce désir prématuré comme une violence inadaptée à son ressenti. Il n'est pas question, bien sûr, que le partenaire cache ce qu'il ressent ; de toute manière, il n'y parviendrait pas. C'est l'interprétation féminine de ce désir qui doit changer. Sentir qu'un homme veut faire l'amour n'oblige en rien une femme à s'exécuter. Il n'existe pas seulement deux choix possibles : refuser ou accepter. Elle peut décider de jouer avec ce désir, de se réjouir d'être désirable, d'en profiter pour faire tranquillement monter le sien.

Faire l'amour… ou pas

Éviter d'anticiper sur ce qui arrivera ensuite est essentiel pour les femmes : parviendront-elles à une excitation sexuelle suffisante pour souhaiter un acte sexuel ? Impossible de le savoir à l'avance. Elles doivent éviter de se poser cette question. Elle ne ferait que bloquer le processus. Il convient qu'elles se laissent porter, guider par l'instant et par leurs émotions. Que deviennent les hommes dans tout ça ? Comment vont-ils supporter cette incertitude ? N'est-ce pas leur manquer de respect que de jouer ainsi avec leurs émois ?

Non, ce jeu s'inscrit très naturellement dans ce que l'on pourrait appeler la parade amoureuse existant dans bien des espèces animales. L'homme y trouvera son compte. Il préfère de loin ce jeu du chat et de la souris à un refus brutal ou pire encore à la soumission d'une femme qui n'éprouve rien et qui se résigne malgré tout à lui céder pour avoir la paix. Les femmes vont ainsi, en sortant de leur position défensive, faire un pas vers leur désir. Elles le feront en respectant ces caractéristiques, c'est-à-dire, entre autres, la nécessité de ce temps intermédiaire et du jeu de la séduction pour que celui-ci s'exprime.

Parlons pour conclure des enfants. En engageant toute leur énergie libidinale dans la maternité, les femmes les utilisent pour combler leur manque (et ne plus en ressentir les effets). Cependant, dans cette logique, les enfants sont mis à une place qui n'est pas la leur. Ils deviennent bouche-trou de leur mère, une fonction qui ne leur permettra pas d'accéder facilement à leur propre sexualité. Par ailleurs, le modèle qu'offre le couple parental est désastreux. Les jeunes auront une vision très négative de ce qui s'y joue. Le père sera vu comme imposant à sa femme un désir tyrannique. Et la mère comme souffrant sous le joug de son mari et se sacrifiant pour sa progéniture. Combien de mères n'ont-elles pas fait cette confidence terrible à leur enfant : « Si je suis restée avec votre père, c'est pour vous » ? L'image du père est dévalorisée et les femmes se placent encore une fois en position de victimes. En s'appuyant sur ce modèle, comment un adolescent, fille ou garçon, pourra-t-il se projeter dans l'avenir sereinement ? Comment pourra-t-il avoir envie de grandir, de devenir femme ou homme adulte et de former un couple ? De plus, il se sentira responsable et coupable de la souffrance de sa mère. Ne s'est-elle pas sacrifiée pour lui ? Mais comment rembourser une telle dette ? Par ailleurs, chez ces femmes, cette sexualité refoulée risque un jour de leur exploser à la figure. Elle peut remonter brutalement à la surface à un moment où on ne l'attend pas. Elle provoque alors un séisme de forte amplitude. À cause de son caractère soudain, elle est très difficile à gérer pour des femmes qui ont toujours négligé ou tenu à l'écart leur sexualité. Elles n'ont pas appris à connaître et apprivoiser leurs pulsions. Elles se trouvent donc totalement désemparées lorsque celles-ci font irruption dans leur vie. C'est souvent à l'occasion d'un moment de fragilité psychologique où les défenses sont diminuées que se produit cette explosion. Dans la plupart des cas, elle se présente comme un coup de foudre, une folie certes passagère mais qui va tel un typhon bousculer toutes leurs certitudes, briser tous leurs repères. Les femmes qui vivent dans un refoulement permanent sont particulièrement vulnérables. De tels ouragans sont capables de détruire leur vie. Lorsqu'ils surviennent à la période critique de la ménopause, ils peuvent entraîner une prise de conscience tardive de l'existence et de l'importance de la sexualité. Le départ des enfants du foyer parental, en dépossédant la femme de ses fonctions maternantes qui jusque là avaient maintenu l'équilibre, favorise ce genre de cataclysmes.

Pour toutes ces raisons, les femmes doivent se construire sur d'autres schémas. Elles sont libres de vivre ou non leur sexualité mais il faut qu'elles sachent que de nos jours, on ne peut plus construire un couple et fonder une famille en tenant le sexe à distance. Elles ne peuvent plus non plus séparer le besoin légitime d'aimer et d'être aimée de leur sexualité. Car à l'âge adulte, ces deux aspects de la relation amoureuse sont confondus. Il leur faut abandonner la position infantile où on les a trop longtemps maintenues pour pouvoir aborder leur vie de femme adulte qui comporte obligatoirement une sexualité mature.

Valoriser le plaisir et… le partage

On ne peut se pencher sur les caractéristiques du désir féminin sans réfléchir à la notion de plaisir. Le désir et le plaisir entretiennent des relations complexes. Impossible de les dissocier totalement. Néanmoins, il serait simpliste de penser qu'il suffit à une femme d'éprouver une jouissance sexuelle pour devenir automatiquement désirante. Notre pratique quotidienne en témoigne. L'orgasme féminin n'est pas systématique lors d'une relation. Une femme peut éprouver beaucoup de plaisir sans pour autant accéder chaque fois à une jouissance totale. Mais surtout, sans en être forcément contrariée.

Un orgasme exigeant

L'homme, pour sa part, a une approche différente. En effet, lorsqu'il ressent une forte excitation, il aspire à la mener à son terme. Jouir, est pour lui dans la plupart des cas rapide et facile. Si on le prive de cet aboutissement, il ressentira à coup sûr une grande frustration. Cette différence de vécu explique souvent l'incompréhension entre les deux sexes.

D'autre part, le plaisir féminin est plus laborieux. Les femmes, pour l'obtenir, ont souvent besoin d'investir beaucoup plus d'énergie dans la relation : le temps nécessaire à la montée de l'excitation est long alors que chez les hommes, il est à l'inverse souvent trop court.

Enfin, pour qu'une femme atteigne l'orgasme, il faudra que toutes les conditions physiques, psychiques mais aussi relationnelles, soient positives. Peut être parce qu'elle se sent plus vulnérable, elle a besoin pour se relâcher de se laisser aller au plaisir, de se sentir aimée. Sur le plan anatomique, les zones érogènes sont multiples, dispersées sur l'ensemble du corps et non pas concentrées comme chez l'homme au niveau du pénis. Cela rend la femme capable d'une jouissance peut être plus intense que son compagnon mais également plus complexe à obtenir. Ces caractéristiques particulières au sexe féminin peuvent expliquer en partie le lien subtil existant entre désir et plaisir.

Une femme peut désirer sans prendre automatiquement un plaisir total et, à l'inverse, même si elle est capable d'atteindre la jouissance, le chemin à parcourir, l'énergie à dépenser, la difficulté pour l'obtenir peut la décourager. Cet argument est souvent évoqué par les patientes. Comment peuvent-elles, après une longue journée de travail où les contraintes sont multiples, avoir la force de faire l'amour ? Même si elles ont pu l'envisager durant la journée comme une perspective agréable, le soir venu, elles sont trop épuisées pour aspirer à autre chose qu'au sommeil. Il faut impérativement tenir compte de cet aspect. La relation amoureuse ne doit pas être reléguée au moment du coucher, lorsque toutes les autres tâches sont remplies. Il est clair qu'alors, elle a peu de chance d'aboutir. Le couple doit dégager un espace propre à la rencontre amoureuse, trouver un moment propice où temps, disponibilité et détente sont au rendez-vous. Bien sûr, les contraintes professionnelles et familiales augmentent la difficulté. Cependant, ce n'est pas impossible et la capacité d'y parvenir est directement proportionnelle à l'importance qu'on y accorde. À l'inverse, chez les hommes, l'accès facile à la jouissance pourra être vécu comme une détente, une récompense après l'effort.

Réhabiliter le plaisir

Pour les deux sexes l'intensité de la jouissance sexuelle reste subjective. Chez certaines femmes, si un plaisir physique est ressenti, il sera fortement dévalorisé. Il pourra être assimilé à une perte de contrôle d'elles-mêmes ou associé à une faiblesse les plaçant dans une situation de grande vulnérabilité. Ce sont souvent ces mêmes femmes qui, ayant été élevées dans la crainte de la sexualité masculine, adoptent très tôt une position défensive. On comprend aisément que ce vécu du plaisir présente une connotation négative peu propice à stimuler le désir.

Pour d'autres, jouir représente un laisser aller, une attitude avilissante, bestiale, indigne d'un être civilisé. Cette perception découle directement d'une vision désincarnée de l'amour où le corps, considéré comme vulgaire, est refoulé. L'exclusive valorisation des sentiments, du mental, aboutit à un vécu négatif du plaisir orgasmique. Là encore, la séparation dramatique du corps et de la tête, tout comme l'expression d'un romantisme exclusif et exagéré, produit des désastres sur la sexualité féminine. Ces femmes restent piégées dans leur attente sentimentale, faisant passer à la trappe leur corps sexué. Cette amputation qui les coupe en deux bloque leur désir. Elles aspirent seulement à être aimées mais sans parvenir à concrétiser cet amour.

Pour d'autres encore, le plaisir est coupable. On retrouve ici la persistance d'une idéologie philosophique et religieuse valorisant le devoir et la souffrance. Pour être sérieux et respectable, il faut souffrir. Le plaisir, lui, est assimilé à un vécu superficiel, sans valeur aucune. Tout au plus s'agit-il d'un agrément ludique. Il reste suspect. Il doit se mériter, un peu comme un loisir après l'effort. On doit s'en méfier, il est dangereux de trop jouir.

À l'opposé de ces résidus d'un passé encore tenace, on voit naître la philosophie du tout jouir. Elle soutient à l'inverse que tout doit être sacrifié sur l'autel du plaisir mais, point capital, sur celui du plaisir individuel. Même si ces concepts sont en totale opposition, ils sont aussi préjudiciables l'un que l'autre car tous deux méconnaissent un aspect essentiel de la relation amoureuse…

L'être humain, lorsqu'il n'est encore qu'un enfant ou un adolescent, a une sexualité essentiellement auto-érotique, c'est-à-dire centrée sur lui-même. Certes, il accède au plaisir mais dans sa forme immature. Il est encore en devenir. Être adulte signifie avoir la capacité de jouir en partageant cette émotion avec un autre, différent de soi et qui, dans la plupart des cas, appartient au sexe opposé. Cette expérience unique, très intense, qui met en jeu notre intimité la plus profonde, est bien autre chose qu'un jeu, qu'un banal plaisir. C'est en mettant en commun ce vécu avec un homme qu'une femme accède réellement à sa sexualité adulte. Ce partage est émotionnel mais il se doit aussi d'être corporel pour être complet. Bien sûr, en réalité, chacun vit des émotions, des sensations différentes. Mais cet effort de rencontre avec l'autre donne tout son sens à la relation sexuelle. Pour y parvenir, il faut que les femmes dépassent leurs images négatives du plaisir. Ce n'est qu'en le valorisant qu'elles pourront non seulement jouir pleinement, mais aussi désirer cette jouissance.

Le désir se nourrit du manque

La saturation du désir aboutit à sa disparition. Cette affirmation est valable pour les deux sexes. Pendant la phase de montée de l'excitation sexuelle, le désir est à son maximum. Il aspire alors à être assouvi. Lorsque survient l'orgasme, outre la sensation de plaisir intense ressentie, s'installe une impression de satiété qui, pendant un temps, fait disparaître toute envie. Heureusement le désir va renaître de ses cendres et le processus se reproduira sans fin, ce cycle magique ne s'arrêtant qu'avec la mort. C'est pour cela que l'être humain est condamné à être insatisfait. Tel le mythe du tonneau des Danaïdes, la poursuite constante de son bonheur est la condition obligatoire pour rester désirant et vivant.

Entretenir la frustration

On retrouve, à minima, cette séquence chez le nourrisson. Lorsqu'il sent pointer sa faim, il s'agite, appelle sa mère. Ces manifestations seront de plus en plus bruyantes jusqu'à obtenir satisfaction. Il tétera le sein, d'abord goulûment, puis progressivement, à mesure que son estomac se remplit, il se calmera jusqu'au moment béni de la satiété totale où il s'endormira. Pour que le désir naisse, il faut qu'il y ait d'abord une sensation de manque.

Dans le couple, l'homme a souvent un désir plus présent, plus constant et plus fréquent. Son expression va rapidement tenir toute la scène et sa compagne n'aura jamais le temps de ressentir un quelconque manque. Tel un enfant que sa mère, croyant bien faire, sature de nourriture, ne le laissant jamais retrouver l'appétit. Passée la phase passionnelle où le désir sexuel est toujours présent, et souvent insatiable, il est très important que les couples comprennent ce phénomène. Ils doivent être attentifs à la fréquence de leur désir et en tenir compte.

Les conditions de la vie commune sont malheureusement très propices à cette saturation. Lorsque les amants ne vivent pas ensemble, ils sont frustrés par l'absence de l'autre dans l'intervalle de leurs rencontres. Ils pensent à l'être aimé, imaginent sa présence et anticipent positivement le moment où ils se retrouveront. Ce mécanisme favorise l'émergence du désir, bien présent lorsqu'ils se rejoignent. À l'inverse, la vie commune qui est, en apparence, l'aboutissement du rêve de fusion des deux amants va souvent, malheureusement, favoriser l'extinction de celui-ci.

La différence qui existe entre les hommes et les femmes doit être connue et prise en compte. Les hommes doivent apprendre à exprimer leur désir sans forcément l'assouvir. Les femmes de leur côté ont besoin de l'accueillir comme un stimulus et non comme une envie qui s'impose et occulte la leur.

Même si cette question est souvent posée, il n'existe pas de norme concernant la fréquence idéale des relations sexuelles. Chaque personne, chaque couple doit la définir. Elle peut varier beaucoup au cours de l'existence et chacun peut traverser des phases de moindre appétence ou, à l'inverse, des périodes de sexualité très active. Les femmes ont à trouver le juste équilibre entre une pratique trop fréquente (aboutissant à la saturation de leur désir) et des rapports trop espacés conduisant à l'endormissement de leur vie sexuelle.

Il n'est pas bon non plus que le couple soit trop fusionnel. Même si un espace commun est souhaitable, une certaine distance mérite d'être conservée à l'aide d'un jardin secret pour chacun mais aussi d'activités professionnelles, de loisirs et de relations amicales ne se recouvrant pas parfaitement. En effet, ces espaces de liberté permettent de maintenir l'individualité et la différence de chacun qui constituent, avec le manque, l'essence même du désir.

Besoin de plaire, de séduire…

Chez les femmes, séduire est incontestablement un grand plaisir et un merveilleux moyen de faciliter l'émergence du désir. Il est important qu'elles le sachent afin de ne surtout pas négliger cet aspect de leur sexualité. Pour elles, la séduction n'est pas réservée à la seule période de rencontre, contrairement aux hommes pour lesquels elle occupe moins de place. Pour eux, en effet, séduire est un passage obligé pour entrer en relation avec une partenaire et espérer partager avec elle une relation plus intime. Ils savent fort bien que ce comportement fait partie des codes relationnels. Difficile pour un homme d'aborder une femme qui lui plaît et de lui demander directement de partager son lit, sans passer pour un goujat. Même si personne n'est dupe de ses intentions, il se plie aux protocoles en usage, il lui fait la cour en se soumettant à un ensemble de conventions tacites que tout le monde connaît dans une culture donnée : le monsieur invite la dame à dîner, lui fait des compliments, ne l'embrasse pas le premier soir, etc. L'homme peut éprouver un certain plaisir à cette conquête. Néanmoins, c'est « conclure » qui lui apportera le plus de satisfaction.

La séduction, un pilier de la sexualité féminine

Pour les femmes il en va tout autrement. Plaire, séduire est un grand plaisir qui peut même éventuellement se suffire à lui-même. La période de rapprochement passée, elles n'y renoncent pas pour autant. Cette satisfaction fait partie intégrante de leur sexualité. En ne séduisant plus, elles amputent cette dernière d'une partie non négligeable. La séduction est aussi un fort stimulant de leur désir. Ne plus chercher à plaire (et ne plus savoir qu'elles plaisent) leur fait perdre un moteur, une source précieuse d'énergie. Il est fondamental que ces données soient connues.

Par les hommes d'abord. Même si pour eux la séduction n'est plus indispensable dans la relation à long terme, en l'abandonnant, ils privent leur compagne d'un potentiel important de plaisir. Ils risquent de voir leur couple péricliter et leur partenaire perdre progressivement son désir. Beaucoup d'hommes n'ont pas conscience de cette priorité. Ils considèrent la séduction comme un jeu sans intérêt dans une relation installée. En effet, à quoi bon perdre son temps avec ces futilités puisque leur couple est stable et que leur compagne est amoureuse ? Ils oublient simplement que, pour elles, sentiment et désir sexuel sont quelquefois dissociés.

Les femmes aussi doivent en prendre conscience. Elles ne peuvent sacrifier cette partie sous prétexte qu'elles ne sont plus des jeunes filles légères mais des personnes responsables ayant des occupations désormais autrement plus sérieuses. À ces jeux de séduction, il n'est pas question de consacrer tout son temps ni de leur accorder une importance démesurée. Cependant, une femme devrait pouvoir goûter par moment le plaisir de séduire et de se sentir désirable. Cette jouissance, elle peut se l'offrir pour elle-même en dehors de toute relation de couple et sans forcément faire l'amour. Contrairement au comportement masculin, la séduction féminine peut s'exercer sans but précis, si ce n'est celui d'y prendre plaisir. Une femme se fera belle pour la satisfaction de sentir certains regards se poser sur elle. S'accorder cela est capital. Hélas, certaines femmes poussent ce comportement à l'extrême. Elles se retrouvent piégées dans cette position de séduction. Le désir et le plaisir seront alors étouffés au profit du seul désir de séduire. C'est, à l'extrême, ce qui se passe dans la névrose hystérique.

La séduction est une composante majeure de la sexualité infantile. L'enfant adopte une position narcissique centrée sur lui-même. Il cherche à capter l'attention des adultes en général et plus particulièrement de ses parents. Être intéressant constitue un grand plaisir. C'est pour lui une preuve d'amour, une preuve de la reconnaissance de son importance qui contrebalance un peu l'impuissance dont il souffre. Il pressent que, sans cet intérêt qu'on lui porte, il se sentirait insignifiant, voire menacé de ne pas exister. La petite fille adopte également une position d'identification à sa mère. Quand le couple parental fonctionne bien, elle veut lui ressembler pour être désirée, comme celle-ci, par le père...

À l'âge adulte, on garde trace de ces différentes étapes mais il convient de les dépasser. Pas question de rester bloqué sur une position narcissique, auto-érotique. Il est nécessaire d'aller vers une relation réellement altruiste où l'objectif n'est pas uniquement d'être désiré, mais également de désirer activement. La seule jouissance n'est pas celle de plaire mais de partager son plaisir sexuel avec un autre.

De même, l'identification doit conduire à édifier sa propre construction, celle d'un moi non seulement à l'image de la mère (désirée par le père) mais également capable de jouir et d'être désirante.

Quand une femme en reste à la séduction, son corps est détourné de sa véritable fonction. Il n'est pas utilisé comme support du plaisir, incarnation de la jouissance sexuelle, mais uniquement comme un moyen de séduire. Il est habillé, maquillé, apprêté à outrance, dans l'unique but de montrer, de provoquer le regard et l'intérêt. L'apparence devient le seul objectif. Le ressenti n'a plus d'importance.

Le culte actuel du paraître va dans ce mauvais sens. Les femmes risquent de s'y perdre. En croyant se libérer du joug de la morale sévère d'antan condamnant le plaisir, elles tombent dans un autre piège tout aussi négatif. Cette course effrénée pour correspondre à une norme et rester séduisantes à tout prix les centre sur elles-mêmes. Elles ne peuvent plus aller réellement vers l'autre dont elles n'attendent que la confirmation de leur pouvoir de séduction. À force d'être malmené, leur corps torturé ne produira que de la souffrance en vue d'atteindre un but inaccessible, celui de la perfection. Plus question de plaisir, encore moins de désir, mais d'une obsession qui risque d'emprisonner les femmes et de les aliéner.

La séduction a une importance capitale. Il est impératif de la réhabiliter quand les femmes n'ont pas conscience de la place essentielle qu'elle occupe dans la sexualité féminine. À l'inverse, pour d'autres, il convient de la remettre à sa juste place afin d'éviter qu'elle ne monopolise tout le champ de la sexualité. Les femmes doivent abandonner leur comportement infantile. Elles ne sont plus des petites filles qui minaudent et papillonnent pour se rendre intéressantes. De même, elles ont cessé d'être de jeunes adolescentes égocentriques uniquement soucieuses d'elles-mêmes et de leur apparence. Ce sont des femmes matures, capables de jouir de leur corps et de partager ce plaisir avec l'homme qu'elles aiment. Alors seulement, la séduction sera utilisée comme un tremplin, comme un merveilleux stimulant nécessaire mais non suffisant de leur désir.

S’appuyer sur le fantasme

Le désir s’appuie sur l’attirance que l’on ressent pour son partenaire mais, également, sur l’anticipation positive du plaisir qu’on aura à le retrouver. Cette projection peut coller de très près à la réalité ou s’appuyer sur une vision totalement imaginaire. Il est important de saisir ce mécanisme car le corps ne peut réagir, ressentir du plaisir ou vibrer de désir que sous l’impulsion du mental qui est le point de départ de toute stimulation sexuelle. Notre cerveau humain n’est pas seulement branché sur la perception de la réalité. Il possède également la capacité de faire ressurgir le souvenir de vécus antérieurs mémorisés ainsi que d’anticiper les ressentis futurs. Il est également capable de créer un monde fantasmatique, quelquefois très éloigné du réel, qui sera régi par ses propres codes, ses propres lois.

Oser rêver d’un corps, d’un sexe…

Si l’on ne prend pas en compte cette dimension cérébrale, on réduit à tort la sexualité à un simple arc réflexe, purement physique. Malheureusement, beaucoup de femmes méconnaissent ces potentialités fantasmatiques, les dédaignent ou pire les ignorent. Elles se privent ainsi d’une source importante d’énergie qui pourrait leur permettre de dynamiser leurs désirs. Elles perdent aussi et surtout la capacité de vivre leur sexualité d’une manière plus autonome.

Les femmes ne sont pas inaptes à la rêverie, bien au contraire. À l’adolescence, c’est sur ce mode presque exclusif qu’elles vivent leurs premiers émois. En général, les filles de cet âge ont des rêveries plus riches, plus élaborées que les garçons. Mais en contrepartie, la mise en scène du corps est beaucoup plus restreinte. L’auto-érotisme, dans bon nombre de cas, reste purement mental. Le premier écueil se situe à ce niveau. Les adolescentes, lorsqu’on les questionne, admettent sans difficulté l’existence de cette rêverie romantique mais sans faire toujours le lien avec leur sexualité. Pour elles, le sexe est associé au coït qui serait un acte plutôt masculin. Une fois encore, on assiste au clivage entre les sentiments et le vécu corporel.

Pour cette raison, ces scénarios ne sont pas assimilés à des fantasmes puisqu'ils ne mettent pas en scène la réalisation physique de la sexualité. Ils restent bloqués à un certain stade, moment où le prince charmant prend sa Belle dans ses bras et éventuellement lui dépose un baiser chaste sur les lèvres. La stimulation sexuelle est malgré tout très forte mais elle tourne en rond, se répétant sans cesse en boucle car ne trouvant pas d'issue.

Chez les garçons, les choses se déroulent autrement. Les scénarios sont plus dépouillés. Ils mettent rapidement le corps en scène. Ils aboutissent dans la plupart des cas à une masturbation et à un plaisir orgasmique bien réel. Cette utilisation différente du fantasme a des conséquences sur la suite. Durant cette phase pubertaire, les jeunes femmes n'auront pas vraiment découvert leur fonctionnement sexuel. Leur pulsion, en cherchant à s'exprimer, sera restée piégée au niveau du mental. Cette méconnaissance de leur fonctionnement personnel leur sera préjudiciable lorsque, ayant rencontré un partenaire, elles souhaiteront partager avec lui ce plaisir sexuel. Elles attendront tout de l'attirance qu'elles ressentent et négligeront les stimuli fantasmatiques venant d'elles-mêmes.

Ce système amputé peut fonctionner dans les premiers temps d'une relation, quand l'amour est très fort. Cependant, dès que la phase de passion disparaît, le désir diminue, les femmes étant alors incapables de compter sur leur propre capacité à le relancer. La référence unique au scénario romantique leur joue un autre mauvais tour. Ces représentations désincarnées sont fort éloignées de la réalité. Elles peuvent, à la rigueur, cohabiter avec un amour passionné mais ne résistent pas lorsque s'installe une relation plus ordinaire.

Il n'est pas question de renoncer au romantisme. C'est son caractère outré et exclusif qui est nocif. Il paraît nécessaire d'en abandonner la valorisation excessive mais surtout, de prendre conscience de son lien avec le sexuel. Cela permettrait une mutation progressive de l'adolescence (où l'acte sexuel n'est pas encore vraiment d'actualité) vers l'âge adulte où la sexualité mérite de s'exprimer et de se partager à travers un vécu corporel.

Accepter ce magma pulsionnel…

L'autre conséquence néfaste de l'existence de ces rêveries romantiques vient de leur abandon à l'âge adulte. En effet, les femmes vont avoir tendance à assimiler le fantasme à une conduite infantile, certes tolérable à l'adolescence mais indigne d'elles lorsqu'elles atteignent une certaine maturité. Elles n'ont pas tout à fait tort. Elles perçoivent, à juste titre, que le romantisme reste fort éloigné de la vraie vie et qu'il présente un aspect puéril auquel on a du mal à adhérer à l'âge adulte. Ce qui est dommage, ce n'est pas d'abandonner le romantisme juvénile mais c'est que rien ne le remplace. Elles ne parviennent pas à passer à la phase suivante. Le fantasme se trouve de ce fait définitivement condamné.

Les femmes connaissent l'existence d'une activité fantasmatique adulte mais elle est très souvent assimilée à une tendance perverse. Tout se passe comme si (et l'utilisation pour en parler d'un vocabulaire différent le prouve) il existait deux extrêmes sans lien entre eux avec, d'un côté, la rêverie romantique de l'adolescence et de l'autre, des fantasmes pervers sentant le souffre. C'est dans cette absence de continuité que se situe la problématique féminine. Certes, elles ont raison : le fantasme se nourrit bel et bien du terreau de nos pulsions perverses partielles, mais n'est-ce pas le propre de l'âge adulte que de reconnaître leur existence et d'apprendre à les gérer ? Les censurer en les refoulant, en ne voulant pas accepter leur réalité, n'a jamais été une bonne solution. De plus, cela peut constituer un risque de les voir faire irruption inopinément, là où on ne les attend pas.

Ce magma pulsionnel, présent en chacun de nous, est une formidable source d'énergie pour alimenter notre sexualité. S'en priver, c'est à coup sûr anémier notre désir. Cette attitude me paraît être la conséquence de la profonde inhibition dont a été victime la sexualité féminine durant des siècles. Les femmes ont une potentialité fantasmatique qui, à mon sens, n'a rien à envier aux hommes. Cette intensité a été muselée. On les a maintenues pendant très longtemps dans une immaturité dont il est temps qu'elles sortent. Il est primordial qu'elles s'intéressent à leur imaginaire et qu'elles puissent y accéder sans culpabilité. La rêverie adolescente ne doit pas fonctionner comme un blocage mais, au contraire, ouvrir sur un autre imaginaire propre à l'âge adulte.

Un fantasme ne se réalise pas…

Il n'y a aucun risque chez les femmes que cette virtualité soit confondue ou entre en compétition avec la réalité. Cet élément est important. Il s'applique également aux hommes. L'existence de fantasmes, même différents dans les deux sexes, n'empêche pas un couple de vivre une relation épanouie dans le réel. Par ailleurs, la libération sexuelle ne signifie en aucun cas la possibilité de réaliser un fantasme. Pour être opérant, ce dernier doit rester à sa place. Essayer de le vivre va lui faire perdre une grande part de son caractère stimulant et peut par ailleurs être dangereux. Il doit rester une fantaisie uniquement possible dans l'imaginaire.

On constate de plus en plus ce type de confusion dans le discours masculin et il n'est pas rare que certains patients viennent interroger le sexologue pour savoir comment s'y prendre pour vivre un fantasme dans la réalité ou bien comment convaincre leur partenaire de le faire. Il s'agit d'un total contresens. Cette recherche effrénée du « jouir toujours plus » ne peut que conduire à une impasse, gâchant au passage le pouvoir érogène de l'activité fantasmatique.

Plus grave, il enferme l'homme dans une sexualité autocentrée où l'autre n'est qu'un objet utilisé pour prendre du plaisir. Le fantasme, par définition, est totalement personnel et de ce fait se partage très difficilement. Ceci est d'autant plus vrai que l'univers fantasmatique féminin n'est guère superposable à celui de leur compagnon. En cherchant à imposer à leur partenaire la mise en scène de leur fantaisie, les hommes risquent de leur faire violence.

Cette différence de position entre les hommes et les femmes a des conséquences négatives. Du côté féminin, cela va amplifier la prévention contre le fantasme et renforcer l'idée qu'il ne peut rien apporter de bon ou qu'il est lié à la perversion. La position masculine, en se radicalisant, ne va pas favoriser le dialogue et la compréhension. Le fossé va se creuser entre les sexes. Les femmes risquent encore une fois de s'installer dans une position défensive plutôt que d'aller vers une évolution personnelle où l'imaginaire pourrait trouver une place positive, y compris à l'âge adulte.

Il est fondamental que les femmes apprennent à connaître leur propre univers fantasmatique, celui qui correspond aux caractéristiques de leur sexe. Il n'est pas question non plus de l'imposer aux hommes mais simplement de l'utiliser intimement pour mobiliser leur énergie libidinale. Il sera alors possible pour elles de réinvestir cette force dans leur relation de couple et de ne plus compter passivement sur l'autre pour stimuler leur désir.

Que les hommes se rassurent...

La sexualité féminine a longtemps été muselée parce qu'elle faisait peur aux hommes. Ils craignaient de ne pas pouvoir satisfaire le désir insatiable de leur compagne. Ils redoutaient que cette sexualité débordante ne menace l'équilibre social et surtout, ils avaient peur de perdre leur position dominante. Jusqu'au XVIIIe siècle, où l'on présentait les femmes comme des être diaboliques à la sexualité débridée que la morale et la religion devaient absolument contenir, cette crainte fut clairement exprimée. Au XIXe siècle se produisit un retournement. C'est la chasteté et l'absence de désir qui devinrent le modèle féminin.

Là où ils sont vulnérables

Il est évident que de nos jours encore, les hommes ont peur. Ils savent que les femmes ont changé, qu'elles ne peuvent plus accepter d'être reléguées à une position secondaire et de subir passivement le désir masculin. Les femmes revendiquent une égalité sociale, professionnelle mais aussi sexuelle. Cependant, sur ce dernier point, il reste encore beaucoup à faire. Tout le monde est d'accord aujourd'hui pour reconnaître l'existence du désir et du plaisir féminins. Cependant, les discours sur le sujet sont encore trop souvent, pour les deux sexes, flous et contradictoires.

L'ambivalence masculine est particulièrement importante. Les hommes ont admis que leurs compagnes avaient une sexualité. D'ailleurs, ils ne se contentent plus d'une relation où ils sont les seuls à jouir. Ils aspirent à donner du plaisir. C'est même devenu une condition essentielle pour se sentir un homme, au même titre que d'avoir une belle érection. C'est là que se situe une partie du problème. Les hommes doivent prouver leur virilité. Elle ne va pas de soi. C'est une menace permanente car la preuve n'est jamais définitivement acquise. Cette obligation les rend terriblement vulnérables. Ainsi, ils souhaitent faire l'amour avec des femmes désirantes mais craignent en même temps qu'elles le soient trop et qu'ils ne puissent plus « être à la hauteur ». Car, ne pas les satisfaire signifierait qu'ils ne sont pas des hommes.

Ils ne peuvent plus revenir en arrière et balayer cette angoisse en faisant disparaître le désir féminin. Ils savent bien que les femmes ont trop évolué pour s'en satisfaire et qu'eux-mêmes n'y trouveraient plus leur compte. Ils sont désemparés. Le rôle des femmes, actuellement, est de les rassurer. Elles doivent comprendre la fragilité de leurs compagnons. Cette vulnérabilité peut également servir à les rassurer elles-mêmes Les hommes ne sont pas ces monstres pervers ne pensant qu'au sexe. Cette représentation est révolue. Certes ils sont différents, mais elles n'ont rien à craindre d'eux. Il ne faudrait surtout pas qu'elles profitent de cette prise de conscience pour régler leur compte à l'espèce masculine, pour se venger de l'oppression passée. Cela ne ferait que relancer la dynamique de guerre des sexes qui fut à l'origine même de leurs malheurs.

Rassurer les hommes, c'est leur expliquer ce qu'elles attendent d'eux. Il n'est pas question de performances sexuelles, d'érections magnifiques, de sexes à la taille démesurée ou bien de coït durant des heures. Elles souhaitent tout simplement que la sexualité survienne dans un contexte sentimental et qu'elles puissent être aimées en même temps que désirées. Elles espèrent plus d'attention et de séduction permettant à leur désir de s'éveiller progressivement. Pour que leur excitation s'installe, elles ont besoin de temps, de caresses et de sensualité.

De l'incompréhension naît la guerre

Dans la plupart des cas, le drame vient de l'incompréhension qui existe entre les deux sexes. Les hommes ne craindront plus les femmes s'ils apprennent à les connaître. Pour cela, il faut bien évidemment que les femmes elles-mêmes sachent qui elles sont et n'utilisent pas, comme elles l'ont fait très longtemps, les discours masculins pour se définir. Plus question non plus de se cacher derrière le mythe de la femme énigmatique et mystérieuse, certes fascinante, mais qui ne fait pas beaucoup avancer les choses.

Outre cette réassurance masculine, les femmes doivent prendre conscience qu'elles vont devoir se débrouiller seules. Les hommes ne sont pas des agresseurs mais ils ne sont pas non plus des pères bienveillants destinés à jouer les tuteurs à vie. Leurs partenaires masculins ont bien trop à faire avec la mutation de la société. Il leur faut résoudre leurs propres problèmes. Ils sont beaucoup trop empêtrés dans leur ambivalence pour leur être d'une aide véritable.

Il est nécessaire que les femmes prennent en charge leur destin sexuel comme elles ont déjà su le faire au niveau social et professionnel. C'est en tenant un discours ferme et clair, en montrant une capacité à être adultes et autonomes qu'elles pourront le mieux rassurer les hommes. À l'inverse, leurs hésitations, leur manque de confiance, leurs divergences ne pourront que renforcer l'angoisse masculine.

Pour cela, il est impératif qu'elles soient conscientes de l'importance de l'objectif à atteindre.

L'enjeu n'est pas de prendre du plaisir ou de satisfaire à une nouvelle norme, une mode passagère n'ayant pas plus d'importance qu'une autre. Les femmes ont à devenir des interlocutrices à part entière en exprimant leurs propres désirs. La sexualité féminine doit se faire entendre, prendre une vraie place et jouer ainsi un rôle important dans la société et le monde moderne.

Les hommes n'ont rien à craindre de cette évolution. Bien au contraire ! En abandonnant leur position dominante, ils n'auront plus à la défendre constamment tel des tyrans jamais en paix se maintenant par la terreur. Ils n'y perdront pas non plus leur identité masculine. Ils réaliseront qu'ils ont besoin des femmes, tout comme elles ont besoin d'eux. C'est dans le respect de cette différence que chacun pourra affirmer sa spécificité sexuelle. Les hommes ont tout à gagner à former des couples où les femmes pourront, dans le respect mutuel, exprimer leurs désirs et prendre du plaisir.

Mais attention, n'oublions pas que cette guerre des sexes, ce régime de terreur, existent depuis des siècles. Cela donne une idée de l'ampleur de la tâche. Il faut trouver sa place et se battre contre des poches de résistance, des combats d'arrière-garde toujours présents et très virulents. Dans certains cas, les femmes qui se trompent d'objectif s'en font même les complices. Malgré tout, le mouvement est en marche. Les hommes et les femmes le sentent. Il faut qu'ils se rassurent : de cette alliance entre les sexes, l'humanité a tout à gagner.

Changer les discours et les mentalités

Ce changement doit se produire à tous les niveaux, philosophique, religieux et politique. Encore une fois, la sexualité n'est pas seulement un moyen de prendre du plaisir mais une affaire sérieuse, une des grandes préoccupations de l'humanité concernant chacun d'entre nous. Une société se définit entre autres choses par sa façon de traiter la question sexuelle et par la relation entre les sexes. Les médias, dont le pouvoir actuel est immense, ont un rôle fondamental à jouer pour relayer ce discours. Ils peuvent aller dans le bon sens ou, à l'inverse, fausser le débat et pervertir cette mutation. Ils doivent se méfier de ne pas présenter un modèle simpliste : d'un côté les femmes prudes se référant à une idéologie moraliste et dont la sexualité est très inhibée, voire inexistante ; de l'autre, des femmes dites libérées et sans tabou, capables de toutes les pratiques et dont le seul objectif serait de jouir.

Être une femme « libérée » ?

Cette dichotomie caricaturale est dangereuse. Elle laisse entendre que pour évoluer, les femmes doivent impérativement coller à ces modèles dits « modernes ». Elles risquent de passer de la dictature d'une morale obsolète et intégriste à celle d'une mode branchée tout aussi contraignante où il faut absolument, paraître libérée sous peine d'être traitée de « coincée » ou de « ringarde ».

Cet effet est d'autant plus pervers que ces fameux modèles ne font pas progresser la féminité. Ils sont La plupart du temps construits grâce à des références masculines ne correspondant pas aux aspirations féminines. Ils s'inspirent de fantasmes existant chez les hommes et font croire aux femmes qu'elles seront libérées en y adhérant. Pire encore, si elles ne vont pas dans ce sens, il sera très rapidement question d'inhibition et de la nécessité de consulter un spécialiste.

De nombreuses demandes de consultations s'inspirent de ce raisonnement. « Docteur, c'est très grave : je n'ai pas envie d'essayer l'échangisme ou la sodomie. Mon compagnon m'a dit que j'avais sans doute des blocages. Pouvez-vous m'aider à les trouver pour que je puisse enfin devenir une femme normale ! » Elles seront souvent désappointées par la réponse. La vraie question, en effet, est de savoir ce dont elles ont réellement envie, ce à quoi elles aspirent, comment elles peuvent s'épanouir au mieux dans l'acte sexuel. Il est impératif qu'elles commencent par-là, qu'elles apprennent à se définir pour ensuite mettre en commun leur désir avec celui de leur amant.

Les sujets concernant la sexualité passionnent les médias car ils drainent un public important et, qui dit audimat ou lecteurs, dit forcément bénéfices financiers. Cependant, les journalistes doivent être conscients qu'ils s'attaquent là à un sujet ardu, important et d'une grande profondeur. De ce fait, il leur faut faire bon usage du pouvoir qu'ils détiennent et être conscients de l'impact qu'ils ont. Ils doivent donc se garder de tomber dans les pièges grossiers d'une simplification outrancière et se pencher réellement sur ce passionnant débat de société. Pour cela, il faut qu'ils acceptent d'aborder ce sujet dans toute sa complexité, quitte à être moins médiatiques et moins percutants.

Les recettes simplistes sont à éviter même si elles se vendent bien car, non seulement elles n'apportent pas réellement de solution mais surtout, elles s'avèrent dangereuses. Elles font croire aux femmes qu'avec quelques changements comportementaux superficiels, elles résoudront leur mal-être. On les empêche ainsi de réfléchir en profondeur aux vraies questions, certes plus complexes, qui devraient être les leurs. On les trompe également en leur faisant croire qu'en ne collant pas à ces modèles, elles ne seront plus aimées, ni désirées. Or on sait à quel point ceci est important pour elles.

Les médias se doivent de relayer le discours des femmes, d'encourager leur mutation mais en respectant leurs caractéristiques et tout en rassurant les hommes sur leur devenir. Les femmes ont à prendre la parole sans crainte et à utiliser les médias pour s'exprimer et se définir. En raison de leur énorme pouvoir, il est plus que jamais nécessaire que ceux-ci aient une éthique sans faille et tiennent leur rôle de témoin. Ils ne doivent en aucun cas outrepasser leurs droits en se substituant à un discours moral, philosophique ou religieux et en dictant les normes de la société. Même en restant à leur place, ils ont un rôle fondamental à jouer.

Les singularités du désir féminin

Tout ce qui a été dit précédemment nous permet de mieux appréhender les caractéristiques du désir féminin. Les femmes – c'est fondamental – doivent apprendre à mieux les connaître afin de pouvoir les respecter, les favoriser, et de permettre au désir d'émerger. Ainsi pourront-elles accéder à une vie sexuelle plus harmonieuse, plus épanouissante et cohérente avec ce qu'elles sont. Cette première étape est essentielle. Elles en ont l'entière responsabilité. Elles doivent comprendre l'importance de cette tâche et s'y atteler.

Dans un deuxième temps, il faudra également que les hommes réalisent ce qui définit le désir féminin et qu'ils apprennent comment leur compagne fonctionne. Pour cela, il est nécessaire qu'ils abandonnent leurs certitudes passées, qu'ils ne se barricadent pas derrière une position défensive par crainte de perdre quelque chose en allant à la rencontre des femmes. On l'a vu précédemment, ils n'ont rien à craindre et tout à gagner. Les femmes elles-mêmes doivent accepter d'abandonner un peu de leur mystère. Cette transparence leur apportera la reconnaissance de l'autre et le respect de leur identité ce qui, à mon sens, vaut la peine de délaisser ce jeu de cache-cache.

Cela nécessite également qu'elles fassent confiance aux hommes, qu'elles baissent leur garde et déposent les armes. Bien sûr, elles ont tellement été malmenées au cours de l'histoire que beaucoup n'y sont pas encore prêtes. Cependant, sans cette trêve, rien ne sera possible. Seules les femmes sont capables d'être les porte-parole de leur sexualité auprès des hommes. Ils ne pourront effectuer seuls ce cheminement. Il leur faut l'aide de leur compagne et ceci à tous les niveaux : à l'échelle sociale et au sein même de l'intimité du couple. Mais pour remplir cette mission avec succès, il faut que les femmes se connaissent…

L'incompréhension entre les sexes est un fléau qui doit être combattu. Il est à l'origine de bien des conflits. Le sexisme, comme le racisme, se nourrit de la méconnaissance de l'autre. Sentir l'existence d'une différence sans la comprendre a toujours provoqué chez l'être humain une réaction de peur qui va elle-même générer une position défensive souvent agressive, dirigée vers autrui. Les femmes, comme leurs compagnons, doivent effectuer la même démarche en allant vers la masculinité et en abandonnant des idées stéréotypées.

La reconnaissance de la vulnérabilité masculine permettra de casser l'image du mâle machiste et agressif. Les hommes ne sont pas, comme le prétendent certaines femmes, des bêtes de sexe dénuées de toute sentimentalité et mues par le simple désir d'assouvir un besoin sexuel impérieux. Ils sont fragiles, sensibles et, tout comme elles, à la recherche d'une réassurance identitaire.

Enfin, l'ultime étape serait que la société tout entière reconnaisse ces caractéristiques féminines et leur fasse une place. L'organisation sociale a longtemps été construite à partir du modèle masculin. Les progrès du monde civilisé passent, à mon sens, par le remplacement de la référence unique patriarcale à une vision duelle beaucoup plus conforme à la réalité.

En effet, l'humanité est pour moitié féminine et masculine. Il paraît fondamental que cette bipolarité soit respectée dans la société et qu'aucun sexe ne soit sacrifié au profit de l'autre. Cette intrication profonde est, selon moi, la condition nécessaire pour créer une société beaucoup plus équilibrée. Lorsqu'une moitié écrase l'autre, dans une position totalitaire et tyrannique, elle se prive du même coup des richesses et des valeurs du sexe opprimé. Il est grand temps que cesse ce gâchis. La société civilisée a besoin des femmes sans pour cela inverser la tendance et basculer dans une société matriarcale.

Le désir féminin, oui il existe

Quelles sont ces caractéristiques du désir féminin ? D'abord, il existe. Avant toute chose, il convient de reconnaître tout simplement son existence. Ce préalable peut paraître surprenant mais la reconnaissance d'un désir, voire d'une sexualité féminine, n'est pas toujours allée de soi. Au XIXe siècle, on prétendait qu'une femme équilibrée et ayant de bonnes valeurs morales n'éprouvait pas de désir. J'ai pu lire dans de vieux ouvrages médicaux datant du début du XXe siècle que neuf femmes sur dix étaient frigides. De nos jours encore, certaines personnes (des femmes souvent) prétendent que le désir sexuel est une affaire d'hommes. Elles ne se sentent pas vraiment concernées…

L'existence d'une sexualité au sein de chaque individu, aussi bien homme que femme, est un point sur lequel j'insiste toujours beaucoup lors de mes consultations. Bien sûr, le sexuel s'exprime de multiples manières suivant la personne mais aussi suivant l'époque de sa vie et la culture dans laquelle elle évolue. Cependant, il ne fait aucun doute que la sexualité existe de notre naissance jusqu'à notre mort. Il est donc impossible de la tenir à l'écart, la société elle-même en étant imprégnée. On est obligé de composer avec elle. On est libre d'en faire ce qu'on veut mais il est impossible de la nier. Ce déni, le refoulement sont dangereux. Cette manière puérile de se défendre contre quelque chose d'inquiétant ne peut conduire qu'à la catastrophe.

« Le sexe mène le monde » est le titre d'un ouvrage de Colette Chiland. Elle n'a pas tort. Il est impératif d'en tenir compte. Ce n'est pas un hasard si dans toutes les sociétés humaines, depuis la nuit des temps, les premières lois édictées servent à régir la violence et la sexualité. Une fois l'existence du désir féminin reconnue, il convient de ne pas le diaboliser comme ce fut le cas jusqu'au XVIIIe siècle. Il convient de ne pas passer d'un extrême à l'autre, de son absence à sa diabolisation le rendant d'une intensité effrayante et dangereuse. Cette erreur a été à l'origine de bien des oppressions féminines.

Le désir dépend du contexte affectif

Le désir entretient des liens étroits avec l'environnement émotionnel et relationnel. Plus que les hommes, les femmes ont besoin de se sentir aimées pour exprimer leur sexualité. Ces affects, même s'ils sont à différencier du sexuel proprement dit, sont très favorables à l'émergence du désir. On a vu l'importance de la sentimentalité pour les femmes. L'existence de l'affectif leur permet de faire une place au désir, de créer un lien entre le mental et le corporel et d'accepter l'expression physique de la sexualité. Celle-ci se trouve valorisée par la présence des sentiments. La tendresse de l'amant rassure les femmes et les sécurise. N'oublions pas qu'elles restent encore souvent craintives.

Être aimées donne un sens, humanise la démarche sexuelle. Ainsi, elles ne se sentent pas réduites à un corps désiré, à un objet sexuel convoité. Elles se perçoivent comme des sujets à part entière. De la même façon, elles auront beaucoup de mal à désirer si elles n'estiment pas leur amant ou bien si la relation avec lui est conflictuelle. La réconciliation sur l'oreiller est plutôt une affaire masculine. De même, lorsqu'une femme a eu une journée stressante, éreintante, elle a beaucoup de mal à ménager une place pour le sexuel. Pour être désirante, il lui faut du temps et de l'énergie, des conditions qui ne sont pas remplies dans ces cas-là. L'homme, à l'inverse, est capable de se mobiliser sexuellement assez facilement, sans effort et en un temps court. Pour lui, avoir une relation sexuelle après une journée difficile est non seulement envisageable mais c'est une compensation qui, grâce au plaisir qu'il prendra, va l'équilibrer. Il sera de la sorte très frustré par le refus de sa compagne. Et il aura du mal à en comprendre les raisons.

La part importante de l'imaginaire

Sa mobilisation est fondamentale pour stimuler le désir féminin. Les femmes doivent impérativement s'autoriser l'accès à la rêverie sans censure et sans culpabilité. Cette activité n'est ni un enfantillage, ni une perte de temps, ni une déviance. Sa réhabilitation est essentielle. Elles l'ont expérimentée à l'adolescence. Elles doivent en retrouver l'accès à l'âge adulte, être capables à nouveau de l'exploiter.

Être adulte consiste à ne pas confondre l'imaginaire avec le réel. Mais ce n'est pas une raison pour ne plus profiter du rêve pour le plaisir, et cela d'autant plus que cette richesse est sans aucun risque. Cette attitude apportera une énergie non négligeable à un désir un peu anémié parfois par le quotidien.

De plus, elles pourront mieux comprendre leur fonctionnement et saisir le lien existant entre le mental et le physique, ce clivage constituant le principal écueil sur lequel bute la sexualité féminine. Elles auront du même coup la possibilité d'acquérir une certaine autonomie, ne comptant plus exclusivement sur l'autre pour les stimuler. Ce point est fondamental. Beaucoup trop de femmes attendent passivement que leur désir montre le bout de son nez. Elles pensent, à tort, qu'il doit surgir spontanément et que seule la présence de l'être aimé peut l'éveiller. Elles oublient que leur désir était présent bien avant la rencontre et qu'il leur appartient. Ce n'est en rien trahir leur amour que de mobiliser ce désir sans compter forcément sur la présence de l'autre.

L'imaginaire reste une affaire privée qui ne regarde pas leur compagnon. Elles doivent également se garder d'adhérer aux fantasmes masculins qui seront rarement adaptés à leur féminité. Les hommes ont souvent à leur disposition des supports pouvant activer leur rêverie. Revues et films érotiques en sont des exemples. Ils utilisent la stimulation visuelle, très effective chez eux. Les femmes y recourent peu. La littérature ou la fiction romantique joue quelquefois ce rôle. Contrairement à leur partenaire, c'est le romantisme qui en est le principal vecteur. Malgré tout, le prêt à porter fantasmatique a toujours moins de valeur qu'une création personnelle, taillée sur mesure par notre psychisme.

Se sentir séduisante

La séduction est d'un des piliers de la sexualité féminine. C'est ainsi que la petite fille commence sa vie sexuelle, en cherchant à séduire. Plus tard, cette démarche est nécessaire à la rencontre mais aussi pour que le désir dure. Les femmes doivent expliquer aux hommes que séduire et être séduites est un plaisir féminin essentiel. Elles doivent les inciter à jouer avec leur désir. Si l'homme, dans une relation amoureuse, est celui qui fait les premiers pas, la femme, de son côté, ne peut se contenter de dire oui ou non. D'abord, parce que très souvent, elle ne sait pas elle-même, au moment où s'exprime la demande masculine, ce qu'elle veut exactement. L'homme, plus rapide, est déjà dans un désir d'acte. Sa partenaire, rarement aussi véloce, est en décalage. Le temps de la séduction permet à la femme de mieux se définir et de savoir ce qu'elle souhaite.

D'autre part, pour faire monter l'excitation sexuelle, elle a besoin de ce jeu du chat et de la souris. Il ne s'agit ni d'une perversité ni d'une méchante manière de se comporter avec un homme, mais d'un vrai plaisir féminin, nécessaire pour que la relation soit réussie. La séduction doit être revalorisée et ne plus être considérée comme un jeu futile et puéril. Sans tomber dans l'excès de l'hystérie, elle mérite de jouer un rôle naturel dans la vie féminine et doit garder une place de choix au sein du couple à long terme.

Le désir s'appuie sur la sensualité

Les zones érogènes féminines ne sont pas concentrées sur les organes génitaux comme chez l'homme mais disséminées sur l'ensemble du corps. Cela sous-entend un énorme potentiel de plaisir mais cette dispersion rend également son accès plus complexe. La femme doit apprendre son corps sensuel, le décrypter comme un texte précieux. C'est un bien d'une grande valeur. Il faut qu'elle en prenne soin. Méconnaître ses possibilités est un énorme gâchis. Cette richesse lui appartient et ne demande qu'à s'exprimer. Une fois encore, cet aspect corporel ne doit pas être sacrifié, dévalorisé au seul profit du mental. Il a une place à tenir et un énorme rôle à jouer. Le corps, avec ses multiples nuances, est l'instrument qui va servir à jouer la musique de l'amour.

Mais se connaître n'est pas suffisant. Il faudra également que les femmes initient leur compagnon. Guider son amant est indispensable. Celui-ci ne pourra découvrir tout seul la sensualité féminine. Même s'il se dit expérimenté, il faut qu'il sache que la tâche est difficile, chaque femme étant différente et unique. Cela suppose, dans le jeu amoureux, de freiner l'ardeur de l'amant souvent très pressé d'atteindre le but final, l'orgasme. Cette tâche est souvent ardue tant l'impétuosité masculine est grande. Ce sont les femmes qui montreront à leur compagnon les avantages qu'il peut y avoir à différer le plaisir, à prendre le temps nécessaire à la caresse. Elles pourront en même temps permettre aux hommes de découvrir leur propre sensualité, leur apprendre à jouir non seulement à travers leur sexe, mais aussi avec l'ensemble de leur corps.

La sexualité masculine ne peut que s'enrichir de cet apport féminin, et sans que cela soit une menace pour leur virilité. Pas de risque que celle-ci se féminise et s'amollisse dans ces pratiques. Au contraire, ils resteront des hommes et lorsque plus tard, vieillissants, leur réactivité sexuelle faiblira, ils pourront s'appuyer sur cette sensualité pour la stimuler. À l'inverse, les hommes qui auront toujours fonctionné dans la rapidité se trouveront, l'âge venant, fort démunis. N'ayant jamais fait connaissance avec leur sensualité, ils ne sauront pas l'utiliser.

Besoin de temps pour qu'il advienne

Compte tenu des éléments développés précédemment, dire que le temps est nécessaire pour que le désir féminin émerge devient une évidence. Dans ce domaine, un énorme fossé sépare les deux sexes.

Chez les hommes, l'éveil au désir est très court. Un instant suffit entre la première pensée et sa réalisation au cours d'un acte sexuel.

Cela est bien différent du côté féminin. La montée de l'excitation sexuelle est très lente. Malheureusement, ce temps est incompressible. Si l'un peut le ralentir, l'autre ne peut l'accélérer. Faire pression équivaut à stopper sa progression ou pire à bloquer définitivement le processus. Respecter ce temps est essentiel. La lenteur féminine n'est pas à combattre, elle n'est pas synonyme d'anormalité.

Les femmes ne peuvent accéder au plaisir que dans la détente et le lâcher prise. Ce qui est impossible si elles se crispent sur un objectif ou si elles se contraignent à une pression pour accélérer sa progression. Cette attitude est un contresens fréquemment rencontré qui aboutit au déplaisir et à la perte du désir.

Au risque de me répéter encore une fois, il paraît essentiel que les femmes connaissent leur fonctionnement et l'expliquent à leur partenaire. Ceux-ci doivent saisir cette différence de comportement et comprendre l'importance qu'il y a à respecter ce temps, même si pour eux, il est difficile de patienter. En permettant à leur compagne de laisser tout doucement monter son excitation sexuelle et de se détendre, ils auront la joie de découvrir ses potentialités amoureuses. Au contraire, en la bousculant, ils perdront toute chance de la voir s'épanouir. Ils auront dans les bras une femme certes amoureuse, mais frustrée, déçue, n'ayant pas vraiment partagé la même intensité émotionnelle et sensuelle. Cette situation, si elle perdure, risque d'aboutir à l'extinction du désir féminin.

Le désir féminin est fluctuant

À l'inverse de celui des hommes, plutôt constant, le désir féminin est extrêmement variable. La première explication tient au caractère cyclique des sécrétions hormonales qui rythment la vie génitale féminine. Chez l'homme, ces fonctionnements endocriniens subissent peu de variations de leur mise en route pubertaire jusqu'à un âge avancé. Il existe bien sûr un infléchissement à partir de 60 ans mais il s'agit d'une diminution progressive et non d'un arrêt brutal, comme lors de la ménopause. Indépendamment de cette réalité physiologique féminine, on a vu que les femmes devaient mobiliser plus d'énergie pour faire émerger leur désir et qu'elles étaient fortement influencées par le contexte. Ces paramètres expliquent également les fluctuations du désir.

Un proverbe bien connu dit que « souvent femme varie ». On a très longtemps considéré cette caractéristique comme un défaut. Cette versatilité était la preuve de l'instabilité psychique féminine. Comment pouvait-on se fier à de telles personnes ? Cela renforçait du même coup la notion d'immaturité caractérisant les femmes et aboutissant à leur mise sous tutelle. Récemment, un brave homme marocain interviewé à la télévision sur les réformes prévues dans son pays et donnant plus d'autonomie aux femmes s'exclamait en toute bonne foi :

« Comment peut-on confier des responsabilités politiques ou familiales à des femmes qui tous les mois, sont soumises à leurs hormones ! » Ce raisonnement (qui a longtemps eu des adeptes) a encore la vie dure. Pourtant, il dessert autant les hommes que les femmes puisque ces mêmes hommes soutiennent que leurs hormones créent chez eux un supposé besoin sexuel tellement irrépressible que les femmes doivent s'en protéger. Ainsi, l'instabilité hormonale féminine leur interdirait de prendre des responsabilités sociales tandis qu'il ne faudrait plus tenir compte de ce genre de paramètres lorsqu'il s'agit des hommes. Enfin, l'instabilité hormonale des femmes serait un critère radical sauf... dans un lit. Là, il ne serait plus question d'en tenir compte. Alors, le désir des femmes devrait être constant et se calquer sur celui des hommes sans fléchir...

Et pourtant, c'est seulement dans le domaine sexuel que cette variabilité mérite d'être reconnue et prise en compte. Les femmes elles-mêmes doivent l'identifier, la respecter et ne pas chercher à forcer leur désir comme s'il s'agissait d'un automatisme. « Je suis jeune, j'aime mon mari, donc je dois absolument avoir en permanence du désir pour lui. » Ce postulat est faux et très dangereux. Ce caractère obligatoire est profondément néfaste. Contraindre un désir conduit à sa disparition. Les femmes doivent être à l'écoute d'elles-mêmes, accueillir ce qui vient et accepter qu'à certains moments l'appétit fasse défaut.

Il est important aussi que les hommes saisissent cette caractéristique féminine. Ils ne peuvent pas, comme au début de la relation, avoir à leur côté une compagne toujours désirante, toujours prête à accueillir leur demande sexuelle. Il ne faut pas qu'ils ressentent ce manque de désir comme une frustration intolérable ou comme un rejet d'eux-mêmes. C'est aussi devenir un homme adulte que de pouvoir accepter parfois l'impossibilité de satisfaire une envie, aussi forte soit-elle. Une fois encore, si on réfute l'idée du besoin masculin, ceci devient possible et cela s'apprend.

De plus, contrairement à ce que l'on pourrait penser, ces fluctuations sont loin d'être nocives. La frustration ou le manque, s'ils ne sont pas trop sévères, constituent un excellent stimulant du désir dans le couple. Ils évitent la monotonie d'une demande qui serait toujours satisfaite sans surprise. Ils maintiennent une incertitude et forcent les partenaires à se séduire. Si les hommes avaient un désir plus variable et incertain, les femmes seraient peut-être plus désirantes.

Il s'endort spontanément

Réveiller le désir demande de l'énergie. En dehors de la phase de passion du début, lorsqu'une relation s'installe sur le long terme, l'assoupissement est au rendez-vous. Cette menace est très insidieuse. Elle se met en place progressivement, sans faire de vague et souvent sans que l'intéressée s'en aperçoive. Elle ne génère chez les femmes aucune gêne, aucune souffrance et surtout aucun sentiment de manque. Ainsi, très souvent, beaucoup de temps s'écoule avant qu'elles n'en prennent conscience. Elles peuvent être très longtemps tentées de nier l'existence du problème. Seule la plainte de l'autre tire la sonnette d'alarme. À ce stade d'évolution, certaines femmes ont encore du mal à reconnaître la difficulté. Elles pensent souvent que c'est leur partenaire qui a un problème. Elles trouvent l'insistance de la demande sexuelle déplacée, incongrue et se réfugient derrière un dénigrement de la sexualité.

Cette absence de manque rend la prise en charge très difficile. Ces patientes, lorsqu'elles consultent, le font fréquemment à la demande de leur conjoint. Cependant, on ne peut essayer de retrouver du désir simplement pour « faire plaisir ». La première étape consiste à les faire réfléchir sur leur propre sexualité et à leur faire retrouver l'envie d'en avoir une. Il convient d'insister sur l'aspect personnel de cette démarche. Il est essentiel alors de bien leur préciser qu'il ne s'agit pas de coller à une norme prédéfinie et encore moins de répondre à l'attente de l'autre mais plutôt de renouer avec leur sexualité de femme, prise en compte dans toute sa singularité et en respectant sa spécificité. Un couple équilibré ne peut se fonder que sur la rencontre de deux individus différents ayant des caractéristiques propres à leur histoire et à leur sexe.

Comment contourner cette tendance à l'endormissement ? Il existe deux moyens fondamentaux qu'il est nécessaire d'utiliser ensemble, de façon complémentaire. Tout d'abord, les femmes doivent impérativement avoir conscience de cette menace et apprendre elles-mêmes à mobiliser leur désir. Ceci suppose une certaine connaissance de soi, de sa sexualité, un point qui comme on l'a vu reste encore trop souvent en souffrance. Ensuite, pour réussir une relation sexuelle, il faut pouvoir partager une émotion et du plaisir avec l'autre. C'est ce qui définit la sexualité adulte, tournée vers autrui, différente de celle des enfants, centrés sur eux-mêmes.

Mais pour mettre en commun une expérience, il faut déjà être capable de la vivre individuellement. C'est sans doute pour cela que, dans le développement sexuel d'un être humain, la phase auto-érotique précède la relation adulte. Beaucoup de femmes méconnaissent ou survolent cette première étape, seule la sexualité relationnelle leur apparaissant comme acceptable. Cependant, elles s'y comportent d'une manière passive, attendant uniquement de l'autre la révélation de leur propre sexualité. Garder du désir pour son partenaire au-delà de la passion nécessite une volonté et une mobilisation personnelles. Cela peut se faire, par exemple, par le biais d'une stimulation de l'imaginaire ou en anticipant positivement la relation. Il est dans ce cas nécessaire qu'elles y accordent valeur, énergie et temps, et qu'elles ne relèguent pas la sexualité à la dernière place, après quantités d'autres tâches jugées plus importantes.

Les contraintes de la vie matérielle et les multiples obligations dévolues aux femmes actives et qui ont des enfants n'y sont hélas pas favorables. Elles doivent malgré tout lutter contre cet envahissement mais aussi contre certaines idées éducatives profondément ancrées. Enfants, nous avons appris et rabâché que le travail devait passer avant le plaisir. Ce principe est important, car le jeune a une tendance naturelle à faire l'inverse. Si la sexualité est assimilée à une source banale et futile de satisfaction, il sera alors logique de la placer en dernière position, après toutes les obligations jugées plus importantes. Cet état d'esprit doit changer. La sexualité n'est pas un loisir mais un élément fondamental de notre vie et de notre identité. C'est une question qui mérite d'être prise très au sérieux.

Cet investissement personnel est indispensable pour que le désir sexuel féminin survive à la routine de la vie quotidienne d'un couple. Il est nécessaire pour les femmes d'adopter une conduite active et de comprendre que le succès de leur vie amoureuse est avant tout entre leurs mains. Ce n'est qu'à travers cette responsabilisation qu'elles pourront progresser.

Mais leur partenaire a également un rôle à jouer. Il doit lui aussi prendre conscience de cette menace d'endormissement et ne plus s'appuyer sur les acquis du début. Bien sûr, les hommes ont à leur côté une femme qui les aime et qui affirme sa volonté de vivre avec eux autre chose qu'une aventure passagère. Pour autant, le désir de leur compagne n'est pas assuré. Il leur faudra faire des efforts toute leur vie durant pour espérer le garder bien vivant. Prenons l'exemple de la séduction qu'il leur a paru nécessaire de déployer au départ. Sans y prendre forcément un plaisir extraordinaire, ils savaient que séduire l'autre était un passage obligé pour retenir son intérêt. Très souvent, ceci acquis, ils considèrent leur devoir rempli et cette démarche leur semble à présent tout à fait inutile. Grossière erreur ! En cessant de séduire leur compagne, ils s'exposent à la voir s'endormir. Il en est de même pour tous les autres paramètres qui caractérisent la sexualité féminine.

Si le désir, lorsque la passion est là, est spontané, les hommes doivent apprendre à le cultiver lors d'une relation durable. La vie de couple, lorsqu'elle s'installe sur le long terme, est un apprentissage complexe et une lutte permanente qui doivent maintenir les deux amants en haleine, sans aucun répit, rien n'étant jamais acquis. Ne pas comprendre cela conduit de nombreux couples à l'échec. En contrepartie, cette émulation permet à coup sûr d'éviter l'écueil de la routine. Comment s'ennuyer quand il y a tant à faire !

Besoin d'énergie pour le stimuler

Les femmes pensent trop souvent, et à tort, que le désir vient tout seul, qu'il est spontané et naturel. Elles estiment que le stimuler n'est pas normal. De plus, comme on l'a compris, seul l'amour de l'autre est accepté comme origine possible à ce désir. Toute autre source est dénigrée et refoulée. Par ailleurs, une fois adultes, elles considèrent qu'avoir recours à la rêverie n'est plus souhaitable. L'être aimé, tel qu'il est, est seul habilité à produire une stimulation sexuelle. On comprend bien que ces restrictions conduisent à beaucoup de difficultés. Les femmes oublient que le désir sexuel était présent bien avant la rencontre et qu'il fait partie intégrante d'elles-mêmes. Ce n'est pas trahir leur amour que d'utiliser d'autres sources de stimulation. Bien au contraire, si elles sont désirantes, elles pourront éprouver un plaisir qu'elles partageront avec leur partenaire, honorant ainsi la condition d'une relation réussie.

Du côté masculin, solliciter sa compagne tard le soir, après une journée épuisante est une erreur. Non seulement elle ne pourra y répondre mais elle se sentira incomprise, voire agressée. Des plages de détente dégageant un temps suffisant à des moments propices sont nécessaires pour qu'une sexualité harmonieuse s'exprime dans le couple. Cet objectif est difficile à atteindre à notre époque où le rythme de vie s'accélère sans cesse et où la tendance générale est d'obtenir très vite satisfaction. La sexualité ne peut se couler dans ce moule. Elle représente un noyau de résistance incontournable à cette modernité, ce qui n'est peut être pas plus mal. Les femmes doivent comprendre que ce temps et cette dépense d'énergie ne sont pas inutiles. Leur sexualité ne mérite pas d'être sacrifiée sur l'autel d'une jouissance au rabais. Au contraire, elle a un rôle important à jouer et une place à prendre dans la société actuelle.

CONCLUSION

Peu après la puberté, et jusqu'à un âge avancé, un nombre croissant de femmes se plaignent d'une absence de désir sexuel. Ce questionnement n'est pas un simple épiphénomène, un effet de mode passager. Il s'installe et s'amplifie. Il semble même être le symptôme d'une mutation sociale et représenter la partie émergée d'un iceberg cachant d'importants et profonds bouleversements.

Ce qui a changé

D'une première analyse se dégagent deux raisons à cette éruption de la plainte sexuelle des femmes.

Jadis, un certain nombre de femmes considéraient qu'il était normal pour une épouse « honnête » de ne pas avoir de désir, celui-ci étant essentiellement, à leurs yeux, une « affaire d'hommes ». Aujourd'hui, les femmes ont compris qu'elles ont une sexualité à part entière. Elles veulent la vivre et en jouir au même titre que leur compagnon.

Le couple aussi a changé. Il y a un siècle à peine, l'épanouissement sexuel des deux conjoints n'était pas forcément au programme d'un mariage réussi. Il s'agissait en priorité d'une alliance familiale ayant un objectif parental. De nos jours, au contraire, les hommes comme les femmes aspirent à vivre leur sexualité au sein du couple. La fidélité n'est plus symbolique. Garante de la stabilité et de la longévité d'un couple, elle est devenue une aspiration bien réelle. D'ailleurs, bien des unions se rompent quand les conjoints ne se sentent plus suffisamment amoureux.

Dans ce nouveau contexte, l'absence de désir féminin devient un énorme problème. Les femmes sentent bien qu'elles ne peuvent plus se contenter d'être de bonnes mères ou des épouses socialement accomplies. Il leur faut être des amantes. Quant aux hommes, ils aspirent à trouver en leur compagne non seulement la mère de leurs enfants mais aussi une maîtresse amoureuse et débordante de désir. Ces nouvelles exigences fragilisent beaucoup les couples et interpellent les femmes dans leur sexualité.

Les femmes prêtes à être soi

Ce questionnement récurrent concernant le désir féminin est un véritable fait de société.

Cette plainte insistante (au point d'en être presque obsédante) ne peut nous laisser indifférents.

Les femmes veulent exister, non seulement sur le plan politique ou professionnel, mais également sexuel. À travers ce problème, elles revendiquent le droit de faire émerger leur propre identité sexuée et non plus de la définir uniquement, comme par le passé, en fonction de celle des hommes.

En effet, la sexualité féminine n'a été très longtemps que le négatif de la sexualité masculine. De ce fait, très logiquement, le désir des femmes n'existait pas. Elles étaient considérées et elles se considéraient comme un objet de désir et non comme un sujet désirant. La sexualité féminine est longtemps restée engluée dans cette représentation renforcée, il faut bien le dire, par les théories analytiques. On commence lentement à sortir de ce piège. En cela, le cri que poussent les femmes en osant se plaindre de leur manque de désir constitue un énorme progrès et un immense espoir.

En effet, si ce désir est insuffisant et si elles affirment en souffrir, c'est qu'elles sont enfin prêtes à travailler pour le faire vivre. Elles devront, pour y parvenir, comprendre que certains hommes ont peur de cette avancée féminine car ils craignent de voir leur identité masculine ébranlée et de perdre leurs repères. D'aucuns seront tentés de vouloir faire marche arrière pour revenir à ce passé où les paramètres étaient plus clairs et leur position mieux définie. Mais il est bien trop tard pour cette régression car les hommes aspirent également à vivre auprès de compagnes désirantes. D'où leur énorme ambivalence…

Il faut aller de l'avant...

Certains continuent cependant à soutenir des idées d'arrière-garde. Malheureusement quelques femmes, angoissées elles aussi par ces changements, leur emboîtent le pas. Les uns comme les autres doivent aller de l'avant. Qu'ils le veuillent ou non, faire marche arrière n'est plus possible. Même si le chemin est incertain, ils ont tout à gagner en progressant.

Dans un sens apparemment opposé, certaines femmes, se croyant libérées, seront éventuellement tentées de se calquer sur la sexualité masculine. Leurs compagnons, pensant soutenir leur cause, les pousseront dans ce sens qui n'est pas le leur. Et si elles rechignent, ils seront les premiers à les accuser d'être coincées ou anormales. Ils les pousseront même à consulter : « Une femme libérée doit pouvoir tout faire sans tabou et, bien sûr, y prendre toujours un grand plaisir ! » Cette menace doit être considérée avec sérieux ; avec l'aide du sexologue qui est en première ligne pour résister à cette évolution désastreuse.

Ne perdons pas de vue l'objectif essentiel. Les femmes doivent apprendre qui elles sont et dès lors, respecter leurs caractéristiques propres. La relation entre les deux sexes naîtra du compromis entre deux spécificités et de la confrontation des différences. Pour définir leur sexualité, les femmes vont être obligées d'abandonner certaines conceptions devenues caduques. Et d'abord cette immaturité, cet infantilisme dans lesquels on les a maintenues pendant des siècles. Elles vont devoir s'autonomiser et surtout se responsabiliser en prenant en charge leur sexualité.

Il est par ailleurs fondamental qu'elles sortent d'une position défensive systématique vis-à-vis du sexe masculin. Cette énergie dépensée à se protéger est autant d'énergie perdue pour leur travail d'autodétermination sexuelle. De plus, ce serait, une fois encore, se maintenir dans la définition d'elles-mêmes en fonction de l'autre sexe.

Déposons les armes, il est temps !

En conséquence, elles doivent quitter leur position de victimes des hommes. Même si les agressions contre des femmes existent, elles ne doivent pas s'en servir pour se définir. On ne construit pas une identité sur la souffrance. Quand bien même le faire a pu permettre à l'origine de se rassembler et de favoriser une prise de conscience, en rester-là aujourd'hui serait, à mon sens, une grossière erreur. Cet entêtement ne servirait qu'à entretenir la guerre des sexes quand celle-ci, justement, doit être abandonnée et dépassée. Déposons les armes, il est temps !

La tyrannie d'un sexe sur l'autre, maintenue par la force et la violence, n'est plus à l'ordre du jour. Cet énorme gâchis ne mène qu'au malheur. Il n'est pas question de poursuivre ce conflit en espérant remplacer la domination masculine par celle des femmes. L'avenir de notre société passe, sans nul doute, par la dualité sociale faisant une place équivalente et complémentaire à chaque sexe. Cette bipolarité sera l'avenir d'un monde plus civilisé, moins violent.

Pour apprendre à se connaître, les femmes ne doivent en aucun cas s'appuyer sur de vieilles conceptions, masculines pour la plupart, qui sont autant de chausse-trappes. Il est nécessaire au contraire de faire table rase de toutes les idées reçues car ces vieilles représentations, non seulement dévalorisent la féminité, mais véhiculent en plus un fardeau de culpabilité solidement accroché à la sexualité féminine. Aujourd'hui, il est important que les femmes se débarrassent de cette gangue dans laquelle elles ont été trop longtemps engluées.

Elles doivent être fières de leur sexualité et prêtes à la vivre sans arrière-pensées. Les limites d'une morale restent nécessaires mais sans pour autant désigner un sexe plus qu'un autre comme coupable.

Ce cheminement est à poursuivre avec courage. Il faut que les femmes se prennent en main sans rien attendre de leurs compagnons, trop ambivalents, craintifs et incertains pour les y aider. Elles ne peuvent compter que sur elles-mêmes. Il est grand temps qu'elles sortent d'une position trop passive qui les fige dans l'attente de l'autre.

Cette mutation sexuelle ne représente pas seulement la possibilité pour les femmes d'avoir du désir et du plaisir. C'est pour elles le moyen d'accéder à une identité à part entière. Elles en ont la responsabilité. Elles doivent impérativement saisir l'importance, si fondamentale, de cet enjeu. Voici la profondeur et la complexité qu'expriment les femmes en se plaignant de leur désir. Un plaisir dont elles doivent découvrir qu'il leur appartient.

Des signes évidents nous montrent que les femmes sont en marche et qu'elles ont déjà beaucoup progressé. Leur évolution au vingtième siècle a été spectaculaire ; d'énormes bastions comme le droit de vote ou l'accès au monde professionnel ont été conquis.

La sexualité féminine a, elle aussi, vécu une importante mutation ; la contraception et le droit à l'avortement en ont été le signal.

La vie sexuelle de nos grands-mères et de nos mères n'est pas celle de nos filles ! Elle n'est plus emprisonnée dans le carcan rigide de la famille et du mariage la transformant en devoir conjugal.

Le destin des femmes n'est plus uniquement d'être mère et de satisfaire leur conjoint. Elles osent aujourd'hui parler de leur propre désir et se définir non plus en fonction du sexe masculin, mais d'elles-mêmes.

Le désir féminin est complexe et il doit le rester, c'est sa spécificité.

Les femmes sont en bonne voie et il convient de les soutenir. Elles ont encore du chemin à parcourir mais je leur fais confiance. Elles ont l'intuition de l'importance de leur rôle et ont souvent montré au cours de l'histoire leur courage et leur volonté d'avancer malgré l'adversité.

Le cri que poussent les femmes pour trouver le chemin de leur désir est un message d'espoir.

BIBLIOGRAPHIE

- Elisabeth Badinter, *Fausse route*, Ed. Odile Jacob, 2003.
- Elisabeth Badinter, *XY : l'identité masculine*, Ed. Odile Jacob, 1992.
- Simone De Beauvoir, *Le deuxième sexe*, Ed. Gallimard, 1949.
- Philippe Brenot, *Éloge de la masturbation*, Ed. Zulma, 1997.
- Colette Chiland, *Le sexe mène le monde*, Ed. Calmann Levy, 1999.
- Boris Cyrulnik, *Les nourritures affectives*, Ed. Odile Jacob, 1993.
- Marie-Hélène Colson, *Réaliser sa sexualité*, Ed. LM, 2001.
- Yves Ferroul, *La sexualité féminine*, Ed. Ellipses, collection Vivre et comprendre, 2002.
- Shere Hite, *Le rapport Hite*, Ed. Robert Laffont, 1976.
- Gérard Leleu, *La mâle peur*, Ed. Flammarion, collection J'ai lu, 1994.
- Gérard Leleu, *Le traité du désir*, Ed. Flammarion, collection J'ai lu, 1997.
- Willy Pasini, Claude Crespault, *L'imaginaire en sexologie*, Ed. PUF, 1987.
- Pierre Rey, *Le désir*, Ed. Plon, 1999.
- Gérard Zwang, *Histoire des peines de sexe*, Ed. Maloine, 1994.

Achevé d'imprimer sur rotative
par l'Imprimerie Darantiere à Dijon-Quetigny
en avril 2004

Dépôt légal : avril 2004
N° d'impression : 24-0473

Imprimé en France

Ouvrage dirigé par Patricia Delahaie

50, rue de Plaisance
75014 Paris – France
E-mail : infos@leduc-s.com
Web : www.leduc-s.com
ISBN : 2-84899-026-0